Weiblichkeit und Hysterie

Reihe Campus
Band 1054

Was ist Hysterie? Bloße Fiktion oder ein verständliches Aufbegehren gegen einengende Weiblichkeitsmodelle? Hysterie ist zu einem vieldiskutierten Thema in der Frauenforschung geworden. Regina Schaps gibt eine klare und auf das Wesentliche konzentrierte Einführung in dieses vielschichtige Phänomen der Hysterie, einer Krankheit, deren Erforschung den Grundstein für die Entstehung der Psychoanalyse bildete.
»Das kenntnisreiche Buch« (*Die Welt*) zeichnet die Entwicklung der medizinischen Theorien über die Hysterie von der Antike bis heute nach, es beschreibt die körperlichen und psychischen Ausprägungen der »grande hysterie«, wie sie im Fin de siècle als Krankheit große Ausbreitung fand und analysiert ihre sozialen und kulturellen Hintergründe.

Regina Schaps ist Soziologin und lehrt in der Erwachsenenbildung, an der Fachhochschule und der Freien Universität Berlin.

Regina Schaps

Hysterie und Weiblichkeit

Wissenschaftsmythen über die Frau

Campus Verlag
Frankfurt/New York

Die Deutsche Bibliothek – CIP-Einheitsaufnahme

Schaps, Regina:
Hysterie und Weiblichkeit : Wissenschaftsmythen über die Frau
/ Regina Schaps . – Frankfurt/Main ; New York : Campus Verlag,
1992
(Reihe Campus ; Bd. 1054)
ISBN 3-593-34722-9
NE: GT

Veröffentlicht in der Reihe Campus 1992

Das Werk einschließlich aller seiner Teile ist urheberrechtlich geschützt. Jede Verwertung ist ohne Zustimmung des Verlags unzulässig. Das gilt insbesondere für Vervielfältigungen, Übersetzungen, Mikroverfilmungen und die Einspeicherung und Verarbeitung in elektronischen Systemen.
Copyright © 1982 bei Campus Verlag GmbH, Frankfurt/Main
Umschlaggestaltung: Atelier Warminski, Büdingen
Satz: Fotosatz L. Huhn, Maintal-Bischofsheim
Druck und Bindung: Friedrich Pustet, Regensburg
Printed in Germany

Inhalt

Einleitung 7

I. Die Geschichte der Hysterie im medizinischen Denken 18

1. Hysterie im griechisch-römischen Altertum: Zur Etymologie des Begriffs 18
2. Wiederaufnahme und Weiterentwicklung des Hysteriebegriffs seit der frühen Neuzeit 31
3. Zum Topos der »grande hystérie« im 19. Jahrhundert 42

II. Der hysterische Körper 55

1. Der hysterische Anfall 55
2. Die hysterischen Stigmata 64
3. Umrisse zu einer »Psychopathia sexualis« der Frau ... 72
4. Versuch einer Physiognomie des hysterischen Körpers 82

III. Der hysterische Charakter 90

1. Die gespaltene Struktur der hysterischen Persönlichkeit 90
2. Der Wille zur Krankheit: Wille zur Ohnmacht oder Wille zur Macht 97

3. »Pseudologia phantastica« oder das Spiel
   der Verstellung und der Lüge 102
4. Das juristische Subjekt der Schuld und die
   medizinische Unschuld der Krankheit 106

IV. Der sozio-kulturelle Hintergrund der »grande hystérie« 114

1. Das soziale Milieu der Hysterie 114
2. Die Frau in der bürgerlichen Gesellschaft
   des 19. Jahrhunderts 120
3. Die Hysterikerin als Objekt der ärztlichen
   Machtentfaltung 130
4. Mythen und Repräsentationen der Frau in der
   Literatur der Jahrhundertwende: »femme fragile«
   und »femme fatale« 138

Ausblick 145

Anmerkungen 155
Glossar 178
Literaturverzeichnis 180
Personenregister 198
Illustrationen 203

Einleitung

Die Befassung mit dem Phänomen der Hysterie hat eine lange medizinische Tradition, die man bis ins Altertum zurückverfolgen kann. Liest man die unzähligen Schriften, in welchen der Versuch einer Beschreibung der Hysterie unternommen worden ist, so stellt man fest, daß nicht nur ihre soziale Bedeutung und ihr Stellenwert innerhalb der Medizingeschichte variierte, sondern daß auch ihr Erscheinungsbild selber einem durchgehenden historischen Wandel unterworfen war. Hierbei wurde immer wieder die Auffassung vertreten, daß die Hysterie als psychopathologisches Syndrom* im Vergleich zu anderen pathologischen Krankheitsbildern am meisten von den kulturellen und sozialen Bedingungen der jeweiligen Epoche geprägt wurde.[1] Diese kulturelle und soziale Abhängigkeit hysterischer Ausdrucksweisen brachte innerhalb der medizinischen Literatur eine Vielfalt spekulativer Theorien hervor. Das Scheitern einer definitiven Erklärung ihrer Ätiologie* brachte der Hysterie den Ruf einer sich *»verflüchtigenden Neurose« (elusive neurosis;* Krohn 1979)[2] und das Bekenntnis von seiten der Mediziner ein, daß sie bis heute nicht nur unbegreifbar geblieben sei, sondern die Grenze des medizinischen Erkenntnisvermögens schlechthin repräsentiere.[3] Den Höhepunkt gesellschaftlicher und wissenschaftlicher Bedeutung erreichte die Hysterie in der zweiten Hälfte des 19. Jahrhunderts – in jenem Zeitalter, in dem sich die Medizin als Wissenschaft konstituierte und

---

* Die mit einem Sternchen gekennzeichneten Begriffe sind im Glossar aufgeführt.

die Psychiatrie die radikale Grenzziehung zwischen Vernunft und Wahnsinn festschrieb.

Parallel zu der zunehmenden Auflösung eines konsistenten Hysteriebegriffs verschwand schließlich im 20. Jahrhundert die spezifisch körperliche Phänomenologie der Hysterie. Die wissenschaftliche Kapitulation vor diesem eigentümlichen Phänomen leitete nicht nur die Eliminierung des Begriffs aus der medizinischen Nomenklatur ein, sondern hinterließ die bis heute ungeklärt gebliebene Frage, ob die Hysterie als historisches Relikt zu betrachten ist bzw. ob sie heute noch existiert.[4]

Die Frage nach der spezifischen gesellschaftlich-kulturellen Bedeutung psychopathologischer Erscheinungsweisen ist in den 80er Jahren Gegenstand einer interdisziplinären Forschungsrichtung geworden, welche sich darum bemüht, die sogenannten individuellen und kollektiven »Wahnwelten« durch einen Vergleich verschiedener Kulturkreise zu analysieren.[5] Fener sind heute auch innerhalb der Kulturanthropologie, der historischen Anthropologie ebenso wie in der Soziologie verstärkt Bemühungen festzustellen, die historisch-kulturelle Relevanz von psychisch-körperlichen Ausdrucksweisen als genuinen Forschungsbereich anzuerkennen und im Rahmen ihrer eigenen fachwissenschaftlichen Vorgehensweise zugleich auch Fragen der Psychiatrie miteinzubeziehen. Demgegenüber beschränkte sich die akademische Psychiatrie weitgehend darauf, die Hysterie als psychopathologisches Syndrom in ihr dualistisches Denksystem der Begriffspaare von Normalität und Anormalität oder Gesundheit und Krankheit einzuordnen, so daß sie die Geschichte der Hysterie ausschließlich als eine Geschichte ihrer »Pathologie« und/oder ihrer »Flüchtigkeit« begreifen konnte.

Die vorliegende Arbeit zielt jedoch weniger auf eine umfassende medizingeschichtliche Entwicklung des Hysteriebegriffs ab als vielmehr auf seinen semantischen und metaphorischen Gehalt, wie er uns insbesondere im medizinischen und gesellschaftlichen Kontext des 19. Jahrhunderts begegnet. Mit dem Begriff der Hysterie verknüpfen sich mannigfaltige Vorstellungen, Analogien und Bilder, die nicht nur die medizinische Geschichte der Hysterie begleiten, sondern auch mit der populären Vorstellungswelt im alltäglichen Sprachgebrauch tief verwachsen waren. In Anlehnung an Susan Sontag (1978) soll deshalb zentral der metaphorische Gehalt des Hysteriebegriffs untersucht werden. Denn gerade an diesem Beispiel läßt sich aufzeigen, daß die Metaphorisierung eines Leidens nicht nur der Verdrängung realer Problemdimensionen Vorschub leistet, sondern daß sich in ihrer Folge auch kollektive Phantasien entfalten, die auf eine genuin moralisch-soziale Bedeutung verweisen.[6] Geradezu anfällig für Metaphern sind Susan Sontag zufolge aber Krankheiten, deren Genese und Kausalität sich der Wissenschaft entziehen. Die daraus resultierenden Folgen sind zum einen Mißerfolge der Therapien und zum anderen das Aufblühen der Metapher, die nicht nur die Realität einer Krankheit untergräbt, sondern sie auch tendenziell entstellt und mit »Bedeutung aufbläst«.[7]

Innerhalb des Entstehungsprozesses der modernen Naturwissenschaften haben Metaphern aber auch eine positive Funktion einnehmen können. Gaston Bachelard (1978a) stellte nämlich fest, daß die Wissenschaftsgeschichte immer auch eine Geschichte der Bilder, Metaphern und Analogien sei. Der metaphorische Gehalt einer Wissenschaft, der dem Bereich der alltäglichen Erfahrung entstammt und das »vorrationale« Wissen, Verstehen und Erleben schlechthin bezeichnet, ist laut Bachelard notwendiger Bestandteil einer sich in Entwicklung befindenden Wissenschaft. Denn ihm zufolge kann sich die Bildung des »wissenschaftlichen Geistes« ohne das konkrete, bildhafte und unmittelbare Wissen und Erleben des Menschen gar nicht vollziehen. Es liefert sozusagen den Stoff oder das Material für den wissenschaftlichen Geist, der dieses im Laufe eines historischen Prozesses umformt, indem er jene vorrationale oder konkretistische Auffassung in eine rationale oder abstrakte Denkweise transformiert.[8]

Von dieser Seite aus gesehen haben Metaphern im Konstitutions- und Entwicklungsprozeß der Wissenschaften zunächst eine wichtige heuristische und erkenntnisproduktive Funktion. Andererseits jedoch stellen Bachelard zufolge Metaphern immer auch ein »epistemologisches Hindernis« in der Weiterentwicklung von Wissenschaftsprozessen dar, die einen »epistemologischen Bruch« notwendig machen. Dieser Bruch kann sich allerdings nur dann vollziehen, wenn die Distanzierung und Emanzipation von dem lebensweltlichen Vorwissen gelingt. Die Loslösung und Überwindung von alltagsweltlicher Erfahrung und ihrer Vorurteile wird hierbei als die schwierigste Etappe innerhalb des Wissenschaftsprozesses bezeichnet, ohne die der rational-moderne Geist nicht hätte entstehen können. Die wissenschaftliche Entwicklung der Naturerkenntnis, die sich laut Bachelard vom ausgehenden 18. Jahrhundert bis zum Beginn des 20. Jahrhunderts erstreckt, läßt jedoch erkennen, daß die Entmetaphorisierung, das heißt die polare Entgegensetzung von »Metapher« und »Begriff« auch im Breich der Naturwissenschaft noch nicht vollzogen ist.[9] Die Überlieferung metaphorischer Bestandteile eines wissenschaftlichen Begriffs hat schließlich aber auch zur Konsequenz, daß sie die Kontinuität eines Wortes gewährleistet, jedoch nicht die des Inhalts des »Begriffs« selbst. Bachelard drückt dies folgendermaßen aus: »Wieviel verschiedene Konzepte stehen in der gleichen Epoche hinter ein und demselben Wort! Die Täuschung liegt darin, daß dasselbe Wort zugleich bezeichnet und erklärt. Die Bezeichnung ist die gleiche, die Erklärungen sind verschieden« (ebd., S. 51).[10]

Dieses Problem der »inhaltsmäßigen Überladung« (Bachelard 1978b, S. 153) eines Begriffs, die den formalen Sachverhalt einer Krankheit längst transzendiert, läßt sich aber auch am Beispiel der Hysterie verdeutlichen. Denn mit der medizinischen Thematisierung dieser Krankheitsform wurden immer auch zugleich kulturelle Vorstellungen und Bilder weiblicher Erscheinungsweisen und vor allem ihre negativen Abweichungen mitdiskutiert. Im Diskurs der Hysterie des 19. Jahrhunderts wird so der Typus einer anomischen Frau charakterisiert und diffamiert, der das Negativbild gegenüber der normal funktionierenden Frau schlechthin repräsentiert. Da dieses Negativbild aber zugleich der gesellschaftlichen Stellung der bürgerlichen Frau entspricht, kann das Konzept der Hysterie soziologisch als »kulturelles Deutungsmuster« ausgelegt und interpretiert werden.[11]

Claudia Honegger (1978) zufolge können kulturelle Deutungsmuster umfassende gesellschaftliche Funktionen wahrnehmen. Sie verbreiten Wissen und Ideologien, durch die sowohl objektive als auch subjektive Probleme, Bedürfnisse und Interessen von Individuen sowie ganzer Gesellschaften interpretiert, geregelt und beherrscht werden können. Mittels dieses Orientierungsrahmens erzeugen kulturelle Deutungsmuster nicht nur Einstellungen, Denk- und Verhaltensweisen, sondern gewährleisten auch einen identifikatorischen Zusammenhang zwischen Individuum und Gesellschaft, welcher die Anpassung des Individuums an seine sozio-kulturelle Umwelt ermöglicht. Ihre somit stabilisierende Funktion umfaßt auch »Grenzsituationen« des menschlichen Lebens wie den Bereich der Träume als auch der Sexualität und des Todes, die sie in einen »sinnhaften Zusammenhang« zu stellen vermögen.[12]

Da die Hysterie als kulturelles Deutungsschema sich innerhalb des offiziellen Wertesystems bewegt und nur in dessen Bezugsrahmen als »Grenzsituation« oder »Krisenphänomen« interpretiert werden kann, hat es für diesen Zusammenhang auch keine unmittelbare Bedeutung, daß Gegenkulturen und Subkulturen vom offiziellen Wertemuster nicht so ohne weiteres einverleibt werden können. Inwieweit die Hysterie zugleich kulturelle Ausschlußzonen repräsentiert, die im offiziellen Normen- und Wertemuster zurückgewiesen werden, muß jedoch als Frage im einzelnen untersucht werden.[13]

Andererseits können latente Konfliktpotentiale Krisenphänomene erzeugen, die es ermöglichen, brüchig gewordene Wertesysteme von innen her aufzubrechen und diese soweit in Frage zu stellen, daß nicht nur modifizierte Lösungsversuche entwickelt werden müssen, sondern auch ein Paradigmawechsel notwendig wird. Laut Honegger findet ein solcher nämlich gerade »in Zeiten des Umbruchs statt«, in denen sich »der Realitätsdruck verstärkt und die Menschen nach neuen Weltinterpretationen suchen« (ebd., S. 27). In diesem Kontext ist auch das kulturelle Phänomen der »Hysterisierung des weiblichen Körpers« (Foucault) zu sehen, welches im 19. Jahrhundert einen Paradigmawechsel innerhalb der psychiatrischen Wissenschaften und die Herausbildung der Psychoanalyse erzwang. Daß Deutungsmuster generell »als Antworten auf konkrete Probleme entstehen«, zeigt sich gerade auch am Beispiel der verstärkt auftretenden Hysterieausbrüche jener Zeit, welche eine Vielzahl von Forschungen hervorriefen. Insofern verweist die Analyse von Deutungsmustern »einerseits auf objektive Bedingungen, die spezifische Probleme erst hervorbringen, andererseits auf die Vorstellungsraster der Subjekte, die sich solchen Problemen konfrontiert sehen, sowie auf den Traditionszusammenhang weltauslegender Deutungen und Mythen selbst« (ebd., S. 25).

Da die Hysterie jedoch nicht ausschließlich auf der kognitiv-symbolischen Ebene anzusiedeln ist, sondern auch ein eklatant körperliches Phänomen zum Ausdruck bringt, wird der Bezugsrahmen des kulturellen Deutungsmusters durch theoretische Fragestellungen der historischen Anthropologie sowie der Zivilisationstheorie ergänzt werden müssen. Unlängst formulierte Wolf Lepenies (1977, S. 139) programmatisch die Forschungsperspektive der historischen Anthropologie: »Sie sollte die Historisierung biologienaher Tatbestände versuchen, d.h. von solchen, die einerseits »tief« genug verankert sind, um noch eine Art biologisches Substrat erkennen zu lassen, zum anderen aber zu ihrer vollen Entfaltung einer kulturellen Überformung, und das heißt eben auch einer historischen Auswicklung, einer Evolution, bedürfen.« Dabei zielt die historische Anthropologie nicht nur direkt auf die Unmittelbarkeit des Körpers ab, sondern sie will gleichzeitig elementare Verhaltensweisen und Verhaltensänderungen in einem überschaubaren Zeitraum, etwa anhand von Epochenschwellen untersuchen.

Mit elementarer Verhaltensweise ist jenes menschliche Verhalten gemeint, welches sich in kulturell und historisch vorgegebenen Mustern bewegt. Ein Wandel dieser kulturell überformten Verhaltensweisen wird dabei als Symptom gesellschaftlicher Veränderungen schlechthin gedeutet.[14] In bezug auf das Problem der Hysterie werden damit Fragen berührt wie die nach der spezifischen Historizität psychisch-körperlicher Ausdrucksweisen und ihrer kulturellen Bedeutungsfunktion. Hysterie soll hierbei also nicht nur als empirisch erfahrbare Krankheit, sondern vor allem auch als kulturell überformte psychisch-körperliche Verhaltensweise verstanden werden, welche »selbst historisch variiert« (ebd., S. 139 f.). Gleichzeitig wird eine weitgefaßte historische Anthropologie auch Themen miteinbeziehen müssen, die den gesellschaftlichen Wandel der Affektökonomie berücksichtigen und diesen sowohl nach schichten- als auch geschlechtsspezifischen Kriterien differenzieren. So zeigt Norbert Elias in seiner großangelegten Untersuchung über den *Prozeß der Zivilisation* (1976) auf, wie sich die Affektivität des Menschen und seine Persönlichkeitsstruktur im Laufe eines historisch weitgespannten Prozesses transformierten und wie sich langfristig andersgeartete Verhaltensmuster herausbilden konnten.

Von Lepenies wird ein Interesse an der Zusammenführung von Forschungsintentionen formuliert, welche die historische Anthropologie einerseits und die historische Wissenschaftsforschung andererseits repräsentieren. Diese Forderung nach Interdisziplinarität würde nicht nur den Wandel von »Disziplinkomplexen« nachzeichnen, sondern auch den historisch parallel laufenden Gestaltwandel im Alltagsleben miteinbeziehen. Vor allem ihre Wechselwirkung aufeinander wird »die notwendige Verklammerung internalistischer und externalistischer Erklärungen des Wissenschaftsprozesses womöglich erleichtern« (Lepenies 1977, S. 147; vgl. ders. 1980). Als Fallstudien für eine Verbindung von historischer Anthropologie und historischer Wissenschaftsforschung können hierbei die Arbeiten von Foucault und Lepenies selbst genannt werden. Während Foucault (1973) die allgemeinen Strukturen der Erfahrung und Perzeption des Wahnsinns innerhalb der abendländischen Kultur von der Renaissance bis zum 19. Jahrhundert nachgezeichnet hat, hat Lepenies (1972) am Beispiel der Melancholie eine besondere Ausgestaltung psychischer Entfremdung untersucht, wie sie vornehmlich für das 17. und 18. Jahrhundert charakteristisch war.

In diesem Umkreis von Themenstellung und Forschungsintention bewegt sich auch die vorliegende Arbeit. Ihr liegt eine historische Form weiblicher Anomie zugrunde, die vor allem in der zweiten Hälfte des 19. Jahrhunderts eine entscheidende gesellschaftliche Bedeutung erlangte. Die damit angedeutete Konzentration der vorliegenden Untersuchung auf diesen Zeitraum ergibt sich aus folgenden Gründen:

Im 19. Jahrhundert nahm die Medizin eine hervorragende gesellschaftliche Stellung ein, da ihre wissenschaftlichen Entdeckungen eine Ausdifferenzierung des Fachs einleiteten und sie sich nun als gesellschaftlich anerkannte Wissenschaft zu etablieren vermochte. Sie profitierte dabei vor allem vom Fortschritt der Naturwissenschaften und von den technischen Errungenschaften dieser Zeit. Im Zeichen der naturwissenschaftlichen Methode begründete zum Beispiel Virchow um 1830 die Zellularpathologie. Weiteren Aufschwung erlebte die Medizin auf den wichtigen Gebieten der Bakteriologie bzw. der Seuchenbekämpfung, der Hygiene und der allgemeinen Grundlagenforschung. Die Seelenforschung und die psychischen Heilmethoden, wie etwa Mesmerismus und Hypnotismus, führten um die Jahrhundertwende zur Begründung der Psychoanalyse. Die Medizin eroberte sich so durch ihre Erfolge nicht nur die gesellschaftliche Anerkennung in der Welt, sondern war schließlich am Ende des 19. Jahrhunderts selbst zur »Weltmedizin« geworden.[15]

In Anbetracht dieser wissenschaftlichen Errungenschaften stellte die offensichtliche Zunahme der Hysterieausbrüche in jener Zeit geradezu eine Herausforderung für die Medizin dar. Der Wunsch, ihnen wissenschaftlich zu begegnen und sie einzudämmen, brachte eine umfangreiche Hysterieliteratur hervor. Es konkurrierten sowohl neuro-physiologische, hirnanatomische und neuro-pathologische als auch psychologische Ansätze miteinander, die alle den Ehrgeiz entwickelten, dieses körperlich-seelisch bizarre Krankheitsphänomen zu erklären und zu heilen. In dem Maße jedoch, wie die Hysterie sich dem naturwissenschaftlichen Verständnis der Mediziner entzog, wuchs das Interesse, das ihr gerade auch Sigmund Freud entgegenbrachte. Der Bruch Freuds mit der etablierten Psychiatrie und seine Hinwendung zu dieser eigenartigen Krankheit verweist so auf die humanwissenschaftliche Bedeutung der Hysterie in jener Zeit, in der sie an der Entdeckung des »Unbewußten« maßgeblichen Anteil hatte. In diesem Sinne war die Hysterie nicht nur produktiv, sondern geradezu revolutionär, da ihre Erforschung den Grundstein für die Entstehung der Psychoanalyse lieferte.[16]

Daneben kommt der Hysterie in diesem Zeitraum auch ein erheblicher gesellschaftlich-kultureller Stellenwert zu. Generell wurde dieses Zeitalter als ein »nervöses« (Steiner 1964) bezeichnet. Sein kulturelles Klima begünstigte ganz besonders die hysterischen Ausbrüche, von denen vor allem die bürgerliche Frau betroffen war. Was der Topos der viktorianischen Frau repräsentiert, sollte auch für die wilhelminische Frau gelten, denn es handelt sich hier historisch um ein weitverbreitetes kulturelles Phänomen, welches für die gesellschaftliche Stellung der bürgerlichen Frau typisch war. Die viktorianische Moral, die in ganz Europa herrschte und ihre stärkste Ausprägung im amerikanischen Süden erfuhr, brachte nicht nur die strikte Tabuisierung der Sexualität hervor, sondern die vollständige Unterdrückung des weiblichen Geschlechts. Die Misogynie* erlebte in diesem Zeitraum ihren Höhepunkt.

Dieser Angriff auf das weibliche Geschlecht wurde von den Frauen oft teuer bezahlt, indem sie entweder mit Krankheit reagierten oder einen gesellschaftlichen Skandal heraufbeschworen, der allerdings den Ausschluß aus der Gesellschaft versprach. Das individuelle Außenseitertum zu praktizieren, war nur wenigen Frauen vorbehalten. Die Chance, eine eigenständige geschlechtliche und kulturelle Identität zu entwickeln, war jedoch für den Großteil der bürgerlichen Frauen schlechthin nicht gegeben. Das vorherrschende männliche Kulturprinzip gab sich nicht nur autoritär und repressiv, sondern verlangte die totale Selbstaufgabe der Frau als Frau. Das idealisierte Bild der viktorianischen Frau repräsentierte in seiner pervertiertesten Form ein geschlechtsloses, geistloses und extrem passives Wesen, was unweigerlich den seelischen Konflikt heraufbeschwor, da die familiär-gesellschaftliche Aufgabe der bürgerlichen Frau und ihre darüber hinausgehenden Bedürfnisse diesem Bild eindeutig widersprachen. Die Antwort der Frau auf diese widersprüchlichen Erwartungen war die besondere Form der viktorianischen Hysterie, die sowohl die Krise einer kulturell entworfenen Feminität kennzeichnet, als auch die von sich selbst entfremdete Frau repräsentiert. Diese Form der Rebellion des weiblichen Geschlechts gegen dieses Zeitalter der allgemeinen Repression und herrschenden Doppelmoral kann als Ausdruck eines Geschlechterkampfes interpretiert werden, der nicht nur im Kreis der Familie stattfand, sondern auch in der psychiatrischen Klinik.

Diese angedeuteten Problemstellungen sollen im einzelnen in folgender Weise erörtert werden:

Im ersten Kapitel erfolgt ein historischer Überblick über die medizinischen Theorien der Hysterie, ausgehend von der Antike bis zum 19. Jahrhundert. Sowohl das charakteristische Merkmal der »Flüchtigkeit« hysterischer Ausdrucksweisen als auch der im 19. Jahrhundert eingeleitete Paradigmawechsel werden am Schluß des Kapitels verdeutlicht.

Das zweite und dritte Kapitel haben die Phänomenologie des hysterischen Körpers und die psychischen Ausprägungen der »klassischen« bzw. der »grande hystérie« um die Jahrhundertwende zum Gegenstand. Hierbei wird sich zeigen, daß die von den Ärzten erlebte Frustration bei der Analyse der Hysterie und ihre feindselige Einstellung gegenüber der Frau durch deren vermeintliche »Lüge« und »Flucht« zunehmend verstärkt worden sind und sich geradezu zu einem misogynen Gesamtsyndrom verdichtet haben.

Im vierten Kapitel sollen schließlich die sozialen und kulturellen Hintergründe der »grande hystérie« untersucht werden, wie sie vor allem für die zweite Hälfte des 19. Jahrhunderts charakteristisch waren. Nach einer genaueren Bestimmung der schichtenspezifischen Abhängigkeit hysterischer Symptome führt dieses Kapitel über zu einer allgemeinen Betrachtung der gesellschaftlichen Eigenart der viktorianisch-wilhelminischen Epoche, die den sozio-kulturellen Hintergrund für diese Verdichtung und massenhafte Verbreitung hysterischer Symptome gebildet hat. Auch die Rolle der ärztlichen Definitionsmacht bei der Ausbildung des mit dem Phänomen der Hysterie eng verbundenen Negativbildes der bürgerlichen Frau soll hierbei zur Sprache gebracht werden, artikuliert sich doch das in ihm zum Ausdruck kommende kulturelle Deutungsmuster von Weiblichkeit nicht zufällig im Rahmen eines medizinischen Diskurses. Schließlich soll anhand einer Analyse von literarischen Frauentypen gezeigt werden, wie sehr das Modell der hysterischen Frau das allgemeine Frauenbild der Jahrhundertwende geprägt hat und wie es durch eine wirklichkeitstranszendierende Erhöhung in verklärter Gestalt verewigt worden ist.

Am Schluß der Arbeit wird in einem Ausblick das Schicksal der Hysterie im 20. Jahrhundert bis hin zur Schwelle der Gegenwart verdeutlicht.

I. Die Geschichte der Hysterie im medizinischen Denken

1. Hysterie im griechisch-römischen Altertum: Zur Etymologie des Begriffs

Obwohl Begriff und Genese der Hysterie zum ersten Mal in den hippokratischen Schriften präzisiert wurden, kannte man bereits im alten Ägypten somatische Beschwerden bei Frauen, von denen man annahm, daß sie mit einer Bewegung des Uterus zusammenhingen. Dies ist uns durch die medizinischen Handbücher aus dem alten Ägypten wie dem *Ebers-Papyrus* (um 1550 v. Chr.) und dem *Kahun-Papyrus* (um 2000 v. Chr.) überliefert worden. Sie umfassen die Bereiche der Gynäkologie, der Geburtshilfe, der Veterinärmedizin und die dafür entsprechenden therapeutischen Maßnahmen. Die behandelnden Personen waren Ärzte, Zauberer, Wahrsager und Chirurgen, die zur Klasse der Priester gehörten.[17]

Ähnlich wie die Griechen gingen auch die Ägypter davon aus, daß die Gebärmutter das weibliche Becken verlassen könne. Diesem Bewegungsvermögen wurde die Fähigkeit zugeschrieben, die verschiedensten Krankheitssymptome hervorzurufen. Dabei wurden eine Reihe von diversen Krankheitserscheinungen genannt: Seh- und Augenhöhlenleiden, Schwerhörigkeit, Zahn- und Mundbeschwerden wie z.B. das Unvermögen zu sprechen, Glieder- und Nackenschmerzen, Schmerzen im Bereich der Schamgegend, Menstruationsanomalien und die Unfähigkeit aufzustehen.[18] Die Behandlung solcher Beschwerden wurde sowohl auf Pflanzenbasis vorgenommen – wie z.B. durch entkrampfende, schmerzstillende, ausräuchernde und beruhigende Einreibungen, Inhalationen, Bäder und Trinkkuren –, als auch durch magisch-religiöse Beschwörungsformeln angegangen. Die lokale Applikation der Heilmittel hing immer vom mutmaßlichen Aufenthalt der Gebärmutter im Körper ab und hatte gemeinsam mit der suggestiven Herbeibeschwörung von Geistern die Funktion, den Uterus wieder in seine anatomisch normale Position zurückzubringen oder anzulocken.[19]

Die Ärzte im alten Ägypten betrachteten die Hysterie im wesentlichen als ein organisches Leiden. Die Beschreibung ihrer Symptome war empirisch-rational, die Methode ihrer Behandlung eher magisch-religiös. Allerdings wurde festgestellt, daß der jüngere *Ebers-Papyrus* in seinen therapeutischen Maßnahmen und Empfehlungen magische Elemente aufweist, wie z.B. spezielle Beschwörungsformeln für die Zurückbringung der Gebärmutter in ihre normale Position, welche im älteren *Kahun-Papyrus* fehlen. Daraus resultiert die Vermutung, »daß die ägyptische Medizin ursprünglich von einem verhältnismäßig rationalen Standpunkt ausging, jedoch mit Absinken der Kultur zunehmend magischer wurde« (Ackerknecht 1967, S. 24).

Diese legendäre Vorstellung vom wandernden Uterus wurde von der antiken griechischen Philosophie und Medizin übernommen und von nun an für Jahrtausende unkorrigiert überliefert. Schon zu Beginn der griechischen Medizin, der mit dem Namen Hippokrates (460–375 v. Chr.) verbunden wird und innerhalb der Medizingeschichte die kreative Schöpfungsphase und die Begründung der traditionellen Medizin schlechthin symbolisiert, kam diese »Krankheit« zu ihrem Namen, indem Hippokrates Hysterie als eine durch die »Gebärmutter hervorgerufene Erstickung« *(pnix hysterike)* bezeichnete.[20] Als Ausdruck eines spezifischen Gebärmutterleidens entstammt der Begriff Hysterie dem griechischen Wort *hystera,* welches zur Bezeichnung der Gebärmutter verwendet wurde.

Diese durch »die Gebärmutter hervorgerufene Erstickung« wurde zum ersten Mal im *Corpus Hippocraticum* beschrieben und präzisiert. Sie wird dort als eine der am häufigsten auftretenden Frauenkrankheiten vorgestellt, von der vorwiegend alte Jungfrauen, junge Witwen, ferner unfruchtbare und sterile Frauen betroffen sind.[21] Als ihre vornehmliche Ursache wird die Wanderung des Uterus infolge eines Feuchtigkeitsmangels oder einer Verhaltung des Monatsflusses gesehen. Dabei ging Hippokrates davon aus, daß aufgrund geschlechtlicher Abstinenz ebenso wie durch übermäßige Entleerung des Leibes die Gebärmutter dazu veranlaßt wird, feuchtere Körperregionen aufzusuchen, um einer Austrocknung und einem Gewichtsverlust zu entgehen.[22]

Darüber hinaus kann jedoch jede andere Ursache eine Bewegung des Uterus veranlassen, nämlich »Kälte der Füße und des Kreuzes als auch (...) Tanzen, Stampfen, Spalten, Laufen, Bergauf- oder Bergabgehen und sonstiges« (Kapferer/Fingerle 1940, Bd. 24, S. 52 ff.). Die Symptomatik dieses Krankheitsbildes war durch die Annahme einer unbegrenzten Bewegungsmöglichkeit der Gebärmutter dementsprechend vielgestaltig. Je nach Drängen der Gebärmutter gegen Leber, Oberbauch oder Kopf variierten die Symptome. Neben Stimm- und Sprachverlust, Beklemmungs- und Angstzuständen konnten auch Erstickungsempfindungen ausgelöst werden, die einen konvulsivischen Anfall hervorriefen, welcher dem epileptischen analog war. Diese Erstickungserscheinungen kurz vor dem konvulsivischen Anfall entsprachen den späteren Beobachtungen des »globus hystericus«, welcher gleich einer aufsteigenden Kugel den Atemzug im Hals unterbrach und jedem hysterischen Anfall vorausging.[23] Hippokrates nahm jedoch an, daß die Beschwerden der plötzlich auftretenden Attacken eine heilsame Wirkung besäßen, indem sie durch Muskelkontraktionen den Uterus wieder in seine normale Position zurechtrückten. Neben den in den ägyptischen Papyri bereits genannten Symptomen wurden ferner hysterische Blindheit, Taubheit, Gefühllosigkeit und Lähmung bis zur allgemeinen Starrheit genannt.[24] Die konvulsivischen Erscheinungen jedoch zeigten Herzklopfen, Zähneknirschen, Schweißausbruch, Stimmverlust, Speichelfluß und Harndrang. Wie eng Hippokrates die Verwandtschaft zwischen den Erscheinungen einer »hysterischen Erstickung« und einem epileptischen Anfall sah, beschreibt er folgendermaßen:

»Wenn (eine Frau) plötzlich die Stimme verliert, so wirst du ihre Beine, Knie und Hände kalt finden. Wenn man die Gebärmutter befühlt, stellt es sich heraus, daß sie nicht in Ordnung (= an ihrem Platz) ist. Das Herz klopft, sie knirscht mit den Zähnen, es tritt viel Schweiß auf, auch alle sonstigen Erscheinungen sind vorhanden, an denen die von der heiligen Krankheit Ergriffenen (Epileptoi) leiden, und sie tun alle möglichen unerhörten Handlungen.« (Ebd., S. 60 f.)

Angesichts der Gefahr der Verwechslung beider Krankheitsbilder besaß man zu Hippokrates' Zeiten Diagnosetechniken wie z.B. die in die Medizin eingeführte Palpation*, um die Hysterie von der Epilepsie zu unterscheiden. Spürte die Frau den für die Hysterie typischen Fingerdruck von seiten des Arztes auf ihrem Leib, so konnte mit Gewißheit eine Erkrankung an Epilepsie ausgeschlossen werden. Im Unterschied zur Hysterie hatte die Epilepsie wegen ihrer göttlichen Herkunft nicht nur die Bezeichnung der »heiligen Krankheit« (*morbus sacer* oder Krankheit des Herakles) erworben, sondern bekam vor allem ihren Ursprung im Gehirn zugesprochen, während die Hysterie als eine ursächliche Angelegenheit des Unterleibes galt und somit nicht zu den übrigen Geisteskrankheiten gezählt wurde. Bedeutungsvoll ist der Hinweis auf die Ähnlichkeit beider Anfallsleiden vor allem auch deswegen, weil auf ihre nosologisch* und später auch ätiologisch enge Beziehung immer wieder hingewiesen wurde.[25]

Hippokrates war jedoch nicht nur der erste, der die uterine Genese der Hysterie behauptete, sondern darüber hinaus auch derjenige, der die Vorstellung einer sexuellen Ätiologie der Hysterie einführte. Verstärkt wurde diese Auffassung weiterhin durch seine Therapiekonzepte, in denen er sowohl bei leichten als auch hartnäckigen und komplizierten Fällen den Frauen die Eheschließung und die Schwangerschaft als Kur empfahl und zur weiteren Unterstützung dieser Therapie manuelle Redressierung der Gebärmutter, Bandagierung des Oberbauches zwecks Fixierung des Uterus, Zufuhr von Feuchtigkeit und Reinigung der Gebärmutter vornehmen ließ.[26] Obwohl der Einfluß der Schriften Hippokrates' auf die logisch-empirische Beschreibung und Klassifizierung von Symptomkomplexen immer wieder hervorgehoben wird (im Falle der Hysterie sind bereits alle körperlichen Symptome erfaßt), verdanken wir es nicht zuletzt der autoritativen Wirkung dieser Schriften, daß der Mythos von einem sexuell unbefriedigten Organ in der Ätiologie und der Therapie der Hysterie für lange Zeit eine dominierende Rolle spielte.[27]

In Platos (427–347 v. Chr.) naturphilosophischer Schrift *Timaios* finden wir ein Konzept der Hysterie beschrieben, welches nicht nur den Mangelcharakter dieser spezifisch weiblichen Pathologie hervorhebt, sondern sich darüber hinaus konstitutiv auf die Problematik der weiblichen Geschlechtsidentität der Frau bezieht. Da für Plato die Frau per definitionem auf den biologischen Fortpflanzungsprozeß festgelegt ist, erlangen Schwangerschaft und Geburt eine identitätsstiftende Bedeutung für ihr Leben. Hierbei repräsentiert die Gebärmutter nicht nur das Symbol der Fruchtbarkeit und Erdgebundenheit der Frau, sondern zugleich auch eine Dimension der leiblichen Macht, welche über die gelungene Identität oder Krisis des weiblichen Organismus entscheidet. Anders als beim Mann, der seinen Geschlechtstrieb durch die von Plato geforderte Läuterung der Seele und durch die Disziplin der Vernunft beherrschen kann, bleibt die Frau aufgrund ihrer untergeordneten Stellung innerhalb der menschlichen Gattung ihrem weiblichen Urtrieb zum Gebären verhaftet. Verfehlt die Frau ihre ureigenste Berufung als Mutter, so beginnt die Gebärmutter als ein beseeltes Tier im Leibe ihre Wanderschaft und kündigt durch die Provozierung von vielerlei körperlichen Symptomen die Krisis der Frau an:

»Die Gebärmutter ist ein Tier, das glühend nach Kindern verlangt. Bleibt dasselbe nach der Pubertät lange Zeit unfruchtbar, so erzürnt es sich, durchzieht den ganzen Körper, verstopft die Luftwege, hemmt die Atmung und bringt auf diese Weise den Körper in die größten Gefahren und erzeugt allerlei Krankheiten, bis endlich Verlangen und Liebe Mann und Weib vereinigen und die Frucht entstehen lassen, die sie wie von einem Baume pflücken.« (Platon, *Timaios* 91c-d)[28]

Daß die Frau durch ihre untergeordnete Plazierung innerhalb der Geschlechterhierarchie eine negative Einschätzung erfährt, drückt sich im *Timaios* in der Lehre von der Seelen- und Sühnewanderung aus, die den männlichen Logos zum Nonplusultra des zu erreichenden Lebensprinzips erklärt.[29]

Da für Plato seelische Krankheiten zugleich körperliche Leiden sind, die sich jedoch, wenn nicht durch körperliche oder konventionelle Therapie, dann durch Erziehung beseitigen lassen, könnte demzufolge die Hysterie der Frau nur durch Schwangerschaft oder durch die Emanzipation der Frau von ihrer weiblichen Bestimmung überwunden werden.[30] Letzteres wird angedeutet in der Konzeption des idealen Staates, in der Plato eine Gleichberechtigung der Geschlechter erwägt. Die Frage nach potentieller Gleichberechtigung stellt sich jedoch bei Plato vor dem Hintergrund einer Herrschaftskonzeption, die davon ausgeht, daß allein die von Geburt an Besten an der sozialen wie politischen Gleichberechtigung partizipieren sollen. Insofern geht auch Platons *Politeia* davon aus, daß die Frau aufgrund ihrer mangelhaften Konstitution und der ihr abgesprochenen Kreativität diesen Anforderungen einer idealen Staatsverfassung weniger gerecht werden kann als der Mann.[31]

Der hippokratischen Tradition folgten auch Aulus Cornelius Celsus und Aretäus von Kappadokien. Die zahlreichen Schriften des römischen Enzyklopädisten A.C. Celsus (um 30 n. Chr.) umfaßten neben Rhetorik, Philosophie, Rechtswissenschaft, Kriegswesen und Landwirtschaft auch das Gebiet der Medizin, obwohl Celsus selbst kein praktizierender Arzt war. Er war der erste, der das medizinische Wissen seiner Zeit in dem Werk *De re Medica* zusammenfaßte und einem breiten Publikum in lateinischer Sprache zugänglich machte.[32] Unter

Berufung auf Hippokrates vermittelte er nicht nur zeitgenössische medizinische Auffassungen, sondern auch hellenistisches Wissen, wenngleich man heute davon ausgeht, daß seine historischen Darstellungen zum Teil spekulativer Natur waren.[33] Obwohl Celsus zu seinen Lebzeiten keine Anerkennung erfuhr, nannte man ihn später den Cicero unter den Ärzten, als man in der Renaissance den historischen Wert seines Werkes erkannte, das ja nicht nur Fortschritte auf manchen Gebieten der Medizin möglich machte, sondern das auch seine Beschlagenheit und Urteilskraft bezüglich medizinischer Fragestellungen bewies.[34] Das Wort Hysterie erwähnte er zwar selbst nie, aber er schilderte deren Symptomatik im Kontext bösartiger Gebärmutterkrankheiten, welche einen epilepsieähnlichen Zustand erzeugten. Die eigentliche Epilepsie, die er häufiger bei Männern als bei Frauen beobachtete, war ihm zufolge im Unterschied zur Hysterie durch auftretende Schaumbildung vor dem Mund, verdrehte Augen und klonische* Körperkrämpfe gekennzeichnet. Während Celsus in der Beschreibung der hysterischen Symptomatik nichts über Hippokrates Hinausgehendes hinzufügte, ergänzte er die therapeutischen Maßnahmen durch die Anwendung von Aderlässen, strenger diätetischer Lebensweise, Massagen und das Anlegen von Saugnäpfen oder Schropfköpfen auf Oberschenkel, Lenden, Hüften und Weichen, um den Uterus so heranzuziehen.[35]

Im Unterschied zu Celsus ist von dem in Rom praktizierenden Arzt Aretäus von Kappadokien (um 50 n. Chr.) eine ausführliche Hysteriedarstellung erhalten geblieben, die unmittelbar auf hippokratisches und platonisches Gedankengut zurückgeht.[36] Indem Aretäus die Unterscheidung zwischen einer akuten und einer chronischen Phase von Krankheitsverläufen zugrunde legte, ordnete er die Hysterie den akut auftretenden Erkrankungen und die Epilepsie den chronisch *und* akut verlaufenden zu. Auch für ihn war der Uterus ein beseeltes und lebendiges Wesen, welches sich beim Weibe wie ein Wesen im Wesen verhielt, überall herumschweifte, üble Gerüche mied und sich an wohlriechenden Dingen erfreute. Warum der Uterus die Richtung seiner Bewegung wechselte, begründete Aretäus so:

»Wenn ihn daher etwas an den oberen Körperteilen befindliches beleidigt, so tritt er heraus vor die Schamteile; kommt aber etwas Ähnliches an seinen Mund, so weicht er in die Höhe zurück. Bisweilen wandert er auch hierhin und dorthin: zur Milz und zur Leber, denn er kann seine Häute ausbreiten und einziehen wie Schiffssegel.« (Aretäus 1858, S. 39 f. u. 185)

Von modernen Autoren wurde die Vermutung geäußert, daß es sich hier um eine Lageanomalie des Uterus oder einen Prolapsus* gehandelt haben könnte. Schon zu Hippokrates' Zeiten unterschied man zwischen dem vollständigen und unvollständigen Prolaps, bei dem die Gebärmutter wie ein Hodensack heraushing. Als seine Ursache galt die körperliche Überanstrengung der Frau nach der Entbindung und durch den Beischlaf bei noch bestehendem Wochenfluß. Da jedoch die Hippokratiker nur geringe anatomische Kenntnisse über die Genitalien der Frau besaßen, insbesondere hinsichtlich der oft umstrittenen Frage, inwieweit sich die Gebärmutter gänzlich von ihren Aufhängebändern zu lösen vermochte, unterstellten sie ihr bis zu Soranus Zeiten die Möglichkeit der grenzenlosen Umherschweiferei und sprachen ihr übernatürliche Kräfte zu. Der Hinweis von Veith (1965, S. 3, 11 u. 23 f.) und Diepgen (1937, S. 218 ff.) auf die für uns heute rationale Erklärung des Phänomens der prolabierten Gebärmutter hat jedoch nur für die Entwicklungsgeschichte der Gynäkologie Relevanz und kann nicht zur Erklärung des komplexen hysterischen Syndroms herangezogen werden.

Weitere Ursachen für das Hinauf- und Hinabsteigen des Uterus sah Aretäus in Entzündungen und Anschwellungen des Gebärmutterfundus und -halses, im mechanisch herbeigeführten Abortus und im plötzlichen Ausbleiben der Monatsblutungen. Der plötzliche Aufstieg des Uterus konnte jedoch die heftigsten Erstickungsanfälle ähnlich denen der Epilepsie auslösen – nur mit dem Unterschied, daß die dabei auftretenden Krämpfe dem epileptischen Anfall fehlten. Als Ursache des Anfalls galt die plötzliche Zusammenpressung von Leber, Zwerchfell, Lunge und Herz durch den Uterus, die die drohende Erstickung auslöste und deren Wirkung von Aretäus folgendermaßen beschrieben wurde:

»Die Kehle wird wie mit einem Strick zusammengeschnürt, und der Schmerz kommt so unerwartet, daß es den Frauen nicht möglich ist, um Hülfe zu rufen; denn bei Einigen, und zwar bei den Meisten, hört die Respiration gar zu schnell auf, und Andere werden der Stimme beraubt. Daher kommt es, daß die Frau oft schon todt ist, bevor ein Arzt gerufen wird.« (Ebd., S. 40 u. 186)

Aretäus zufolge ist aber die Genesung von der Krankheit genauso gut möglich wie das Eintreten des Todes, da die Gebärmutter ebenso rasch nach oben wie nach unten zu steigen vermag. Der Ausgang dieses brisanten Zustandes hing also zum einen von der Bereitschaft des Uterus ab, den Abstieg zu vollziehen, und zum andern von den ärztlichen Bemühungen, ihn mit wohlriechenden Düften von den Genitalien her und durch Einatmung übler Gerüche von oben her an seinen angestammten Ort zurückzulocken. Zur weiteren Unterstützung dieser Therapie empfahl Aretäus neben Aderlässen und Schropfköpfen das Schnupfen pfeffergewürzten Pulvers, um durch eine körperliche Erschütterung die Rückkehr des Uterus zu beschleunigen.[37]

Während Aretäus zur Psychopathologie der Hysterie – wie er es etwa im Falle der Melancholie tat – nichts erwähnt, unterscheidet er jedoch eine Form der Hysterie von einem Krankheitsbild, welches ähnliche Erstickungsanfälle mit Stimmlosigkeit zeigt, aber dennoch nicht vom Uterus ausgehen sollte, da dieses Erscheinungbild bei Männern auch »unter der Form des Catochus« anzutreffen sei. Dieser Hinweis auf die Möglichkeit anderer krankheitsauslösender Affektionen im Körper der Frau, welche die gleichen Anfälle erzeugten wie die der Hysterie, wurde von Aretäus jedoch nicht weiter ausgeführt.[38]

In Übereinstimmung mit den Hippokratischen Schriften ist für Aretäus die Hysterie eine spezifisch weibliche Krankheitsform, die jedoch vorzugsweise bei jungen Frauen anzutreffen sei und selten bei älteren auftrete:

»Denn bei denjenigen, deren Alter, Lebensweise und Geist herumschweifend ist, bewegt sich auch der Uterus am lebhaftesten; bei älteren dagegen, deren Alter, Lebensweise und Geist ruhig ist, steht auch der Uterus still. Diese vom Uterus ausgehenden Erstickungsanfälle kommen also einzig und allein bei Weibern vor.« (Ebd., S. 41)

Erst Soranus von Ephesus (um 100 n. Chr.) und Galen von Pergamon (129 bis ca. 199 n. Chr.) brachen mit der Theorie vom wandernden Uterus, wenngleich sie beide an der uterinen Genese der Hysterie festhielten. Soranus, der in Alexandrien studierte und wie viele seiner Kollegen in Rom als Arzt praktizierte, hat den Ruf, der bedeutendste Gynäkologe der Spätantike zu sein. Diesen Ruhm verdankt er seinen uns überlieferten Schriften, die sich mit den Gebieten der Frauenheilkunde und Geburtshilfe befassen und die den medizinisch-methodischen Fortschritt seiner Zeit schlechthin verkörpern.[39] Diejenigen seiner Instruktionen, welche indirekt die Hysterie betrafen, bezogen sich vorwiegend auf das weibliche Geschlecht mittleren Alters und liefen auf Disziplin und Mäßigung hinaus. Da Soranus ein überzeugter Vertreter der Jungfräulichkeit war, sah er die zu frühe Defloration der Frau als Gefährdung an und vertrat allgemein die Auffassung, daß abstinent lebende Frauen, etwa erzwungen aus gesetzlichen oder religiösen Gründen, weniger zu akzidentiellen Erkrankungen neigten und diesen gegenüber widerstandsfähiger seien. Wenn Soranus einerseits den Geschlechtsverkehr als schädigend ansah, da dieser eine vorhandene Körperschwäche zunehmend verstärke, warnte er andererseits vor einer allzu langen Jungfernschaft, da sie dem Hals des Uterus und dem Genital des Mannes schaden könne.[40] Der Beischlaf als Therapie für die Hysterie rief nach Soranus im Gegensatz zur Auffassung Galens keine Besserung hervor. Er sah jedoch in der fehlenden Empfängnis eine ihrer Ursachen. In dieser Auffassung stimmte er mit allen Hippokratikern überein, die die Schwangerschaft als das beste Heilmittel gegen die Wanderungen des Uterus priesen. Die Hysterie sah Soranus als Folge häufiger Fehl- und Frühgeburten, pneumatischer Uterusauftreibungen, Verzögerungen der Menstruation, Entzündungen und Verlagerungen des Uterus und von zu langer Witwenschaft an, welche den ganzen Körper sowohl akut als auch chronisch in Mitleidenschaft zögen.

Ein wichtiger Aspekt ist bei Soranus, daß er mit der Vorstellung einer Tiernatur des Uterus brach und die bestehenden Auffassungen über dessen Wandereigenschaften verwarf. Dies begründet er damit, daß der Uterus mit seinem Bandapparat meistens in Verbindung bliebe und daß höchstenfalls die Erschlaffung der Bänder Lageveränderungen (z.B. Prolaps) hervorrufen könnte.[41] Als Therapie empfahl er Spaziergänge, Gymnastik, lautes Lesen, vokale Übungen, Bäder, diätetische Ernährung und in besonders hartnäckigen Fällen befürwortete er die schon zu Hippokrates' Zeiten bekannte Schocktherapie mit weißer Nieswurz, deren Einnahme nicht ungefährliche Krämpfe und Zuckungen verursacht.[42]

Die jedoch zunehmend dominierende Bedeutung sexueller Faktoren für die Erklärung der Hysterie geht besonders auf Galen zurück, der sich in seinen Schriften zwar ausschließlich auf Hippokrates berief, aber dennoch neuartige Gedanken für die allgemeine Medizin entwickelte. Neben Hippokrates wurde Galen schon zu seinen Lebzeiten (wie auch später) als der bedeutendste Mediziner am Ausgang der Antike anerkannt, da er die verschiedensten Schulen und Strömungen der antiken medizinischen Heilkunst zu einem Lehr- und Theoriegebäude zusammenfaßte, welches als wissenschaftliches System und als Grundlage ärztlichen Handelns für das Mittelalter und die frühe Neuzeit maßgeblich war.[43] Gleichwohl enthielten Galens Schriften neben wirklichen Fortschritten auf den Gebieten der Anatomie und Physiologie auch viele spekulative Gedanken, die von den nachfolgenden Generationen kritiklos übernommen wurden und aufgrund seiner Autorität Revision und Weiterentwicklung verzögerten.[44]

Wenngleich Galen eine ganzheitliche Auffassung psychosomatischer Krankheiten entwickelte, übertrug er diese nicht auf die Hysterie. Er faßte sie als rein somatische Krankheit sui generis auf und ließ psychogene Faktoren außer acht. Galen war der erste, der ihren Namen in die Literatur einführte, indem er diese Erkrankung in adjektivischer Form als »hysterisch« bezeichnete. Er verwarf wie Soranus die Vorstellung des Herumwanderns der Gebärmutter und entwickelte eine eigene Ätiologie der Hysterie.[45] Ihm zufolge produziert der Uterus ein Sekret, welches dem männlichen Samen gleiche. Eine Zurückhaltung jenes feucht-kühlen Sekrets führe schließlich nicht nur eine Abkühlung des weiblichen Körpers herbei, sondern wirke darüber hinaus wie ein Giftstoff, welcher in seiner Wirkung mit dem giftiger Schlangen, Skorpione oder tollwütiger Hunde vergleichbar sei. Die Folgen des zurückgehaltenen Samens seien ungleich schwerer als die der ausbleibenden Menstruation, da sie z.B. mit Verlust der Atmung, des Bewußtseins und Störungen der Vernunft einhergingen.[46] In diesem Rahmen entwickelte Galen eine Therapie, die in ihren Grundannahmen sowohl Männer als auch Frauen betraf.

So sprach sich Galen dafür aus, daß nicht nur der Mann sich häufig sexuell betätigen solle, sondern vor allem auch die verwitweten und abstinent lebenden Frauen, da bei ihnen das Fehlen der Samenentleerung gravierendere Störungen hervorriefe als beim Mann. Diepgen zufolge hatte Galen seine Haupterfahrungen mit männlichen Patienten gemacht, die über leichte somatische und psychische Beschwerden klagten und deren Besserung durch Geschlechtsverkehr eintreten sollte. Galen übertrug diese Erkenntnis auf das weibliche Geschlecht und erkannte damit ein Syndrom an, welches der Hysterie analog war und »Satyriasis« genannt wurde.[47]

Über diese wichtige Entdeckung hinausgehend betonte Galen die wandelbaren Ausdrucksformen der Hysterie: »Passio hysterica unum nomen est, varia tamen et innumera accidentia sub se comprehendit« (die hysterische Erregung ist nur ein Name, verschiedenartig und unzählbar sind jedoch die Ausdrucksformen, welche sie anzunehmen imstande ist). (Zit. n. Veith 1965, S. 39) Mit Galen erlebte die griechisch-römische Medizin ihren Höhepunkt. Danach setzte ihr Zerfall ein, der durch die verschiedensten Epidemien begünstigt wurde, denen die damalige Medizin nicht gewachsen war, und mit der allgemeinen Auflösung des Römischen Reiches einherging. Das logisch-empirische Denken innerhalb der antiken Medizin wurde schließlich durch den wachsenden Mystizismus der Alchimie, der Astrologie und Magie verdrängt. Die mittelalterliche Medizin enthielt, aufgrund heidnischer Traditionen und christlicher Religion, nur noch Rudimente der griechisch-römischen Medizin.

Als Vorläufer dieser Entwicklung wirkten die Schriften Augustins (354–430 n. Chr.), welche das medizinische Denken seit dem Untergang des Römischen Reiches bis zur Renaissance prägten. Mit ihm und anderen Kirchenvätern kam nicht nur eine veränderte Einstellung zur Krankheit auf, sondern auch eine moralisch feindselige Haltung gegenüber Fragen der Sexualität, die dem antiken Denken fremd war. Während die in hippokratischer Tradition stehenden Mediziner die Sexualität als einen natürlichen physiologischen Vorgang begriffen hatten, deuteten nun die Kirchenväter die Faktizität von Körperlichkeit und Sexualität akribisch als Problem der Lust, der Sinnlichkeit, der fleischlichen Begierde um und belegten sie mit dem Bann von Sünde und Schuld. Der Widerstand gegenüber dem Beischlaf als medizinisch verordnetem Mittel im Rahmen der griechisch-römischen Therapie ging zunehmend mit einer Idealisierung der Tugendhaftigkeit, der Jungfräulichkeit und dem Mutterkult einher. Die Geschlechtlichkeit der Frau fiel hierbei einem Prozeß der Diskriminierung anheim und kam in der Gestalt Evas als der personifizierten Verführung der ewigen Verdammnis gleich. Sexualität sollte nur in ehelichen Beziehungen als Ort der Zeugung ohne Lust erlaubt sein. Dem Aufruhr des Fleisches und der Sinne konnte nur die Krankheit als Strafe folgen, die im Christentum ohnehin das Merkmal der Erbsünde trug, später als Besessenheit durch den Teufel oder als Folge von Hexerei interpretiert wurde.[48]

Diese christianisierte Weltanschauung hatte zusammen mit der Verknüpfung platonischer, neuplatonischer und aristotelischer Natur- und Lebensphilosophie für die Hysterikerin solch fatale Folgen, daß aus ihr eine mehr oder weniger willentlich Besessene wurde, die mit dem Teufel im Bunde stand und die fortan als eine galt, die bewußt vom kirchlichen Dogma abwich. Die wachsende Zunahme von gefährlichen Affektausbrüchen und körperlichen Verhaltensabweichungen wurde vorwiegend als dämonische Ergriffenheit und Schlechtigkeit des Menschen gedeutet, welche nur noch durch die Macht des Wunders und durch den menschlichen Willen geheilt und bezwungen werden konnten. Nicht zuletzt sollten die unzähligen Symptome der antiken Hysterie im spätmittelalterlichen Hexenglauben als Hexenzeichen oder »stigma diaboli« wiederkehren, womit der Teufel die Körper der Seinigen stigmatisierte, um ihre satanische Seelenzugehörigkeit auch nach außen hin zu dokumentieren. Dieser Anschauungswandel innerhalb der klerikalen Medizin hatte zur Folge, daß zwischen Wahnsinn und Besessenheit keine Grenze mehr gezogen wurde, da beide Phänomene als diabolische Kräfte der Hexen gedeutet wurden, wobei dieses kulturelle Deutungsmuster der wachsenden Misogynie von seiten des Klerus als Interpretation entgegenkam.[49]

2. Wiederaufnahme und Weiterentwicklung des Hysteriebegriffs seit der frühen Neuzeit

In einer Zeit der gesellschaftlichen Umgestaltung und der Neuorientierung abendländischen Denkens ragt die eigenwillige Persönlichkeit des Philippus Aureolus Bombast von Hohenheim (1493–1541), sich selbst Theophrastus Paracelsus nennend, innerhalb der Medizingeschichte hervor. Er verkörperte nicht nur den widersprüchlichen Geist der Renaissance, sondern darüber hinaus reformierte er das traditionelle medizinische Denken, indem er gegen die dogmatischen Anschauungen der spätmittelalterlichen Medizin und scholastischen Philosophie polemisierte. Er lehnte grundsätzlich die galenisch-arabischen Autoritäten und den aristotelischen Rationalismus seiner Zeit ab, da sie für ihn das größte Hindernis im medizinischen Fortschritt darstellten. Seinen allgemeinen Oppositionsgeist dokumentierte Paracelsus, indem er »Kollegien in der Sprache der Knechte und Mägde«, das heißt in seiner Muttersprache las, »statt in Amtstracht im Laborantenkittel« erschien, als berufener Professor der Medizin in Basel (1527) in seiner unorthodoxen Art häretische Doktrinen predigte und öffentlich Bücher von Galen und Avicenna verbrannte.[50] In seiner eigenen Lehre und Forschung berief er sich auf die Notwendigkeit von Erkenntnissen der Natur und ihrer Geheimnisse und betonte dabei, daß alles Wissen sich nur durch lange Übung und eigene Erfahrung bewähre, in der die Praxis des Experiments über die sklavische Buch- und Wortgläubigkeit derer triumphiere, die die Lehren des Hippokrates, Galenos und Avicennas immer wieder repetierten. Paracelsus' Interessen waren auf Alchimie, Kosmologie und Astrologie gerichtet, von deren Erkenntnissen er sich für die medizinische Heilkunde neuartige Arzneimittel versprach. Darüber hinaus entwickelte er ein grundlegend neues Verständnis von Krankheitsprozessen, welches nicht mehr der Säftelehre hippokratischer Tradition entsprach. Ihm zufolge war die Ursache somatischer Leiden vielmehr chemischer Natur.[51] Ferner entwickelte Paracelsus aus einer Mischung neuplatonischer Weltauffassung, religiöser Anthropologie und Kosmologie ein neues Verständnis vom Wesen und von der Entstehung von Geisteskrankheiten, das auch zu einer neuen Auffassung der Hysterie führte.

In Abgrenzung zu der Theorietradition der Hippokratiker war für Paracelsus die Hysterie kein gynäkologisch-libidinöses Leiden par excellence mehr und wurde ihm zufolge nur irrtümlicherweise als »suffocatio matricis« (von der Gebärmutter hervorgerufene Erstickung) bezeichnet. Vielmehr rechnete er sie zu jener Gruppe von Krankheiten, die »die gesundtheit und vernunft berauben« (Paracelsus 1924, Bd. 8, S. 326)[52], also zu den fallsüchtigen Anfallsleiden, welche Paracelsus allgemein als »die hinfallenden siechtage – morbus caducus« bezeichnete und zu denen er auch die Epilepsie zählte. In enger Beziehung zur Epilepsie stand die Hysterie, die er als die »hinfallenden siechtage der mutter (= matrix)« oder »morbus caducus matricis« bezeichnete. Deren besondere Eigenart begründete er mit der matrix, welche nicht nur die Gebärmutter als Organ verkörperte, sondern auch die Wesensart der Frau schlechthin symbolisierte. Sowohl Männer als auch Jungfrauen blieben von dieser Sonderform des Anfallsleidens verschont, da sie ihm zufolge vor allem solche Frauen befiel, die in körperlich-seelischer Beziehung zum Manne standen. Denn der kranke Mann konnte nicht nur seine Leiden im Geschlechtsverkehr auf die Frau übertragen wie z.B. die Gelbsucht, sondern auch durch »influenz« und »impression« auf die Frau sowohl in gesunden als auch kranken Tagen einwirken. In Analogie zu kosmologischen Erscheinungen erklärte Paracelsus die Ursache der Hysterie so: »Der himel, der also ist vom man (...) dan ursachen aus im werden viel krankheiten (...) als ein exempel: suffucatio matricis, was ist anders dieselbige als alein aus dem himel des mannes, der der frauen leib constelliert hat?« (Paracelsus 1567, Kap. 1).[53]

Paracelsus wußte, daß er damit einen neuen Gedanken in die Hysterieforschung einführte, den er aus der psychologischen Beziehung von Mann und Frau und den ihnen gemeinsamen kosmologischen Einflüssen entwickelt hatte. In diesem Zusammenhang berücksichtigte er die körperlich-seelische Gesamtkonstitution der Frau, aus der ihre Disposition zur Hysterie hervorgehen sollte.

Schwerste Paroxysmen*, vorübergehende Erblindung und Ertaubung, Lähmungen und Anästhesien* beherrschen bei Paracelsus das Krankheitsbild der Hysterie. Während er das Gemeinsame von Epilepsie und Hysterie in den auftretenden

Krämpfen und der Fallsucht sah, unterschieden sie sich dennoch in der Schwere ihres Krankheitsverlaufs. Da die Frau mit einer wesentlich schwächeren Konstitution versehen ist als der Mann, führt die Fallsucht der Frau oft zu Siechtum und Tod. In diesem Krankheitsprozeß wird ihr gesamter Körper in Mitleidenschaft gezogen, der sie insgesamt für viele Leiden anfälliger werden läßt, die sie im Laufe der Zeit zu erdulden hat. Umgekehrt kann der Mann sehr viel leichter als die Frau sein Anfallsleiden überwinden, wenn er einen geordneten Lebenswandel führt.

Während Paracelsus für eine körperliche Ganzheitstherapie Mann und Frau verschiedene Pflanzenarzneien verschrieb, sprach er sich bei gynäkologischen Leiden für die heilsame Wirkung des Magneten aus, da er der Gebärmutter magnetische Anziehungskräfte zuschrieb.

Darüber hinaus war Paracelsus einer der ersten im 16. Jahrhundert, der den Veitstanz jenseits von Dämonie und Magie als eine Form der Pathologie interpretierte. Diese Krankheit nannte er »Chorea lasciva«. Sie zeige wie die Hysterie nicht nur körperlich-ekstatische Phänomene und befalle »aus leichtfertigkeit des gemüts mit verhengung des willens« vor allem Kinder und Frauen. Sie entstamme sowohl unbewußten sexuellen Affekten als auch der besonders ausgeprägten Imagination der Frau, die wiederum beide einer machtvollen Wollust entsprüngen und nur durch Abstinenz, Isolierung, Einsperrung, Fasten und Reue kuriert werden könnten.[54]

Wie sehr Paracelsus mit seiner Hysterietheorie Außenseiter seiner Zeit war und blieb, sieht man an zeitgenössischen Autoren, die sich im Unterschied zu ihm in althergebrachten Traditionen bewegten. So behandelte der französische Schriftsteller François Rabelais (1483–1553), ein typischer Vertreter des Humanismus und Wiedererwecker der Antike, zur selben Zeit das Problem der Hysterie wie das der geschlechtlichen Identität der Frau in seiner literarischen Satire *Pantagruel* (1548). In seinem Rückgriff auf antikes Gedankengut entsprach die Gebärmutter einem wandernden Tier

»sowohl nach akademischen, als peripatetischem Lehrbegriff. Denn wenn eigene Bewegung ein sicheres Merkmal jedes lebendigen Wesens ist, wie Aristoteles schreibt, und alles was sich von selbst beweget *Tier* heißt, so nennt es Plato mit gutem Fug ein Tier, weil er in ihm die eigenen Bewegungen der Suffucation, der Corrugation, Indigation und Präcipation bemerket, und zwar so heftig, daß durch sie den Weibern oft jeder andere Sinn und Bewegung benommen wird...« (Rabelais 1964, Bd. 1, S. 372)

Was Galen anbelangt, der die Wanderungen des Uterus widerlegt hatte, so war Rabelais der Meinung, »daß sie (Galen u.a., R.S.), sowohl in diesem Stück als vielen andern mehr zum Scherz und aus Begier geschrieben haben, ihren Meistern zu widersprechen, denn um Erforschung der Wahrheit willen« (ebd.). Dieser Einschätzung zufolge verkörperte das »Weib« für Rabelais ein »wandelbar und unvollkommenes Geschlecht«, welches von Natur aus »auf des Mannes gesellige Lust und Mehrung des Geschlechts bedacht« ist (ebd.). Er berief sich dabei auf Plato, der auch nicht wußte, ob er das Weib »zu den vernünftigen Wesen oder zu dem blöden Vieh« zählen sollte. Wären der Frau nicht durch Schamhaftigkeit Grenzen gesetzt, würde sie den abscheulichen Bacchanalienfesten frönen, da »an einem geheimen und innerlichen Teil ihres Leibes ein Tier, ein Glied gesetzt, das nicht beim Mann ist« (ebd.). Bedingt durch dieses begierige Tier spielten die meisten Frauen ihren Ehemännern Tugendhaftigkeit vor, um hinter deren Rücken zügellos all das auszuleben, was sie sonst zwanghaft zurückhalten müßten. Mit diesen Auslassungen über die Liebestollheit der Weiber und ihre Kunst, diese zu verbergen, führte Rabelais den Begriff der Theatralik in die Hysteriediskussion ein. Ferner gestand er tugendhaften und keuschen Frauen – eine Einschätzung, die an frühere Beobachtungen von Soranus erinnert – eine gewisse Sublimationsfähigkeit zu. Er hielt sie für fähig, ihre hysterischen Ausbrüche willentlich zu kontrollieren.[55]

Einer der Ärzte, die die Geschichte der Hysterietheorien beeinflußten, war der Engländer Edward Jordan (1578–1632). Er wurde durch einen Hexenprozeß bekannt, in dem er bei einem verzauberten Mädchen Hysterie diagnostizierte, um eine andere Frau, die der Hexerei beschuldigt wurde, vor dem Schafott zu retten. Wenn auch diese Bemühungen vergeblich waren, so versuchte er durch eine Abhandlung über die *suffucation of the mother* seine Kollegen darüber aufzuklären, daß die Hysterie kein Werk des Teufels sei, da alle »stigma diaboli« auch für die Symptomatik der Hysterie typisch seien.

Die Ursache der Hysterie war ihm zufolge zwar nach wie vor eine Gebärmutterstörung, die jedoch vermittels aufsteigender Dämpfe – den »vapours« – auch andere Körperteile in Mitleidenschaft zog und hierbei die klinischen Symptome hervorrief. Stiegen die »vapours« hinauf in den Kopf, so vermochten sie Vorstellungen, Verstand, Erinnerung und Intelligenz zu beeinträchtigen und konnten bis hin zur Geistesverwirrung führen. Darüber hinaus konnten sie die wesentlichen Sinnesfunktionen irritieren, wodurch das Auftreten der klassichen Symptome wie Taubheit, Blindheit, Anästhesien* und Normenverstöße im Rahmen der Hysterie erklärt wurden. War jedoch die Leber betroffen, so erzeugten sie emotionale Störungen, hysterische Attacken, Spasmen, Anfälle, Zuckungen und das häufig auftretende Gähnen.

Mit dem Begriff der »vapours« bahnte sich jedoch eine Erklärung an, die nicht nur die Hysterie als »Nervenkrankheit« thematisierte, sondern die im 18. Jahrhundert auch eine umfassende Bedeutung für die »Nervenkrankheiten« schlechthin annehmen sollte.[56] Entsprechend den auftretenden Gemütsschwankungen wie Melancholie und Launenhaftigkeit trat Jordan als erster für eine Art psychotherapeutischer Behandlung ein, die durch Beratung, Aufmunterung, Überzeugung und Erziehung von seiten des Arztes und des Freundeskreises der Patientin erfolgen sollte, um den Heilungsprozeß zu beschleunigen.

Jordans Konzept wurde von Robert Burton (1577–1640) übernommen, welcher die Melancholie als Krankheit des Geistes bei hysterischen Jungfrauen, Hausmädchen, Nonnen und Witwen beschrieb. Er widmete sich weniger der körperlichen

Phänomenologie der Hysterie als vielmehr den melancholischen Leidenszuständen wie Verzweiflung, Agonie und Selbstmordneigungen, die er bei diesen Frauen beobachtet hatte. Da auch er bei dieser Gemütskrankheit ein gynäkologisches Leiden voraussetzte, empfahl er den alleinstehenden Frauen die Ehe als Therapie. Melancholie galt als Folge außerehelichen Geschlechtsverkehrs oder auch sexueller Abstinenz, bedingt durch klösterliche und jungfräuliche Lebensführung. Besonders Frauen mit einem von Natur aus starken Temperament hielt er für hysterie- und melancholiegefährdet, da sie gegen die Natur ihrer Leidenschaften nicht mehr anzukämpfen vermochten, wenn sie ihnen erst einmal erlegen waren. Mit Sicherheit brach bei ihnen die melancholische Krankheit aus, an der der Geist mehr oder weniger freiwillig beteiligt und nur durch Vernunft und geduldiges Verharren zu beeinflussen war.[57]

Sowohl Burton als auch Jordan leiteten eine neurologische Phase in der Hysterieforschung ein, indem sie den Sitz der Krankheit vom Uterus allmählich in den Kopf verlagerten. Während jedoch beide die Hysterie noch vom Uterus abhängig sahen und sie demgemäß nur beim weiblichen Geschlecht diagnostizierten, wurde erstmals durch Charles Lepois (1563–1633) – unter dem lateinischen Namen Carlos Piso bekannt – die Hysterie als eine Nervenkrankheit begriffen, die ihren ausschließlichen Sitz im Kopf hatte. Ferner war er der erste, der das Auftreten der Hysterie nicht nur bei Frauen, sondern ausdrücklich auch bei Männern für möglich hielt. Als gemeinsames Symptom für beide Geschlechter nannte er den Kopfschmerz (clavus hystericus).[58]

Die Ansichten von Ch. Lepois fanden zwar große Verbreitung, aber auch viele Gegner. Erst gegen Ende des 17. Jahrhunderts wurden seine Gedanken durch den berühmten Physiologen, Neurologen und Anatom Thomas Willis (1622–1675) zustimmend wiederaufgenommen. Willis formulierte eine Theorie des zerebralen Ursprungs und Sitzes der Hysterie. Ihm zufolge wurde sie verursacht durch die Beschaffenheit der Lebensgeister, den »spiritus animales«, die durch das Zusammentreffen von Affekten und einer fehlerhaften Zusammensetzung von Körpersäften die explosiven Ausbrüche hervorriefen. In Ablehnung der Uterustheorie konnte er somit das Auftreten der Hysterie bei beiden Geschlechtern theoretisch plausibel begründen. Um seine Kritik an der Uterustheorie zu erhärten, führte er wie einst Lepois die Hysterie von geschlechtsunreifen Mädchen und alten Frauen an, die weder gynäkologische Beschwerden hatten, noch unter sexueller Abstinenz litten. Dieses auf Beobachtungen beruhende Argument ergänzte Willis (1684, S. 69) überzeugend durch einen Hinweis auf die körperliche Anatomie der Frau: »The Womb is of a small bulk in Virgins and Widows, and is so strictly tied by neighbouring parts round about, that it cannot of itself be moved or ascend from its place.« Darüber hinaus richtete Willis eine Kritik an die Medizin seiner Zeit, die in ihrer wirklichen Bedeutung erst für das 19. Jahrhundert maßgeblich werden sollte:

»Unter den Frauenkrankheiten genießt die Hysterie einen so schlechten Ruf, daß sie wie die *semi-damnati* die Fehler zahlreicher anderer Leiden zu tragen hat. Wenn eine Krankheit von unbekannter Natur und verborgenem Ursprung bei einer Frau so auftritt, daß ihre Ursache nicht sichtbar wird und die therapeutische Indikation ungewiß ist, klagen wir sofort den schlechten Einfluß des Uterus an, der in den meisten Fällen nicht verantwortlich ist, und anläßlich eines ungewissen Symptoms erklären wir, daß sich etwas Hysterisches irgendwo verbirgt; wir nehmen als Gegenstand unserer Fürsorge und Heilmittel das, was oft der Zufluchtspunkt großer Ignoranz gewesen ist.« (Willis 1681, Bd. 1, S. 529, zit. n. Foucault 1973, S. 287)

Als »englischer Hippokratiker« und »größter Kliniker aller Zeiten« unterstrich Thomas Sydenham (1624–1689) nachhaltig die Bedeutung der Beobachtungsgabe und der Kasuistik für den Mediziner, um durch detaillierte Beschreibung der Symptome eine Klassifikation der klassischen Krankheitsbilder vorzunehmen. Seine bekanntesten Schriften sind die über Epidemien und epidemische Konstitution, Gicht, Wassersucht, Fieber und Geschlechtskrankheiten. Eine Abhandlung von ihm über den Sankt-Veits-Tanz ist bekannt geworden als *Sydenhams chorea*. Aber eine seiner bedeutendsten Arbeiten behandelte das Problem der Hysterie, deren Verständnis er über die zeitgenössischen Kenntnisse hinaus wesentlich erweiterte. Während Jordan noch glaubte, daß die Hysterie ihren Ursprung im Kopf habe, und Willis ihren Sitz im Gehirn annahm, so war es Sydenhams Verdienst, die Hysterie als eine Form des seelischen oder geistigen Leidens aufzufassen.[59]

Neben dem Fieber stellte Sydenham die Hysterie als eine der häufigsten aller chronischen Krankheiten dar, die sowohl Männer als auch Frauen befallen konnte. Der Häufigkeit ihres Auftretens entsprach zugleich die Vielfältigkeit ihrer Formen, welche sie anzunehmen imstande war. Deshalb betonte Sydenham den affektiven Anteil an dieser Krankheit, der sich aus den menschlichen Leidenschaften ergab. Wie Willis sah Sydenham die primäre Ursache in der Bewegungsunruhe der *spiritus animales,* wobei er besonders die Entsprechungen zwischen der emotionalen Labilität und der Körpersymptomatik von Hysterikern und Hypochondern hervorhob. In diesem Zusammenhang kritisierte er auch die traditionellen Auffassungen seiner Zeit, die nach wie vor den Ausgangspunkt der Hysterie in einer Zurückhaltung des Samenflusses oder des Menstrualblutes sahen. Obwohl Sydenham die von der Hysterie befallenen Männer und Frauen nicht für geisteskrank hielt, erkannte er den mentalen Ursprung ihres psychischen Leidens. Wenn er die Hysterie in die begriffliche Nähe der Hypochondrie rückte, so deshalb, weil er ihre Wesensgleichheit in ihren melancholischen und psycholabilen Leidenszuständen sah. Um dem Irrtum vorzubeugen, daß die Hysterie aufgrund ihrer wortgeschichtlichen Herkunft allein eine weibliche Krankheit sei, nannte er die männliche Form des Hysterie »Hypochondriasis«. Wirkungsgeschichtlich hat Sydenham mit dieser revolutionären Auffassung keine sichtbaren Spuren hinterlassen, da sich die nachfolgenden Generationen nicht mehr auf ihn beriefen. Die Infragestellung und Ablehnung der uterinen Genese der Hysterie erfolgte demgemäß in der Folgezeit unabhängig von ihm.[60]

Während Sydenham die Gemüts- oder Gefühlsstörung als eine sekundäre Begleiterscheinung von Hysterikern auffaßte, sah der Italiener Giorgio Baglivi (1668–1707) in ihnen eine ihrer Ursachen. Baglivi war Lehrstuhlinhaber für medizinische Theorien in Rom und ist allgemein bekannt geworden durch seine mechanistische Interpretation von Körperfunktionen. Darüber hinaus führte er den Begriff der Psychosomatik in die Medizin ein und war einer der ersten, die im modernen Sinne über Geisteskrankheiten schrieben und diese analysierten. Die Hysterie war ihm zufolge eine psychosomatische Erkrankung, die ihren psycho-genetischen Ursprung in einer Form der Geistesstörung hatte. Als direkte Ursache sah er eine Gefühlsstörung. Baglivi gehörte im übrigen zu den wenigen Ärzten, die sich auf Sydenhams Arbeiten positiv bezogen und ihn überhaupt zur Kenntnis nahmen. Das ihm folgende 18. Jahrhundert legte den Grundstein für die moderne wissenschaftliche Medizin, in der zwar die neurologische Phase und hiermit das Auftreten der Nervenstörung vorherrschend wurde, die sich aber dennoch durch kontroverse Ansätze innerhalb der Hysterieforschung auszeichnete.[61]

Der schottische Physiologe Robert Whytt (1714–1766) vertrat die Auffassung, daß die Hysterie eine Krankheit des Nervensystems sei und beabsichtigte, den von Willis geprägten Ausdruck »nervous« auf die mannigfaltige Symptomatik des hysterischen und hypochondrischen Krankheitsbildes anzuwenden. In dem Maße jedoch, wie nun die endlose Reihe der körperlich-seelischen Symptome als nervös bezeichnet wurde, entwickelte sich bei ihm ein undifferenzierter Symptombegriff, mit dem er das hysterische und das hypochondrische Krankheitsbild nicht mehr voneinander abgrenzen konnte: »Das hypochondrische Übel (ist) von dem hysterischen nicht mehr unterschieden (...), als die hysterischen Zufälle voneinander selbst unterschieden sind« (Whytt 1766, S. 79). Die allgemeine Undifferenziertheit in der Klassifikation von Krankheitsbildern kam auch dadurch zustande, daß viele körperliche Schmerzen, die z.B. dem Rheumatismus ähnlich waren, nun auch zu den nervösen Krankheiten zählten.

Die Auffassung der Hysterie als einer Krankheit des Nervensystems teilte Whytt mit einigen seiner kontinentaleuropäischen Kollegen wie z.B. François Boissier de Sauvage (1706–1767). Jedoch trug dieser nicht zu einer Klärung des Hysterieverständnisses bei, da er sieben verschiedene Formen von Hysterie beschrieb. In einer Wiederaufnahme galenischen Denkens nannte er eine Form »hysteria libidinosa«, die er wie die griechisch-römische Medizin auf sexuelle Abstinenz zurückführte. Wie zäh sich die Assoziation von Hysterie mit Sexualität erhalten konnte, ist besonders überraschend, wenn man bedenkt, daß die Kategorie der »libidinösen Hysterie« aus der medizinischen Literatur des 17. und 18. Jahrhunderts bereits verschwunden war. Bezeichnenderweise entsprach ihre Wiederverwendung Boissier de Sauvages Interesse, zwischen Hypochondrie und Hysterie entgegen englischer Tradition wieder eine Differenzierung einzuführen, indem er erstere zu den Gemütskrankheiten und letztere zu den »krampfichten Krankheiten« zählte.[62]

Der kaum begonnene Schritt zu einer psychopathologischen Interpretation der Hysterie und die durch Baglivi aufgeworfenen psychosomatischen Fragestellungen wurden jedoch in ihrer Weiterentwicklung durch die von William Cullen (1710–1790) begründete Neuro-Physiologie und -Pathologie zurückgeworfen, die bis zur Mitte des 19. Jahrhunderts wirksam blieben. In Anlehnung an den Terminus »Nervenkrankheit«, der im Zusammenhang mit der Hysterie schon bei Willis angedeutet wurde, führte Cullen das Wort »neurosis« ein und ordnete die Hysterie innerhalb der langen Reihe jener Krankheiten ein, die er allgemein als »neuroses« bezeichnete. Die Kategorie der Neurose verwendete Cullen jedoch noch nicht im Sinne Freuds, sondern er ging von der Annahme aus, daß sie ihre somatische Basis in der Funktion des Nervensystems, vornehmlich im Gehirn habe. Da ihm zufolge sich das körperliche Leben aus einer nervösen Energie des Nervensystems speiste, die durch dysfunktionale Bewegungen Nervenstörungen hervorrufen konnte, nannte er die meisten der psycho-somatischen Erscheinungen Nervenkrankheiten bzw. Neurosen. Insgesamt bewirkte Cullen für die Erklärung der Hysterie keinen Fortschritt, da er an einer somatischen Ätiologie festhielt, die selbst noch Anspielungen auf eine Affektion des Uterus und des genitalen Systems der Frau enthielt.[63]

Ein Schüler Cullens, der später bekanntgewordene amerikanische Arzt Benjamin Rush (1745–1813), erkannte jedoch aufgrund eigenständiger Beobachtungen die psycho-somatische Dimension der Hysterie. Rush interessierte sich nicht nur für Psychiatrie und Anthropologie, er war auch ein aktiver Vertreter der Unabhängigkeitserklärung und trat für zahlreiche Reformen ein. Aus dieser Interessenverbindung heraus entstand ein nicht-medizinischer Essay (1788), der den Einfluß des Unabhängigkeitskrieges auf die Psyche des Menschen zum Gegenstand hatte. In diesem Essay kam er zu dem Ergebnis, daß im Rahmen von Bürgerkriegen hysterische Ausdrucksweisen in Erscheinung treten können. Ferner beobachtete Rush schichtenspezifische Veränderungen im Auftreten von Hysterie. Im Unterschied zu früher trete Hysterie und Hypochondrie nicht ausschließlich mehr in der Oberschicht auf, sondern inzwischen träfe man beide auch in den Mittelschichten an. Dies führte Rush auf eine allgemeine Erhöhung des Lebensstandards in Amerika zurück, von dessen negativen Auswirkungen nun auch die einfacheren Volksschichten betroffen seien.[64]

3. Zum Topos der »grande hystérie« im 19. Jahrhundert

Neben B. Rush, dem Begründer der amerikanischen Psychiatrie, gilt der französische Kliniker Philippe Pinel (1745–1826) als typischer Vertreter des Zeitalters der Aufklärung innerhalb der offiziellen Geschichte der Psychiatrie. Mit ihm begann wahrhaftig eine neue Ära. Von humanistischen Idealen geleitet, befreite er 1794 die Geisteskranken im Bicêtre-Hospital von Paris von ihren eisernen Ketten. Zwei Jahre später führte Pinel diese Reform auch im Asyl für geisteskranke Frauen in einer Abteilung der Salpêtrière durch. Allgemein wurden nun zunehmend die sozialen Faktoren für die Ursache der Geisteskrankheiten erkannt. Neben sittlich-moralischer Verschuldung wurden individuelle Schicksalsschläge, politische Ereignisse und religiöser Fanatismus für den Ausbruch des Irreseins verantwortlich gemacht. Neben Rush war es gerade Pinel, der Geisteskrankheit nicht mehr als eine organische Realität verstand, sondern nun explizit in der moralischen Verschuldung die Ursache für das Irresein erkannte. Dieser Auffassung gemäß vertrat Pinel die psychologische Wirkung moralischer Therapien, indem er die Einsicht in sittliche Verfehlungen durch moralisch gerechtfertigte Sanktionen sowie die Anwendung verschiedener Disziplinierungsmaßnahmen durch das Regiment der klinisch organisierten Hierarchie erzwang. Durch Pädagogisierung und Gespräche mit dem Kranken erhoffte sich Pinel die Unvernunft des Menschen zu besiegen, seinen letzten Widerstand zu brechen und war überzeugt davon, daß Geisteskrankheit entgegen der Auffassung einiger seiner Zeitgenossen heilbar sei.

Dem Neurosebegriff Cullens setzte Pinel den psychologischen Begriff »vesanie« entgegen, der sich auf die seelischen Störungen wie z.B. der Wahrnehmung, des Verstandes, des Gedächtnisses, des Vorstellungs- und Abstraktionsvermögens bezog. Beeinflußt von der Psychologie John Lockes vermißte Pinel in den naturwissenschaftlichen Auffassungen seiner medizinischen Vorgänger eine Analyse des menschlichen Geistes, die zugleich eine Analyse der menschlichen Affektionen, d.h. der menschlichen Leidenschaften zum Gegenstand haben sollte.[65]

Seiner Auffassung zufolge gehörten Hysterie und Hypochondrie zu jenen Neurosen, deren Verhaltensstörungen ohne organische Veränderungen des Nervensystems verursacht werden konnten. Als Hysterie bezeichnete Pinel die »Genitalneurosen der Frauen«, die in zahlreichen Symptomen wie Sterilität, Frigidität, Nymphomanie bzw. »furor uterinus« in Erscheinung traten. Die spezifisch weibliche Sexualpathologie der Nymphomanie fand ihre Entsprechung in dem von Aretäus schon beschriebenen Krankheitsbild der »Satyriasis« des Mannes. Ihr psychopathologisches Syndrom war Pinel zufolge Ausdruck abnormer geschlechtlicher Wollustbegier, welche durch exzessive sinnliche Leselektüre, zu strenge und zurückgezogene Lebensführung, gewohnheitsmäßige Masturbationspraktiken, extreme Empfindsamkeit des Uterus und durch das Auftreten von Hautausschlägen an weiblichen und männlichen Geschlechtsorganen verursacht wurde.[66] Zur Behandlung hysterischer Beschwerden und insbesondere der Menstruationsanomalien führte Pinel eine Reihe therapeutischer Verfahren ein, mit welchen es ihm gelang, die ausbleibende »évacuation sexuelle« bei frigiden und unfruchtbaren Frauen hervorzurufen. Wenn die Beseitigung physischer Symptome gelang, aber dennoch die psychischen Störungen der Apathie, Depression und Anorexie* bestehen blieben, empfahl Pinel frische Landluft und körperliche Übungen, die eine normale Regulation der Menstruation bei Mädchen und Frauen herbeiführen sollten. Gegen das zügellose Ausleben sexueller und abnormer Leidenschaften des Menschen, vornehmlich denen des Mannes, sollten die Gesetze der Moral befolgt werden, um Herrschaft über sich selbst und die Begierden zu erlangen.[67] In dem Maße jedoch, wie Pinel die Hysterie von einer organischen Ätiologie befreite, reihte er die diversen Symptome der vom Fortpflanzungstrieb abweichenden Sexualität als Perversionen in die klinische Beschreibung der Hysterie ein. Die Wiedereinführung sexueller Faktoren als Ausgangspunkt der Hysterie sollte schließlich im Werk von Freud am Ende des 19. Jahrhunderts ihren Höhepunkt erreichen.

Ein wichtiges Bindeglied von Pinel zu Freud stellt der oft in Vergessenheit geratene Wiener Baron Ernst von Feuchtersleben (1806–1849) dar, der die psychosomatische Medizin als systematische Disziplin begründete; denn in seinem *Lehrbuch der ärztlichen Seelenkunde* (1845) führte er nicht nur Begriffe wie Psychose, Neurose und Psychiatrie im modernen Sinne ein, sondern erkannte darüber hinaus explizit den menschlichen Organismus als psychophysische Einheit an. Da Frankreich und England auf den Gebieten der allgemeinen Medizin und Psychiatrie bis zum 19. Jahrhundert führend waren, bewunderte er Pinel als Philanthropen, der seiner Meinung nach der erste war, der die psychologische Heilmethode gefördert hatte. Wenngleich er sich Schlegel und Novalis verpflichtet fühlte, war er vom Einfluß Immanuel Kants (1724–1804) besonders stark geprägt worden. Kant hatte die Suche nach sozialen und ökonomischen Faktoren für die Entstehung der Geisteskrankheiten gefördert, indem er diese nach Gesichtspunkten des historisch jeweils erreichten Zivilisationsprozesses klassifizierte. Dabei kam Kant zu dem Ergebnis, daß mit zunehmender Zivilisation ein Anwachsen von Geisteskrankheiten zu verzeichnen sei.[68]

Wenn Feuchtersleben wie einige seiner Vorgänger die Hysterie als die Schwester der Hypochondrie bezeichnete, so hielt er sie doch für verschieden »in der psychisch-organischen Differenz der Geschlechter. Der vorzüglichste Reflex ist hier weniger auf das Digestions- als auf das Sexualsystem gerichtet, das im Weibe die wichtigste Rolle spielt« (Feuchtersleben 1845, S. 244). Die größere Nervenzartheit des weiblichen Geschlechts drücke sich in den peripher erscheinenden motorischen und sensiblen Phänomenen aus, während der Hypochondrist eher Sklave seiner Launen und seiner Stimmungswechsel sei. Die psychogenen Dispositionen für Hysterie und Hypochondrie sah Feuchtersleben in selbstischen Leidenschaften, überprivilegierter Lebensweise, Langeweile, Lektüre, ausgiebiger Schulzeit und der Erziehung. Besonders kritisierte er die weibliche Erziehung, der er eine tiefgreifende Bedeutung für die Entstehung der Hysterie zuerkannte. Vor allem unverheiratet gebliebene Frauen seien aufgrund des ungelösten Widerspruchs zwischen ihrem Begehren und ihren Hoffnungen einerseits sowie ihrer sexuellen Abstinenz und ihrem unerfüllten Dasein andererseits besonders hysterieanfällig. Zu den somatischen Ursachen der Hysterie zählte Feuchtersleben, neben unregelmäßiger

Menstruation, »impotente Ehemänner«, häufige Wochenbetten und übermäßigen Genuß von Kaffee und Tee. Wurden Männer ebenso von hysterischen Symptomen wie dem »globus hystericus« heimgesucht, so stellte Feuchtersleben bei ihnen eine Tendenz zur Feminisierung fest. Umgekehrt konnten Frauen nur dann hypochondrisch werden, wenn sie maskuline Züge annahmen und sich von ihrer »weiblichen Bestimmung« emanzipiert hatten. Wenn beide Leiden nicht alsbald geheilt werden konnten, so gingen sie im Laufe der Zeit in das Stadium des psychotischen Zustandes über.[69]

Gemäß hippokratischer Tradition verlangte Feuchtersleben, in der Kur auf die jeweilige psycho-somatische Persönlichkeitsstruktur individuell einzugehen, was in manchen Fällen auch eine Zurückhaltung des Psychiaters erforderlich mache. Neben den üblichen körperlichen und psychologischen Disziplinierungsmaßnahmen, wie sie eben auch bei Pinel und anderen Klinikern bereits zur Anwendung kamen, schlug Feuchtersleben eine kontinuierliche und intensive Untersuchung der Träume von Patienten vor. Dem Traum gestand Feuchtersleben eine tiefe Bedeutung für das Individuum zu, da dieser vermittels seiner charakteristischen Bildersprache Aufschlüsse über den Menschen zu geben vermöge: Für Feuchtersleben war der Traum nicht nur eine unbewußte Sprache, sondern hatte darüber hinaus die teleologische Bedeutung, daß er »bei der Abspannung aller körperlichen bewegenden Kräfte durch das Spiel der Einbildungen, die oft bis zum Affekte steigen, diese nützliche Bewegung ersetzt« (ebd., S. 174).[70] Verstand der Arzt die Bedeutung des Traumes, so konnte dies der Therapie förderlich sein, da er dem Arzt den Zustand des Patienten anzeigte, wenn auch der Patient selbst den Inhalt seines Traumes nicht zu deuten verstand.

Da Feuchtersleben eine Vermittlung zwischen literarischen Texten und psychiatrischen Problembereichen herstellte, genügte er – anders als sein berühmter Kollege Wilhelm Griesinger (1817–1868) – nicht den Anforderungen der Wissenschaftlichkeit, sondern wurde bestenfalls als »Dichter« oder »romantischer Eklektiker« innerhalb der Medizingeschichte erwähnt.[71]

Mit Griesinger konnte zum ersten Mal ein deutscher Forscher eine führende Stellung auf dem Gebiet der Psychiatrie einnehmen. Im Rahmen seines materialistischen Denkens entwickelte er ein Krankheitssystem, »das man als Prototyp einer psychiatrischen Systembildung überhaupt bezeichnen kann, und von dem alle späteren Systemstrukturen sich herleiten lassen« (Bodamer 1948, S. 306). Er war ein Förderer der physiologischen Medizin und Heilkunde, betonte den naturwissenschaftlichen Standpunkt der exakten empirisch-demonstrativen Methoden und kämpfte mit seinen Kollegen gegen naturphilosophische Spekulationen, vor allem gegen romantizistische Denkvorstellungen an. Die Auseinandersetzung zwischen den Somatikern und Psychologen in Deutschland hatte er in seinem Lehrbuch von 1845 für sich selbst dahingehend entschieden, daß er die psychischen Krankheiten mit den Krankheiten des Gehirns identifizierte. Letztere beruhten ihm zufolge auf einer anatomisch-physiologischen Veränderung des Gehirns und riefen Anomalien in Vorstellung und Wollen hervor. Mit Hilfe dieses Konzepts entwickelte er psychologische Begriffe wie »Ich-Stuktur« und »Wunscherfüllung«, mit denen er die Entstehung von hysterischen Symptomen neu interpretierte.[72]

Griesinger bezeichnete die Hysterie als die weibliche Form des Irreseins, der man nur in äußerst seltenen Fällen auch bei jungen Männern begegne. Hierbei beobachtete er neben Krampf- und Neuralgiebeschwerden die »eigentümliche hysterische Gemüthsbeschaffenheit«, die sich in Launen, Sympathie für das eigene (weibliche) Geschlecht, aufgeweckter Intelligenz, Neigung zu Täuschung und Lüge, Unentschlossenheit und Willenlosigkeit zeige. Einfluß auf den Verlauf des Irreseins hätten für die Frau generell die Tage der Menstruation, ferner Menstruationsbeschwerden, Erkrankungen im Bereich des Genitalsystems, Schwangerschaft, Geburt und Laktation*. Ihn belustigten Kollegen, die »eine wahrhaft kindliche Scheu vor Genitaluntersuchungen und besonders vor dem Speculum« zeigten, da sie fürchteten, sexuelle Wünsche hervorzurufen,

»einzelne Wahnvorstellungen zu nähren oder zu verschlimmern« (Griesinger 1845, S. 207). Demgegenüber unterstrich er die Bedeutung einer korrekten Diagnose, denn »das Licht, das durch das Speculum fällt, wird, wie es die Hysterie so wohl beleuchtet, auch vieles der Hysterie nahestehendes Irresein allein zu erhellen vermögen!« (ebd.).

Weiterhin behauptete er, daß er in seiner Privatpraxis »einzelne, überaus glückliche Heilungsfälle hysterischen Irreseins durch locale Behandlung von Genitalleiden, nachdem bis dahin Alles vergeblich gewesen« (ebd.), beobachtet hätte.[73]

Diese somatische Erklärung für die Entstehung von Geisteskrankheiten entsprach der naturwissenschaftlich orientierten Erkenntnisauffassung jener Zeit, daß psychische Erscheinungen Ausdruck organ-pathologischer oder neuro-physiologischer Prozesse seien. Innerhalb der Psychiatrie des 19. Jahrhunderts wurde die Hysterie entweder aus einer erhöhten Reizbarkeit des weiblichen Nervensystems abgeleitet oder im Kontext gynäkologischer Fragestellungen auf eine pathologische Veränderung des weiblichen Genitalsystems zurückgeführt. Die schon im 17. Jahrhundert vorherrschende Auffassung innerhalb der Medizin, daß erst »die Gebärmutter das Weib zum Weibe mache« und alle psycho-physischen Erkrankungen des weiblichen Organismus ausschließlich Uteruserkrankungen seien, wurde in der zweiten Hälfte des 19. Jahrhunderts durch Virchows (1821–1902) These dahingehend ergänzt, daß es das Ovarium* sei, wodurch sich allein das Frausein bestimmen ließe. Diese These entsprach dem wissenschaftlich vollzogenen Übergang von einer makroskopischen zu einer mikroskopischen Anatomie, Physiologie und Pathologie, welche in Virchows *Cellularpathologie* (1858) kulminierte. Dort leitete er aus der Zelle und der kleinsten biologischen Einheit die Entstehung komplexer Lebewesen und auch das Auftreten von psycho-physischen Störungen beim Menschen ab.[74]

Wie sehr jedoch die Hysterie unter dem Vorwand wissenschaftlicher Disputation Gegenstand misogyner Absichten wurde, zeigen ferner die von der Académie Royale de Médicine preisgekrönten Werke eines Jean-Baptiste Loyer-Villermay und Fréderic Dubois. Während Dubois vehement an der Uterustheorie festhielt und eine männliche Form der Hysterie bestritt, vertrat Loyer-Villermay die Auffassung, daß die häufigste Ursache der Hysterie eine Entzugserscheinung infolge von sexueller Abstinenz sei, die sich bei Frauen pathogen auswirke.[75] Das Ziel der offiziellen männlichen Medizin, die Frau allein auf ihre geschlechtlichen Funktionen zu reduzieren, zeigt sich auch in den Differenzierungsbemühungen hinsichtlich der Hypochondrie und der Hysterie. Dabei wurde die Hypochondrie zum Intelligenz- und Verstandesproblem des Mannes erhoben, während die Hysterie auf ein irreduzibles Organproblem der Frau zurückgeführt wurde. Da, der nun vorherrschenden Auffassung zufolge, die Frau durch den Mangel ihrer materiellen Organisation als von Geburt an negativ gezeichnet galt, konnten ihre hysterischen Anfälle nicht intellektueller, seelischer, moralischer, sittlicher oder politischer Natur sein wie eben die hypochondrischen Beschwerden, sondern sie wurden allein auf ihre überaus empfindlichen und reizempfänglichen Geschlechtsorgane zurückgeführt, die auf die Neigungen der Frau zum religiösen Mystizismus, zu Kunst, Musik, Theater und Literatur angeblich sofort reagierten.

Während der Hypochondrist aufgrund seiner Idiosynkrasien, seines Trübsinns und seiner Schwermut an großer Krankheits- und Todesfurcht leidet, kennt die Hysterikerin eine solche Krankheitsfurcht nicht. Ihr Hang zum Mystizismus und ihre organische Konstitution sind Auslöser von ekstatischen Ausbrüchen und geistigen Visionen, in denen sie Lust und Schmerz maßlos erlebt. Weil die geschlechtsreifen Organe die Quelle aller hysterischen Erscheinungen sind, können Frauen nur dann hypochondrisch werden, wenn sie unverheiratet bleiben, im Zölibat leben, ihre Schönheit verlieren oder ihr Klimakterium abgeschlossen haben.[76]

Dubois verstand Hysterie und Hypochondrie als Zivilisationserscheinungen, welche sich bei den Frauen in Form von Genußsucht, Sinnesreizung, Verweichlichung und Müßiggang äußerten. Die Hypochondrie stelle eine Anomalie der Vorstellung, der Reflexion und des Verstandes dar, die ihre tieferliegende Ursache im Verhältnis des Mannes gegenüber Gewerbe und Staatsverfassung habe. In diesem Zusammenhang wies Dubois (1840, S. 44) unter Berufung auf Montesquieu darauf hin, daß sich der ausgeprägte Patriarchalismus zum Beispiel in den arabischen Ländern günstig auf die Eindämmung der Hysterie ausgewirkt habe: »Im Orient sind die Sitten um so reiner, je sorgfältiger man alles entfernt, was die Weiber zur Lüsternheit reizen kann, d.h. wie Montesquieu bemerkt, in dem Maasse, als ihre Einschließung vollständiger ist«. Daraus ergibt sich aber umgekehrt die Schlußfolgerung, »dass, wenn die Staatsverfassung einen bemerkbaren Einfluss auf die Entwicklung der hypochondrischen Beschwerden hat, das häusliche Regiment sich nicht weniger wirksam in der Ausbreitung der Hysterie bezeigt, weil, alles übrige gleichgestellt, hysterische Weiber um so zahlreicher werden, je mehr jenes Regiment erschlafft« (ebd., S. 43).

Die allgemein von den Psychiatern und Nervenärzten bevorzugte Behandlungsmethode war, neben den konventionellen therapeutischen Maßnahmen, meist rein moralischer und intellektueller Natur. Etwa ab Mitte des 19. Jahrhunderts jedoch ergänzten die Chirurgen diese traditionelle Therapie durch operative Eingriffe. Die Annahme, daß Masturbation Wahnsinn oder auch andere Leiden wie Hysterie, Nervosität und Epilepsie hervorrufe, war weit verbreitet. Mit Hilfe des Fortschritts auf dem Gebiet der chirurgischen Technik und der aseptischen Operationsmethoden wurde das lokalistische Denken gefördert und zunehmend praktisch angewendet. Radikale Beschneidungen, Klitorisentfernungen und Kastrationen standen im Vordergrund der chirurgischen Heilmethoden, um die angebliche Ursache dieser Krankheiten zu beseitigen.[77]

Mit Jean-Martin Charcot (1825–1893) erreichten die Bemühungen um eine exakt-naturwissenschaftliche Erforschung hysterischer Phänomene ihren Höhepunkt. Innerhalb der Neurologie, die sich erst im fortgeschrittenen 19. Jahrhundert zur eigenständigen Disziplin entwickelt hatte, ragte Charcot als international bekannter Kliniker, Neuropathologe und Hirnphysiologe mit Arbeiten über Arthropathie*, multiple Sklerose* und der amyothrophischen Lateralsklerose* hervor. Er war Mitbegründer des Lehrstuhls für Nervenkrankheiten, in dessen Rahmen er als Professor der Neurologie und Chefarzt an der Salpêtrière (ab 1862) in Paris in Forschung und Lehre tätig war. Da auf dem Gebiet der Neurologie noch vieles unerforscht war, zog Charcot als Inhaber dieses Lehrstuhls Studenten aus aller Welt und später bekannt gewordene Ärzte wie z.B. Siegmund Freud an. In der Salpêtrière hatte Charcot günstige Bedingungen, neurologische Studien und Nosographie* zu treiben, da diese Klinik etwa 8000 Menschen unterbrachte. Diese rekrutierten sich hauptsächlich aus den unteren Schichten.[78]

Als Charcot sich dem weiten Gebiet der Neurosen zuwandte, herrschte auch im Hinblick auf die Hysterie große Ratlosigkeit. Im Rahmen des pathologisch-anatomischen Denkens wurde die Hysterie zur rätselhaftesten aller Neurosen erklärt und als eine Affektion mit unbekanntem Ursprung definiert. Denn einerseits war die Hysterie mit dem Vorurteil behaftet, eine Reflexneurose weiblicher Genitalerkrankung zu sein, andererseits bestand der Verdacht, daß die Hysterikerinnen ihre wechselhaften und mannigfaltigen Symptome nur simulierten, da diese sich bislang nicht umstandslos in ein festumrissenes Klassifikationsschema hatten einordnen lassen. Infolgedessen war die Neigung unter den Ärzten, sich mit dieser Neurose ernsthaft zu beschäftigen, nicht allzu groß, wollte man nicht seinen guten Ruf riskieren. Charcot war jedoch der erste, der »mit seiner vollen Autorität für die Echtheit und Objektivität der hysterischen Phänomene eintrat«; durch ihn gewöhnte man »sich allmählich das höhnische Lächeln ab, auf das die Kranke damals sicher rechnen konnte« (Freud 1952, S. 30).[79]

Zunächst stellte Charcot die These auf, daß die in den Berichten über Hexenprozesse und Bessenheitsphänomene beschriebenen »stigma diaboli« mit den hysterischen Stigmata identisch seien, und verwies auf ihre historische Universalität.

Darunter fielen vor allem die anästhetischen Zonen der Haut, Sensibilitätsstörungen, Konvulsionen sowie epileptische Zukkungen, der »arc de cercle«, die hysterischen Schlafanfälle, Kontrakturen, Lähmungserscheinungen und die »chorea rhythmica«, eine Form des Tanz- und Bewegungsanfalles. Dieser Analogieschluß, daß die Hexe eine fehldiagnostizierte Hysterikerin sei, führte schließlich zu dem allgemeinen Glauben, daß es sich in beiden Fällen um eine grundlegende Form der Geisteskrankheit handelte, welche bei Charcot zum Problem der Neuropathologie erhoben wurde.[80] Ferner stellte er fest, daß es eine männliche Hysterie gebe, die vor allem in der Arbeiterklasse vorkomme und dort meist durch Alkohol- oder Bleivergiftungen oder durch traumatische Erlebnissituationen hervorgerufen werde. Letztere nannte er die »traumatischen Neurosen«, wie z.B. die damals aufkommende »Railway Spine« (Eisenbahnunfallsneurose), die hysterische Manifestationen hervorrief.

Charcot lehnte jedoch eine explizit psychologische Theorie der Hysterie ab, da er eine »dynamische Laesion« des Gehirns annahm, ohne allerdings die präzise Lokalisation der gestörten Funktion jemals angeben zu können.[81] Darüber hinaus vertrat er die Auffassung, daß man die Symptome der Hysterie »absichtlich, experimentell, bei Personen, die man in einen gewissen Zustand des großen Hypnotismus versetzt, reproduzieren kann« (Charcot 1894, Bd. 1, S. 98). Die Erzeugung der hysterischen Manifestationen und ihre Transferierbarkeit von einer Körperseite auf die andere durch hypnotische Suggestionen sollten einmal zur Erklärung der gesetzmäßigen physiologischen Erregbarkeit des Nervensystems dienen, zum andern beweisen, daß diese Kunstprodukte denselben Charakter wie die durch traumatische Zufälle entstandenen hysterischen Erscheinungen zeigen. Da Charcot den Mechanismus der Suggestion nicht ausschließlich psychologisch, sondern vor allem physiologisch deutete, ging er davon aus, daß seine Experimente ohne Beteiligung des Bewußtseins der Hypnotisierten zustande kamen. Ihm zufolge war der hypnotische (somnambule*) Zustand mit dem hysterischen Zustand auch deshalb identisch, weil beide die für sie typischen Merkmale der enorm gesteigerten Suggerierbarkeit, der Autosuggestion und der ausgesprochenen Ich-Schwäche teilten.[82]

Obwohl Charcot die Ursache der Hysterie nicht mehr in einer von der Gebärmutter ausgehenden Störung lokalisierte, führte er eine Form der Hysterie ein, die er die »hystérie ovarienne« bezeichnete, und hielt damit teilweise an einer geschlechtlichen Ätiologie fest. Er bestimmte das Ovarium als eine der hysterogenen Zonen* und maß dieser sogar eine diagnostische Bedeutung bei, indem er durch Druck auf die Ovarialgegend den hysterischen Anfall auszulösen oder beenden zu können glaubte. Dank der Autorität und des internationalen Einflusses von Charcot nahmen viele Chirurgen die Einführung des Konzepts einer »hystérie ovarienne« zum Anlaß, massenhaft Kastrationen durchzuführen. Charcot, der von diesen Ausschreitungen wußte, lehnte jedoch jegliche Verantwortung für diese Operationen ab. Ferner hielt Charcot in Anknüpfung an die französische Tradition an dem Ausdruck »Hysteroepilepsie« fest, obwohl er ihn selbst als irreführend bezeichnete, da er nur mit der äußeren Form, nicht jedoch mit dem Grundleiden der Epilepsie im Zusammenhang stehe. Die Hysteroepilepsie nannte Charcot auch »Hysteria major« oder »grande hystérie«. Als wichtigste Ursache der Hysterie nannte Charcot die Heredität*, d.h. eine Form der Entartung, in der die pathologische und hereditäre Vorgeschichte der Hysterischen sowie ihrer Familie eine große Rolle spielte.[83]

Dadurch, daß Charcot den Traumata, den Emotionen und den pathogenen Vorstellungen einen ätiologischen Stellenwert in der Entstehung hysterischer Symptome beimaß, ihnen aber letztlich nur die Bedeutung von »agents provocateurs« einräumte, war zwar eine Repsychologisierung der Medizin eingeleitet worden, aber die Ursache der »Neurose« Hysterie noch nicht erkannt. Die Uterus-, Hirnpathologie- und Degenerationstheorien konnten erst überwunden werden, als sich ein psychologisches Verständnis von hysterischen Phänomenen durchzusetzen begann. Dies nahm seinen Anfang, als Möbius (1893, S. 152) erstmalig die pathogene Wirkung der Vorstellung für alle hysterischen Symptome formulierte, Janet (1894, S. 197) auf die Einengung des Bewußtseinsfeldes, die Unfähigkeit zur geistigen Synthese und auf die Tatsache der psychischen Dissoziation verwies, Freud und Breuer (1895) den psychischen Mechanismus der Konversion entdeckten und Binswanger (1901) die ätiologische Bedeutung der pathologischen Affektvorgänge betonte.

II. Der hysterische Körper

1. Der hysterische Anfall

Charcot und Paul Richer machten in ihrem berühmten Werk *Les démoniaques dans l'art* (Paris 1887) geltend, daß es mittelalterliche Kunstdarstellungen religiös-ekstatischer Körperhaltungen von Besessenen gibt, die eine Parallele zum großen hysterischen Anfall im 19. Jahrhundert dazustellen scheinen. Die Hysterie war die »Königin der Neurosen«, was »Reichtum und Farbenpracht der Erscheinungen« anging. Dies belegen nach Ansicht der modernen Wissenschaft die geistigen Epidemien, wie sie sich in den mittelalterlichen Massenerkrankungen der großen Tanzwut, namentlich des St. Veitstanzes, der Chorea rhythmica*, des Tarantismus*, der Lykanthropie*, ja selbst in den hysterischen Schulepidemien des 19. Jahrhunderts bekundeten.[84] Alle diese seelischen Epidemien trugen das typisch hysterische Gepräge, welches sich vor allem in der »Zügellosigkeit« des ausgehenden Mittelalters enthüllte:

»Zusammenbruch der alten Bindungen auf allen Lebensgebieten, Verlust von Maß und Selbstbeherrschung – Zersetzung, innere Anarchie der Menschenseele (...) Was sollte anders werden als Hysterie? (...) Sie spiegelte eine besondere Eigentümlichkeit der Zeiten, die Verquickung religiöser mit geschlechtlicher Überreizung in seltsamen Verzerrungen wider.« (Hellpach 1906, S. 85)

Der Zusammenhang zwischen weiblicher Seele, Künstlertum und Kinderseele lag für die meisten Mediziner um die Jahrhundertwende auf der Hand:

»Schon damals hat freilich die ewige Quelle hysterischer Veränderung, die kindliche und die weibliche Seele, der Zeitlichen ihre Wasser zugeführt: Weiber und Kinder setzen vorwiegend das Material der hysterischen Epidemien zusammen. In dem Maße, wie die krankmachenden Zeitmächte zurücktraten, mußte dieser Anteil wachsen, mußten Weiber und Kinder noch deutlicher die eigentlichen Träger hysterischer Epidemien werden. (...) Und werden sie vermutlich am letzten noch bilden, eben aus der Wirkung heraus, die alles Ungewöhnliche und sinnlich Packende aufs Ewig-Weibliche ausübt.« (Ebd., S. 87 u. 83)

Wenn auch das Bild epidemischer »Hysterisierung« im 19. Jahrhundert wesentlich blasser, fragmentarischer und individueller in seiner Symptomenbildung geworden war, so blieb »das Bild des übererregten Weibes« vor dem geistigen Auge des Mannes bestehen. Die Hysterie wurde nicht nur als geradlinige Fortsetzung der weiblichen Psyche ins Pathologische hinein empfunden, sondern auch dem weiblichen Wesen als das von Natur aus fundamentale Charakteristikum zugeschrieben: »Anima femina est naturaliter hysterica« – diese Formel sollte in der zweiten Hälfte des 19. Jahrhunderts zunehmend zum Paradigma des Deutungsmusters von Weiblichkeit erhoben werden.[85]

All diese historischen Beispiele sollen verdeutlichen, daß die Hysterie und die Einzelerscheinungen des hysterischen Anfalls – wie der »arc de cercle«, die epilepsieähnlichen Zuckungen, Stigmatisationen*, Trommelsucht, die hysterischen Schlafanfälle oder die phantastischen Halluzinationen, welche den Körper in exzessive Rasereien und Verrenkungen versetzen konnten – eine lange Tradition haben, die nicht erst im 19. Jahrhundert, sondern schon im frühen Mittelalter beginnt. Wie einst Ignatius von Loyola mit seinen *Exercitia spiritualia* seinen Orden von »hysterischer Verwilderung« freihalten wollte, gelang es nun Charcot als einzigem prominenten Kliniker auf dem Gebiet der Hysterieforschung, durch die Macht seines Einflusses die wilden Zuckungen der Hysterischen zu beherrschen, indem er ihre anomischen Bewegungen in einen wohlgeordneten Ablauf überführte:

»Die Szenen im Hörsaale der Salpêtrière sind von dramatischer Wirkung. Nicht ohne Grauen sehen die Schüler, wie der kleine Mann im weiten Talare die Weiber in Krämpfen – Femmes en attaques – auftreten läßt, wie dann ein leiser Druck seiner zarten Hand genügt, um einen wilden Paroxysmus* auszulösen, und wie der Sturm allmählich sich verzieht, wenn der Beherrscher der dämonischen Gewalten es befiehlt.« (Steyerthal 1911, S. 12 f.)

Obwohl das erotische Moment in dem Anfallsgeschehen deutlicht zutage trat – wahrscheinlich einer der faszinierendsten Eindrücke für die sexualfeindliche Körperkultur der Epoche –, wurde es von der offiziellen Wissenschaftsideologie tunlichst nicht zur Kenntnis genommen.[86] Gleichwohl wurde weder von Charcot noch in der deutschen Psychiatrie der Jahrhundertwende das sexuelle Moment in dem neurologischen Modell völlig verdrängt. So wissen wir von Freud, daß Charcot inoffiziell sehr wohl die Überzeugung vertrat, Hysterie und Sexualität seien untrennbar miteinander verbunden, wie es folgende Worte belegen: »Mais dans des pareils c'est toujours la chose génitale, toujours... toujours... toujours.« (Freud 1917, S. 150) Stattdessen wurde Charcot innerhalb der Medizingeschichte als derjenige angesehen, der »eine verkannte und verdächtige Gruppe von Kranken« vom herrschenden Wahn und Fluch befreite, daß »die unbefriedigte Liebessehnsucht« und »Mannstollheit der Weiber« die Ursache jenes Übels sei (Steyerthal 1911, S. 8).

Die Auseinandersetzung zwischen den verschiedenen ätiologischen Deutungsversuchen der Hysterie wurde zum offenen wissenschaftlichen Kampf, als »die ärztliche Taumelbewegung, die sich an dem Namen Freud« (ebd., S. 10 f.) anschloß, die sexuelle Ätiologie dieser und später aller Neurosen behauptete. Diesen »Pansexualismus« zum alleinigen Erklärungsprinzip aller Neurosen zu erheben, lehnten viele Neurologen ab, da sie diese »Sexualitätsschnüffelei (...) mit der Folterpein der mittelalterlichen Inquisition« verglichen und damit den unzumutbaren Fanatismus der »Wiener Sekte« ablehnten (ebd., S. 24).[87] Als Gegenreaktion kam das Wort eines gewissen Thomas Willisius wieder zu seinen Ehren: »In hystericis uterus falso accusatur! Ihr redet falsch Zeugnis wider das Mutterweh!« (Zit. n. Steyerthal 1911, S. 11)

Aber wie immer man auch die Genese der Hysterie erklärte, das Orgiastische und Exzessive innerhalb des Anfallsgeschehens war nicht zu übersehen. Der hysterische Krampfanfall war nach der Auffassung vieler Neurologen »eine Nachbildung, eine Art theatralischer Vorführung des Begattungsaktes« (Hellpach 1906, S. 78), wie eben überhaupt die ganze hysterische Erscheinungswelt an ein Theaterspiel, an eine Komödie erinnerte.

Der große hysterische Anfall, die »Hysteria major«, eine der exzessivsten Äußerungen im Bild der Hysterie, nahm immer eine besondere Stellung innerhalb der medizinischen Literatur ein. Er war einer der bedeutungsvollsten und charakteristischsten Faktoren für die Mediziner, da er einer Diagnose am ehesten entgegenkam. Charcot, der sich als erster bemühte, dieses variantenreiche, komplexe Geschehen einer schematischen Beschreibung zu unterziehen, gelang es nur mit Hilfe der Hypnose und suggestiver Beeinflussung, einen vollständigen Anfall zu stimulieren, um ihn anschließend beschreiben zu können. Unter den Bedingungen der Hypnose gingen der hysterischen Attacke jeweils deren Vorboten voraus – die sogenannte hysterische Aura mit Herzklopfen, Globusgefühlen im Hals, Versteifung der Glieder, Ohrensausen und Bewußtseinstrübung –, um sich im Anschluß an diese Sensationen mit geradezu dämonischer Kraft in einer Übersteigerung der Motorik und in Affektausbrüchen zu entladen.

Die erste Phase bezeichnete Charcot als die der epileptoiden Zuckungen, die unter Bewußtseinsverlust mit tetanischer Unbeweglichkeit (Stockung der Atmung, Muskelkrämpfen) begannen und langsam in große Gliederbewegungen übergingen. In der zweiten Phase wechselten die »grands mouvements« (großen Bewegungen) mit einer eigentümlichen Starrheit, in der der Körper sich zum sogenannten »arc de cercle« (Kreisbogenstellung) aufbäumte. Die Phase der großen Bewegungen war insgesamt durch die absonderlichsten Körperverrenkungen und durch das Herumschleudern einzelner Glieder wie des ganzen Körpers charakterisiert. Dabei gestikulierten, schrien und schimpften, wälzten und schlugen sich die Kranken, entblößten sich bisweilen und führten Grußbewegungen aus. Durch diese Eigenart der Körperstellungen bekam die zweite Phase auch die Bezeichnung »Clownismus«, weil sie so absonderlich und für die Zuschauer belustigend war. Die dritte Phase, die der »attitudes passionelles« (der leidenschaftlichen Gebärden), umfaßte die visionären Halluzinationen, Zustände der Verzückung und Ekstase, in denen halluzinatorische Erlebnisse wie übergroße Furcht, wollüstigstes Vergnügen und mächtige Zornesausbrüche durchlebt wurden und die mit den leidenschaftlichen Gebärden im Einklang standen. Auch bekundete die Kranke in dieser Periode Gesten der Drohung, des Anrufs, heftigster Abneigung und des Spottes. Die Unempfindlichkeit der Kranken gegenüber Stichen, Gesichts-, Gehör- und sonstigen Sinnesreizungen von seiten des Arztes erreichte in diesem Stadium des Anfalls den Höhepunkt. In der letzten Phase, der des Deliriums, halluzinierte die Hysterikerin zeitweise auch imaginäre Tiergestalten wie Schlangen, Mäuse und Kröten, um im Anschluß daran in tiefe Erschöpfung und Schlaf zu fallen. Jeder neu auftretende Krampfanfall konnte einzelne oder mehrere hysterische Symptome beseitigen oder andere herbeiführen, die dann als selbständige Krankheitserscheinungen fortbestanden.[88]

Die Stadien dieser Anfälle konnten Charcot zufolge unterschiedlich ausgeprägt sein und in ihrer Reihenfolge voneinander abweichen. Bei seiner Beschreibung handelte es sich aber um die Demonstration eines idealtypischen Handlungsablaufs, wie er ihn in Berichten aus allen Zeiten und Nationen wiederzufinden meinte. Sein Hinweis, daß die Phase der großen Bewegungen nur das plastisch zum Ausdruck brachte, was die Hysterikerinnen in ihren visionären Halluzinationen tatsächlich erlebten, sollte auch für Freud folgenreich werden. Denn was sich vor dessen Augen in Paris als dramatische Pantomime abspielte, waren die im Anfall der Hysterikerin zur Darstellung gebrachten Phantasien, welche in ihrer hochgradig organisierten Verdichtung auf ein zweites Bewußtsein, eine »condition seconde« schließen ließen.[89]

Der Schematismus Charcots hatte jedoch in Deutschland schweren Schiffbruch erlitten, da die meisten Ärzte nicht den vollständigen Anfall vorfanden, sondern nur einzelne Phasen dieses Geschehens. Auch unter hypnotischem Einfluß gelang es kaum einem deutschen Mediziner, diesen »klassischen Anfall« bei seinen Hysterikerinnen zu reproduzieren. Die angebliche Regelmäßigkeit der vier Perioden schlug in deutschen Kliniken ins Gegenteil um: vollkommene Regellosigkeit, Zuckungen, Strampeln, tonische Krämpfe*, leidenschaftliche Stellungen, kataleptische Zustände*, Tremor*.[90]

Aber auch in Deutschland übte man sich in der Hypnose, und so konnte man das beeindruckende Phänomen des arc de cercle, den geradezu kunstvollen Kreisbogen des hysterischen Körpers, sich in aller Ruhe besehen: »Tritt dieser ein, so ruht die Kranke, während der Leib hoch emporgehoben ist, nur mehr auf dem Kopf und den Fußspitzen; der Kopf nähert sich bisweilen so stark den Fersen, daß die Stirn gegen den Boden gerichtet ist und als vorderer Stützpunkt dient« (Hahn 1906, S. 29). Dieser Brückenbogen konnte im hypnotischen Zustand soweit in Spannung gebracht werden, daß der Körper nur noch »mit Fersen und Hinterhaupt auf den Kanten zweier Stühle« ruhte und der Hypnotiseur sich »selbst auf die Mitte des frei ausgestreckten Körpers stellte, um die Starrheit der Spannung zu zeigen« (Adler 1911, S. 148).

Als Wilhelm Reich (1969, S. 301) den arc de cercle in seiner bioenergetischen Orgasmustheorie als »das genaue Gegenteil des Orgasmusreflexes und das Vorbild der Sexualabwehr« interpretierte, konnte er sich dabei auf den sehr häufig auftretenden Vaginismus* der hysterischen Frau stützen.[91] Beide Phänomene sollten letztlich den konkreten Beweis für die geschlechtsspezifische »Orgasmusangst« der Frau liefern. Umso ambivalenter war der hysterische Anfall mit seinen exzessiven Zuckungen, Krämpfen und seinen »attitudes passionelles« von seiten der Mediziner wahrgenommen worden. Denn hier zeigten sich weibliche Sinnenlust, körperliche Ungezügeltheit, Aggressivität und schauspielerische Glanzleistung in Gestik, Mimik und Gebärde, von denen das ärztliche Publikum wie in Bann geschlagen war. In der Klinik machten sich unverhüllt tiefste Amoralität, Obszönität, Exhibitionismus, Homosexualität und Autoerotik breit, die den angeblich so prüden und moralisch hochstehenden Charakteren der an Hysterie erkrankten Frauen nicht entsprachen. Nicht umsonst fiel der hysterische Anfall anschließender Amnesie* anheim, stellte er doch nach Freud (1909, S. 203) ein »Äquivalent für den Geschlechtsverkehr« dar.[92] Die Neigung der Hysterikerin zu solchen extremen Ausbrüchen sexueller Phantasie rief eine äußerst ambivalente Haltung ihr gegenüber hervor. Verglich einst Charcot die kunstvoll ausgeschmückte Geschichte einer Hysterikerin mit dem Märchen von »Dornröschen«, so rückte sie bei anderen Ärzten in die Nähe der sexuell provokanten und dirnenhaften Frau.[93] Diese extrem divergierenden Positionen in der Beurteilung von hysterischen Frauen spiegelten sich auch in der scharfen Kontrastierung von hysterischen Affektausbrüchen einerseits und hysterischen Lähmungen, Dämmerzuständen und hysterischer Stummheit andererseits wider. Die Frage nach der Identität der Frau sollte in der Folgezeit aufgrund der Widersprüchlichkeit hysterischer Verhaltensweisen immer mehr in den Vordergrund treten.

Otto Weininger, ein Repräsentant der Misogynie im wilhelminischen Deutschland, entpuppte sich als großer Frauenkenner, als er in seiner prinzipiellen Untersuchung über *Geschlecht und Charakter* (1903) bereits in jungen Jahren schrieb:

»Gerade das Rasen und Wüten der Hysterikerinnen gegen etwas, das sie als fremdes Wollen empfinden, obwohl es ihr eigenstes ist, zeigt, daß sie tatsächlich ganz so sklavisch unter der Herrschaft der Sexualität stehen wie die nichthysterischen Frauen (...) Im hysterischen Paroxysmus geht nichts anderes im Weibe vor, als daß es sich (...) fort und fort versichert: das will ich ja gar nicht, das will man, das will jemand Fremder von mir, aber ich will es nicht. Jede Regung anderer wird nun zu jenem Ansinnen in Beziehung gebracht, das an sie, wie sie glaubt, von außen gestellt wurde, aber in Wahrheit ihrer eigenen Natur entstammt und deren tiefsten Wünschen vollauf entspricht; nur darum sind die Hysterischen im Anfall so leicht durch das Geringste aufzubringen. Es handelt sich da immer um die letzte verlogene Abwehr der in ungeheurer Stärke frei werdenden Konstitution; die ›*Attitudes passionelles*‹ der Hysterischen sind nichts als diese demonstrative Abweisung des Sexualaktes, die darum so laut sein muß, weil sie eben doch unecht ist, und so viel lärmender als früher, weil nun die Gefahr größer ist.« (Weininger 1980, S. 365 u. 367)

Weininger, der sich wie viele seiner Zeitgenossen über die Hysterikerin und insbesondere über ihre »organische Verlogenheit« aufregte, führte am Schluß seines Beitrags über die hysterische Frau noch Prinzipielles aus:

»Jene Frauen, die als Beweise der weiblichen Sittlichkeit angeführt werden, sind stets Hysterikerinnen, (...) als ob dieses Gesetz das Gesetz ihrer Persönlichkeit wäre« und darin »liegt die Verlogenheit, die Unsittlichkeit dieser Sittlichkeit. Die hysterische Konstitution ist eine lächerliche Mimicry der männlichen Seite, eine Parodie auf die Willensfreiheit, die das Weib vor sich posiert in dem nämlichen Augenblicke, wo es dem männlichen Einfluß am stärksten unterliegt. Nichtsdestoweniger sind die höchststehenden Frauen eben Hysterikerinnen, wenn auch die Zurückdrängung der triebhaften Sexualität (...) keine solche ist, die aus eigener Kraft und im mutigen Kampfe mit einem zum Stehen gezwungenen Gegner erfolgt wäre. An den hysterischen Frauen aber rächt sich wenigstens die eigene Verlogenheit, und insofern kann man sie als ein (...) Surrogat jener Tragik gelten lassen, zu der es sonst dem Weibe an jeglicher Fähigkeit gebricht.« (Ebd., S. 373 f.)

So warf die Hysterikerin – in Paris wie in Wien – die Frage nach der Begierde auf, die in der Suche nach einer Identität sich in lächerlicher Mimikry pantomimisch äußere.[94] Das Spiel ihrer Mimesis reichte so weit, daß ihr kulturelle Schranken gar nichts bedeuteten. Als größte Visionärin in der Geschichte der Psychopathologie litt sie an Erinnerungen, die sie den Leidensprozeß einer »anderen Frau« halluzinatorisch wiedererleben ließen. Irma, eine Patientin Binswangers, schilderte in der Analyse ihre Visionen, die ihr beim arc de cercle kamen:

»Erst wird mir's nur rot, dann kann ich das Feuer unterscheiden. (...) Dann denke ich, ich liege darin, es ist mir ordentlich, als ob der Körper sich durch die Flammen aufbäumte, dann sehe ich, wie mich die Flamme allmählich verschlingt, bis ich von den Flammen aufgezehrt werde und mich derartig aufbäume, als wenn ich mich wehren wollte.« (Zit. n. Binswanger 1909, S. 272)

Die Hysterie war deshalb »die gewaltigste visionäre Macht«, weil »sie ihre Visionen (...) aus sich heraus gestaltete« (Hellpach 1906, S. 80) und die Hysterikerin nur das erleben ließ, was sie wirklich bewegte. Das Modell der Psychoanalyse ging historisch jedoch nicht soweit zurück, sondern orientierte sich maßgeblich an der ödipalen Familienstruktur, die eine Pathogenese überhaupt erst begründen sollte. So warf die Psychoanalyse der Hysterikerin vor, daß sie phallisch-fixiert sei, ihr passives Frausein verleugne und sich noch im infantilen Wettstreit zwischen Vagina und Klitoris befände. Ihre Verleugnung der Vagina entspräche ihrer Anmaßung nach phallischer Macht –eine Anmaßung, die selbst von Neurologen als pathologische Herrschsucht »entlarvt« wurde.[95] Letztere fanden dies bestätigt im hysterischen Anfall, in dem sich Lüge und List des hysterischen Weibes gänzlich offenbarten. Mit argwöhnischen Blicken hatten sie schon längst bemerkt, »daß Hysterikerinnen nie Anfälle hatten, wenn sie allein waren, und sonst nur dann, wenn irgend etwas Weiches da war, worauf sie fallen konnten, (...) daß sie ihr Haar so aufsteckten, daß es dekorativ fiel, wenn sie ohnmächtig wurden« (Ehrenreich/English 1976, S. 42).[96]

Der Krampfanfall wurde von der Hysterikerin selbst nicht gefürchtet, sondern in gewissen Situationen von ihr künstlich inszeniert, weil sie wußte, daß sie ihren Ehemann durch einen hysterischen Weinanfall oder durch eine hysterische Ohnmacht entwaffnen und somit Badereisen und Sanatoriumsaufenthalte erzwingen konnte. Am durchsichtigsten wurde die Funktion des hysterischen Anfalls dann, »wenn der Hysterische sich durch seine krankhaften Zustände zum Mittelpunkt der Familie macht, auf den alles Rücksicht nimmt, und der durch seine Krankheit die ganze Umgebung beherrscht« (Lewandowsky 1914, S. 762).[97]

Aber wie immer man auch die klassische Hysterie bewertete, auf jeden Fall war die Hysterikerin unlösbar mit dem Stigma des Darstellungsdranges und der Publikumsabhängigkeit behaftet. In ihrer Fähigkeit zur Ekstase und zur totalen Hinwendung an ihre Umgebung gab die Hysterikerin den Mittelpunkt der eigenen Existenz auf. So brachte das äußere Erscheinungsbild der Hysterie diese schließlich in den Verruf, einer primitiven sozio-kulturellen Organisationsform zu entsprechen. Während das emotional beeindruckte Publikum im 19. Jahrhundert noch mit warmherziger Hilfeleistung auf die Hysterikerin reagierte, kühlte sein Interesse merklich ab, als im Gefolge der Kriegsereignisse von 1914/1918 zunehmend Männer hysterische Reaktionen zeigten. Parallel zu dieser Verlagerung und Umwertung der hysterischen Krankheitsbilder wandelten sich zudem ihre Darstellungsformen: Die Symptome verloren ihren extrovertierten Charakter, sie verlagerten sich gleichsam in den Bereich der eigenen Innerlichkeit.[98]

2. *Die hysterischen Stigmata*

Im Rahmen der modernen Psychiatrie und Neurologie des 19. Jahrhunderts wurde die Hysterie in die Reihe der funktionellen Nervenkrankheiten eingeordnet. Innerhalb der naturwissenschaftlich-medizinisch orientierten Forschungsrichtung galt sie als die gesetzloseste Krankheit überhaupt bzw. als eine der großen diffusen Psychoneurosen, da sich in ihrem Erscheinungsbild wechselnde, nicht organisch bedingte Schmerzen einstellten, die bald hierhin, bald dorthin wanderten. Diese positivistische Forschungsrichtung wandte sich verstärkt dem klinischen Symptomenbild der Hysterie zu, welches neben somatischen Beschwerden auch psychische Anomalien zeigte.

In Orientierung an die französische Tradition übernahmen deutsche Neurologen und Psychiater die wissenschaftlichen Resultate der Hysterietheorie Charcots, die durch ihre schematisierende und klassifizierende Beschreibungsweise die Bedeutung des klassischen Symptomkomplexes unterstrich. Entgegen der schon durch Sydenham vollzogenen Erkenntnis, daß die »Hysterie die Maske aller möglichen Krankheiten annehmen kann« (zit. n. Steiner 1897, S. 194), beriefen sich die Neurologen auf das Charcotsche Dogma der körperlichen Dauerstigmata: Anästhesien* an Haut und Organen, namentlich körperlich halbseitige Herabsetzung oder Aufhebung der Empfindungsqualität; konzentrische Gesichtsfeldeinschränkungen, hysterogene Körperzonen*, aufgehobene Geruchs- und Geschmacksempfindungen, veränderte Sinnesempfindungen, Lähmungen einzelner Glieder, Kontrakturen der Gelenke, Krämpfe und Muskelspannungen, Mutismus*, Aphonie*, Anorexie*, Sehstörung, Clavus*, globus hystericus, Erbrechen u.a.[99]

Diese schematisierende Darstellungsweise markierte den damaligen Höhepunkt medizinischer Methode, die dem allgemeinen Bestreben nach Ausweitung der Diagnostik und Klassifizierung von Krankheitsbildern entgegenkam. Mit dem wissenschaftlichen Studium der Stigmata sollte nicht nur das Bild der Hysterie von seinem unbestimmten Charakter und von seiner moralischen Bewertung befreit, sondern auch die Fähigkeit erlangt werden, die Hysterie als eigenständiges klinisches Krankheitsbild definieren und diagnostizieren zu können.

Der Glaube an die körperlichen Dauerstigmata und die Suche nach einer organischen Ätiologie stellten sich erst dann als fundamentaler Irrtum heraus, als die psychische Bedingtheit aller hysterischen Erscheinungsweisen erkannt wurde und diese Einsicht alle anderen Hysterietheorien überwand. Damit verloren insbesondere folgende körperliche Einzelstigmata ihre Aussagekraft: die Anästhesien der Haut, die hyperästhetischen* Zonen und die konzentrischen Gesichtsfeldeinschränkungen.

Zunächst jedoch hielten die Neurologen an dem Charcotschen Dogma der Dauerstigmata fest. Dieser hatte vor allem die Bedeutung der anästhetischen Hautzonen betont, indem er dieses Stigma mit dem Teufelsmal der Hexen gleichsetzte. So wurde auch der Blick der deutschen Ärzte für dessen Bedeutsamkeit geschärft. Wie einst unter der Macht des Klerus der Inquisitor, so führten nun auch die Mediziner die Nadelstichprobe durch, um an den gefühllosen Hautstellen die Hysterie zu diagnostizieren. Der Glaube, daß alle Hexen Hysterikerinnen waren, und die Auffassung, daß das ehemalige »stigma haereseos« oder »stigma diaboli« nun als maßgebliches Zeichen einer Pathologie des Körpers zu deuten sei, war in den medizinischen Kreisen weit verbreitet. Daß unverkennbar eine Beziehung zwischen der modernen ärztlichen Heilkunst und dem Hexenhammer bestand, wurde schon von einem Mediziner der damaligen Zeit in selbstkritischer Einschätzung bestätigt:

»Mit Staunen lesen wir darinnen *(im Hexenhammer,* R.S.), daß die Sentenzen der Clerici und Canonici, also der im Zölibate lebenden Priester noch heute unter uns spuken. Wenn im Hexenhammer (Pars I, qu. VI) begründet wird, weshalb das Buch Malleus maleficarum – nicht -orum – (Hammer der Hexen, nicht der Hexer) heißt, und dabei das Sündenregister des weiblichen Geschlechts gezogen wird, so müssen wir uns mit Beschämung sagen, daß wir diesen Nonsens noch lange nicht genügend – um mit Sigmund Freud zu reden – ›abreagiert‹ haben.« (Steyerthal 1911, S. 30 f.)[100]

Ein großer Disput unter den Medizinern brach jedoch aus, als die Frage aufgeworfen wurde, ob die hysterischen Dauerstigmata nicht allein als ein Suggestionseffekt von seiten des untersuchenden Arztes zu interpretieren seien oder ob nicht die Hysterischen diese Symptome nur simulierten bzw. sie sich durch die Macht ihrer Einbildungskraft suggerierten.[101]

Janet, der sich wie die meisten Mediziner seiner Zeit für die »Objektivität« der hysterischen Dauerstigmata aussprach, beantwortete diese umstrittene Frage folgendermaßen:

»Die hysterische Anästhesie ist sehr veränderlich und widerspruchsvoll; die Kranken behaupten, nichts zu fühlen, und durch einfache Kunstgriffe gelingt es, ihnen zu beweisen, dass sie doch fühlen. Ihre Anästhesie wäre demnach simuliert und unser Vorgehen nur ein Mittel, die Betrüger zu überlisten und ihre Winkelzüge zu entlarven. Dieser Gesichtspunkt ist meiner Ansicht nach ganz oberflächlich und ungenügend. Haben denn die Hysterischen wirklich ein Interesse daran, die Anästhesien zu simulieren, um des blossen Vergnügens willen, dass man ihnen den Arm mit Nadeln durchsticht. (...) Sollten sich etwa in allen civilisierten Ländern, vom Mittelalter bis zur Gegenwart, die Hysterischen verabredet haben, dieselbe Sache zu simulieren? (...) Alle Autoren stimmen darin überein, dass die Kranken von diesem Zustand gar nichts wissen. Wir selbst sind es, die ihn enthüllen.« (Janet 1894, S. 29)[102]

Janets Auffassung folgend, warf ein deutscher Mediziner ein: »Die vielen Hysterischen, welche auf Scheiterhaufen endeten, haben auch an ihre Zustände geglaubt.« (Raimann 1904, S. 236)

Das wissenschaftliche Lehrgebäude der Nervenkrankheit Hysterie drohte jedoch zusammenzubrechen, als sich dieses Bekenntnis durchzusetzten begann:

»Jede Sensibilitätsstörung ist ein psychophysiologisches Experiment, in welches die individuellen psychischen Eigenschaften, insbesondere die Suggestibilität des Untersuchers wie des Untersuchten als mitbestimmende Factoren eintreten. (...) Dabei ist ohne Weiteres zuzugeben, dass die blosse Thatsache der Untersuchung für den weiblich geschmeidigen Anpassungstrieb des hysterischen Individuums immer schon ein suggestives Moment birgt. (...) Wir werden hier nicht ausser Acht lassen dürfen, dass die unbeabsichtigte bzw. auch mehr oder minder beabsichtigte Simulation zum Bilde der Hysterie gehört.« (Nonne 1904, S. 136 u. 135).

Und in Fortsetzung dieses Gedankenganges ergänzte ein Autor: »Nicht was, sondern daß es vor uns simuliert, ist hysterisch; um so mehr, je weniger wir den Zweck begreifen.« (Raimann 1914, S. 1414) Ferner: »Wenn die Hysterica simuliert, ist natürlich die vorgetäuschte Störung keine Krankheit, wohl aber muß man es der Patientin als Krankheit anrechnen, daß sie betrügt.« (Ders. 1904, S. 239)

Die Tatsache, daß die Mediziner nach wie vor die Ursachen dieser Krankheit nicht angeben konnten, förderte die Entwicklung einer moralisierenden Betrachtungsweise. Zwar waren mit dem Begriff der Hysterie von jeher moralische Wertvorstellungen verknüpft – was umso leichter fiel, als ihm eine geschlechtsspezifische Bedeutung zugesprochen wurde. Jetzt aber kam die Hysterie in den Ruf, ein mehr oder weniger willentliches Verhalten sozialer Abweichung darzustellen. Die Suche der Medizner nach einer plausiblen Erklärung für die ständig wechselnden Körperbeschwerden machte schließlich einer psychologisierenden Betrachtungsweise Platz, welche ja später in das berüchtigte Verdikt vom hysterischen Charakter münden sollte. Solange aber die Mediziner die Hysterie als eine Körperkrankheit definierten, blieb zumindest in medizinischer Hinsicht ihre »Unschuld« erhalten.

Das psychologische Verständnis der Hysterie sollte jedoch schließlich ihre physische Realität gänzlich untergraben. Den Anfang für diese Betrachtungsweise hatten Charcot und Janet gemacht. Beide definierten die Hysterie als einen spezifischen Geisteszustand. Während Charcot die psychische Verfassung des Hysterikers mit dem hypnotischen Zustand verglich, in welchem der Hysteriker für geistige Außeneinflüsse ebenso empfänglich sei wie für eigene Ideen (idée fixe), hob Janet die geringen geistigen Fähigkeiten wie Unkontrolliertheit, Unaufmerksamkeit, Gedankenschwäche und krankhafte Willensschwäche hervor, die sich in einer Unfähigkeit zum synthetischen Denken äußerten. Für Janet waren die Hysterikerinnen mehr oder weniger dumm, sehr vergeßlich und daher für die Wissenschaft nicht geeignet.[103]

In Deutschland war es Möbius, der die Vorstellung von der Hysterie als einer seelisch vermittelten Krankheit förderte. Der

Variabilität der körperlichen Beschwerden entspräche die Labilität der hysterischen Psyche. Sei diese durch einmalige heftige Gemütsbewegungen in Wallung gebracht, so bewirke sie sofort Körperveränderungen. Dabei handele es sich um Vorstellungen großer Unlust oder Lust, die einen solchen Wandel produzierten. Die Hysterie setze in jedem Fall eine angeborene Anlage voraus.[104] Wenngleich sie bei beiden Geschlechtern anzutreffen sei, so begünstigte die biologische Ausstattung der Frau die Bereitschaft zu hysterischen Verhaltensweisen. Die naturbedingte Inferiorität und geistige Sterilität der Frau entspreche dem Schwachsinn des Kindes und drücke sich aus in ihren instinktgeleiteten Handlungen, ihrer Suggestibilität mangels Kritikfähigkeit, ihrer angeborenen Unselbständigkeit, ihrer Unfähigkeit, Affektstürmen zu widerstehen, ihrer Neigung zur Verstellung und dem Vorherrschen von Phantasievorstellungen.

Obwohl dies der psychische Normalzustand des Weibes sei, treibe die ausbrechende Nervenschwäche oder Hysterie die Frau in rauschartige Zustände, setze ihre Willenskraft herab und lasse die sonst ehrbaren Frauen unmoralischen Versuchungen erliegen. Die Krankheit offenbare somit nur jene geistige Schwäche und moralischen Defekte der weiblichen Geistesbeschaffenheit, die Möbius (1977) polemisch als den *Physiologischen Schwachsinn des Weibes* bezeichnete. Den damit postulierten Unterschied zwischen Mann und Frau unterzog er psychologischen und anatomischen Beobachtungen. So sei die Frau mit einem kleineren Hirn und schlechter entwickelten Gehirnwindungen ausgestattet als der Mann, was unmittelbare Folgen für ihre Intellektualität und ihre Interessengebiete habe. Während der Mann zum logischen, abstrakten und sachbezogenen Denken befähigt sei, lebe die Frau gefühlsbetont und persönlichkeitsbezogen. Wäre die Frau dem Mann tatsächlich ebenbürtig, könnte sie letztlich ihren angestammten Pflichten der Kindererziehung nicht mehr nachkommen – wozu sie nicht zuletzt deshalb prädestiniert sei, weil Kinder sich nach Möbius ja durch dieselbe geistige Inferiorität auszeichneten.[105]

Weitere Beobachtungen von Medizinern hatten ergeben, daß die Hysterie oder eine zumindest nervöse Veranlagung der Mutter oft auf die Tochter übertragen werden konnte. Dieses Phänomen wurde entweder als ein Problem der gleichgeschlechtlichen Vererbung und/oder als eine allgemeine Form der erworbenen Entartung verstanden, die den abnormen konstitutionellen Zustand der Eltern, der Verwandten oder deren Vorfahren anzeigte. Die Hysterie galt in jedem Falle als eine endogene Krankheit, d.h. als eine im Körper selbst und nicht durch äußerliche Einflüsse entstandene Anomalie, die die Hysterikerin als einen von Geburt an abnormen Menschen oder als einen erblich Entarteten stigmatisierte.[106] Aufgrund der dogmatischen Verwendung dieser spekulativen Vererbungslehre galten hysterische Frauen für Mutterschaft und Erziehungsaufgaben als unfähig, weil sie durchaus auch hysterische Söhne großziehen könnten. Diese Möglichkeit bestand vor allem dann, wenn die Differenzierung der Geschlechter nur unzureichend zur Entfaltung kam:

»Je mehr die Abstracta in einem Kopf vorwiegen, je vernünftiger ein Mensch ist, um so verschiedener ist er von weiblicher Art, um so weniger ist er zur Hysterie geneigt. Dagegen die, die im Augenblicke leben, die farbige Phantasiebilder haben, sind nicht nur den Weibern ähnlicher, sondern zeigen auch leichter hysterische Symptome.« (Möbius 1895, S. 20)

Diese psychologisierende und moralisierende Betrachtungsweise ging mit der Einsicht einher, daß nicht die Klassifikation der einzelnen Symptome das Entscheidende sei, sondern die Art und Weise, wie sie hervorgerufen worden sind. In diesem Zusammenhang rückte zunehmend die Frage nach dem Motiv der Krankheit in das Zentrum der Erörterung. Bei dem Versuch, die Enstehung hysterischer Symptombildung zu erforschen, wurden nun individuelle und psycho-soziale Aspekte berücksichtigt, welche die bisherige Theorie von der Gesetzmäßigkeit hysterischer Körperphänomene radikal in Frage stellten. Denn die hysterischen Erscheinungsweisen erwiesen sich nicht als derart konsistent und einheitlich, wie einst Charcot u.a. behauptet hatten, sondern als ausgesprochen unsystematisch, widersprüchlich, wechselhaft im Kommen und Gehen, unlogisch und in auffallender Weise von der Umgebung sowie von dem individuellen Gemütszustand der betreffenden Person abhängig.[107] Die Beobachtungen von Nervenärzten, daß der Körper des Hysterischen sich nicht nach den Gesetzen seiner organischen und physiologischen Struktur verhält, sondern gemäß seines Wahns, seiner Halluzinationen, seiner pathologischen Empfindungs- und Gefühlswelt, führten zu einer weiteren Transformation des traditionellen Hysteriebegriffs: Hysterie wurde nicht mehr als eine körperliche, sondern als eine psychische Anomalie definiert. Diese Bedeutungsverschiebung mündete schließlich in die Psychopathologie des hysterischen Charakters.

Die Produktivität der Hysterie, Krankheitsbilder zu mimen, deren Anatomie und Physiologie den Neurologen erst viel später bekannt wurde, führte zu dieser Äußerung: »La grande simulatrice verfügt anscheinend über anatomische und physiologische Kenntnisse, die der neurologischen Forschung vorauseilen.« (Engelen 1925, S. 95) So war z.B. die Lokalisation der Anästhesie unabhängig von der Verteilung der Nerven, und ebenso wiesen die hysterischen Lähmungen keine Übereinstimmung mit irgendeiner bekannten organischen Lähmungsform auf. Überhaupt zeigte das Krankheitsbild der Hysterie »ewige Unruhe und Unstetigkeit ohne innere Einheitlichkeit« und »von Anomalien der Sinnesempfindungen aufwärts durch das ganze Reich der Gefühle Widersprüche« (Raimann 1922, S. 350 u. 352). So war es bemerkenswert, daß die Hysterischen trotz der schwersten Anästhesien die feinsten manuellen Arbeiten verrichten konnten und bei vorhandener Hyperalgesie* nicht Schmerz, sondern Lust empfanden – ein Phänomen, das von Freud als Zeichen der sexuellen Besetzung eines Organs interpretiert wurde. Ebenso vermochten sich die Hysterikerinnen bei ausgeprägten Gesichtsfeldeinschränkungen ausgezeichnet zu orientieren.[108]

Am auffälligsten war jedoch, wie ein Arzt bemerkte,

»daß die Hysterischen selbst am wenigsten unter ihren Krankheitserscheinungen leiden, sich Vorteile zu erringen wissen, jedes Vergnügen bis aufs äußerste auszukosten verstehen. (...) (Aber) die Krankheit, die interessanten Sensationen und ungeheuren Schmerzen schreien nach Behandlung. (...) (Mittels dieser Krankheitssymptome erzwingen diese Patientinnen)« erhöhte Rücksichtnahme seitens der Umgebung. (...) Die Familie muß sich tyrannisieren lassen, die Kranken kennen nur Rechte, keine Pflichten. Fernerstehende werden als dankbares Publikum durch abenteuerliche Schilderungen gefesselt, zum Zeugen angerufen, wie man die Patientinnen vernachlässigt, seelisch mißhandelt.« (Raimann 1914, S. 350)

Und wenn die Familienangehörigen die Geduld mit ihnen verloren, dann mußte sich der Arzt ihrem Leiden widmen, und wenn auch dieser nicht mehr helfen konnte, dann wechselten sie ständig die »berühmtesten Ärzte, um damit renommieren zu können, daß ihnen überhaupt nicht mehr zu helfen sei« (ebd.). Ihre Ichsucht kannte keine Schranken und brach immer wieder hervor.

Diese Erfahrungen, die die Neurologen mit ihren hysterischen Patientinnen machten, führten schließlich zu der revidierten Ansicht, »dass Massivität und Unlogik der Erscheinungen sowie eine Betonung des Ich bessere Stigmata der Hysterie seien als die sogenannten Charcot'schen Stigmata« (Nonne 1904, S. 135).

3. Umrisse zu einer »Psychopathia sexualis« der Frau

Sowohl Gynäkologen als auch Neuropathologen konkurrierten um eine angemessene Definition der Hysterie, indem beide Fachrichtungen ihren ätiologischen Ursprung unterschiedlich akzentuierten. Während die Gynäkologen deren Ursache ausschließlich in einem Genitalleiden oder in der Nichtbefriedigung des Geschlechtstriebes sahen, betonten die Neurologen die Erkrankung des Zentralnervensystems als auslösenden Faktor. Damit erfuhr die Hysterie nicht nur eine starke Annäherung an die Gruppe der Geisteskrankheiten, sondern wurde auch in die verschiedenen Erscheinungsformen der Psychopathologie des Sexuallebens eingereiht. Beide Richtungen waren sich aber darin einig, daß der »Psychopathia sexualis« eine mehr oder minder große Bedeutung zukäme, so daß eine Ergänzung beider Fachrichtungen für akzeptabel und sinnvoll erachtet wurde.[109]

Bei den geringsten Anomalien des Genitalapparates empfahlen die Gynäkologen operative Korrekturen oder Radikalkuren, die im 19. Jahrhundert häufig in England und Amerika, aber auch in Deutschland durchgeführt wurden. Demgegenüber kritisierten die meisten deutschen Psychiater diese Operationsfreudigkeit der Gynäkologen: damit sei die Hysterie nicht zu heilen, eher werde sie in manchen Fällen sogar verschlimmert.[110] Dennoch gab es Psychiater, die alle Bedenken über Bord warfen und diese Radikalkur bei Reizbarkeit, Nymphomanie und Geistesstörung empfahlen, selbst da, wo keine nachweisbare Erkrankung der Genitalorgane vorlag.[111] Daß neben dem Uterus nun auch das Ovarium* für ursächlich erklärt wurde, ist auf das Charcotsche Dogma der »ovarie hystérique« zurückzuführen. Denn so wie die Nervenärzte bei jeder Gelegenheit die Empfindlichkeitszone der Hysterischen preßten in dem Wahn, den Eierstock zu treffen, so stürzten sich nun auch die Gynäkologen mit wahrem Eifer auf dieses angeblich erkrankte Organ. Erst als von seiten der Psychiater die Warnrufe kamen, daß durch Druck auf die Leistengegend das Ovarium gar nicht zu treffen sei und damit der Ovarialpunkt überhaupt nicht existiere, wurden allmählich die operativen Eingriffe als zwecklos anerkannt und seltener ausgeführt.[112]

In dem Maße, in dem die Bedeutung der Genital*organe* für das Verständnis der Hysterie zurücktrat, rückten nun die Genital*funktionen* wie Menstruation, Gravidität*, Laktation* und

Klimakterium sowie ihre psychopathologischen Begleiterscheinungen ins Zentrum des medizinischen Interesses.[113] Da diese komplizierten Genitalfunktionen das psycholabile Sexualleben der Frau bestimmten und dieses wiederum in ihrem Leben eine größere Rolle spielte als in dem des Mannes, waren die Mediziner davon überzeugt, daß aus diesem biologischen Faktum heraus die Frauen geradezu zur Hysterie und zum periodischen Irresein prädisponiert seien:

»Das weibliche Geschlecht als solches ist periodisch veranlagt; die Periodizität im Seelenleben ist weiter ein Symptom, das Neurosen und Psychosen zukommt, speziell bei degenerativer Veranlagung. Es gibt somit auch periodische Störungen bei Hysterie, um so mehr als der chronische Hysterismus sich aus kurz andauernden Anfällen von Geistesstörung aufbaut.« (Raimann 1914, S. 1413)[114]

So konnten Menstruationsstörungen, zu häufige Wochenbetten oder Unfruchtbarkeit sowie die klimakterischen Erscheinungen unmittelbar zum Ausbruch der Hysterie führen. Aus diesen Zyklen und Perioden heraus, denen das weibliche Geschlecht von der Pubertät bis ins hohe Alter unterworfen sei, erkläre sich auch seine Anfälligkeit für sexuelle Anomalien bzw. sexuelle Perversionen, mit denen immer auch Perversionen der Gedanken- und Vorstellungsinhalte einhergingen.[115] Deren Auftreten setze aber stets eine psychopathische Konstitution und eine individuelle Veranlagung voraus, weil eben nicht alle zur Hysterie disponierten Frauen diese psychopathologischen Symptome auch zeigten.

So wurden die Perversionen wie auch die Geisteskrankheiten mit dem einst von Morel in die Psychiatrie eingeführten und später von Charcot in das Hysteriekonzept integrierten Begriff der »dégénérence« umfaßt.[116]

Auch für deutsche Autoren wie z.B. Binswanger, Jolly, Strümpell, Oppenheim, Bumke, Löwenfeld u.a. waren die Hysterischen »hereditär psychopathisch Belastete, Dégénérés oder Déséquilibrés« und gehörten damit zu der Gruppe der »Entarteten« oder »Abgearteten«. Den eigentlichen ätiologischen

Faktor für die sexuellen Perversionen und geistigen Anomalien sahen die Mediziner in den familiär erworbenen »Entartungen« bzw. »Degenerationszuständen«.[117]

Innerhalb der Psychiatrie fanden die sexuelle Abweichungen als Symptome in der speziellen Pathologie ihren Platz. Durch v. Krafft-Ebing, den eigentlichen Begründer der modernen Sexualwissenschaft, wurden alle sexuellen Abweichungen als selbständige Krankheitsbilder in seinem Hauptwerk *Psychopathia sexualis* (1886) beschrieben und in der allgemeinen Pathologie behandelt. Weil die Hysterie als eine spezielle Psychoneurose angesehen wurde, versuchten Neuropathologen und sexualwissenschaftlich orientierte Mediziner auf der Basis von körperlichen Untersuchungen und subjektiven Erfahrungen im Umgang mit hysterischen Personen, ein »krankhaftes« Sexualleben als ihr spezifisches Symptom zu bestimmen. Sie teilten dabei die sittlich-normative Haltung jener Zeit, daß »jede Äußerung des Geschlechtstriebes, die nicht den Zwecken der Natur, d.h. der Fortpflanzung« entsprach, pervers oder krank sei. Demzufolge hatte nur die hetero-sexuelle und monogame Beziehung zwischen Mann und Frau eine Daseinsberechtigung.[118]

Daß von dieser restriktiven Sexualmoral besonders das weibliche Geschlecht betroffen war, lag schon allein an der biologischen Gegebenheit, daß die Frau »das weibliche Element (Ovulum)« besaß, um den Bestand der Familie und den der Menschheit zu sichern. Die von vorwiegend männlichen Ärzten behandelten Hysterikerinnen stellten jedoch in deren Augen eine pathologische Abweichung von der normalen Vita sexualis dar, weil ihr Sexualverhalten nicht allein auf die Erhaltung der Gattung gerichtet war. Der zentrale Begriff der neuropathischen Konstitution, die sogenannte reizbare Schwäche, entsprach dem Typ der nervösen Frau, die als Mutter und Ehefrau den Beginn der »Hysterisierung« signalisierte:

»Die Hysterisierung des weiblichen Körpers ist ein dreifacher Prozeß: der Körper der Frau wurde als ein gänzlich von Sexualität durchdrungener Körper analysiert – qualifiziert und disqualifiziert; aufgrund einer ihm innewohnenden Pathologie wurde dieser Körper in das Feld der medizinischen Praktiken integriert; und schließlich brachte man ihn in organische Verbindung mit dem Gesellschaftskörper (dessen Fruchtbarkeit er regeln und gewährleisten muß), mit dem Raum der Familie (den er als substanzielles und funktionelles Element mittragen muß), und mit dem Leben der Kinder (das er hervorbringt und das er dank einer die ganze Erziehung währenden biologisch-moralischen Verantwortlichkeit schützen muß): die ›Mutter‹ bildet mitsamt ihrem Negativbild der ›nervösen Frau‹ die sichtbarste Form der Hysterisierung.« (Foucault 1977b, S. 126)

Als eine häufige Erscheinung hysterisch-sexueller Anomalie führten einige Ärzte die Anaesthesia sexualis* oder den nur mangelhaft entwickelten weiblichen Geschlechtstrieb (Frigidität) an, die entweder auf eine angeborene Schwäche oder auf eine erworbene Hemmung dieses Triebes zurückgeführt wurden. Die davon betroffenen Frauen zeigten abnorme Unerregbarkeit, Frigidität und verhielten sich indifferent gegenüber allen sinnlichen Begierden. Diese Störung äußerte sich nach Aussagen von Medizinern und Ehemännern in einer totalen Anästhesie der vaginalen Schleimhäute und in dem verbreiteten Vaginismus – einer motorisch-unwillkürlichen Abwehrbewegung, die ein Eindringen des Penis, des Fingers oder Spekulums unmöglich machte. Als eine Steigerungsform dieser Idiosynkrasien gegenüber dem ehelichen Geschlechtsverkehr wurde der »Hymenismus« angeführt, bei dem die Defloration selbst nach Jahren bestehender Ehe nicht gelungen war.[119]

Zur Erklärung dieser sexuellen Kälte und Passivität der Frau gegenüber ihrem Ehemann wurden die unterschiedlichsten Ursachen angegeben. Da, wo die Frigidität auf Dauer bestand, sollte es sich entweder um Einflüsse der Vererbung, um kulturelle Degenerationserscheinungen, sexuelle Entwicklungshemmungen wie den »psycho-sexuellen Infantilismus« oder um Hysterie und andere Nervenkrankheiten handeln.[120] Diese widersprüchlichen Erklärungen resultierten aus der geteilten Meinung über die Libido der Frau und ihr geschlechtliches Empfindungsvermögen. Während die einen Mediziner wie z.B. Moll (1897), v. Krafft-Ebing (1888, S. 2), Löwenfeld und Adler die sexuelle Anästhesie als physiologisch und naturbedingt ansahen, vertraten andere wie etwa Eulenburg, Kisch, Moraglia, Havelock Ellis (1903/07) und Mantegazza (1889) die Auffassung, daß das sexuelle Empfindungsvermögen der Frau viel ausgedehnter, diffuser oder gar stärker sei als das des Mannes, wenngleich sich der weibliche Geschlechtstrieb immer nur »passiv« äußere.

Die Ignoranz gegenüber der weiblichen Sexualphysiologie, wie z.B. die Mißachtung der Klitoris für die Wollustempfindung, war jedoch um die Jahrhundertwende sehr verbreitet. Sie entsprach der Lustfeindlichkeit einer Sexualideologie, die davon ausging, daß anständige Frauen nie einen Orgasmus bekämen oder nicht erreichen sollten, da sie sonst als unanständig und unfraulich angesehen oder als eindeutig pathologisch eingestuft wurden.[121] Durch die Ergebnisse der Sexualforschung und der Sexualpathologie wußte man jedoch, daß die Frau sehr wohl orgasmusfähig war. Demnach wurden sexuelle Unempfindlichkeiten als »Pseudofrigidität« erkannt und als sexualpathologisches Erscheinungsbild entweder auf perverse Sexualpraktiken und -empfindungen wie Onanie und »pseudohomosexuelle« Neigung zurückgeführt oder die Frauen galten als das Opfer eines perversen, impotenten oder sexuell unerfahrenen Ehemannes, der nicht in der Lage war, die erotischen Empfindungen seiner Frau zu wecken, geschweige denn ihren Orgasmus herbeizuführen.[122]

Den letzteren Zustand bezeichnete Rohleder als »Dyspareunie«.* Dieses Phänomen, in dem er die direkte Ursache der Nervosität erblickte, fand er am stärksten bei jungen Ehefrauen verbreitet:

»Das Hauptmoment, das Tragische des ganzen Zustandes liegt darin, dass trotz normalem Geschlechtstrieb und trotz aller mit Schikanen ausgeführten Kohabitation die Libido nur angefacht und angestachelt, aber nicht befriedigt wird. Unbefriedigt erheben sich die Dyspareunischen vom Lager, und dieses Unbefriedigtsein löst einen derartigen psychischen Alterationszustand aus, besonders zur Zeit der Menstruation, dass die Frauen immer unzufriedener, gereizter werden. Anfangs suchen sie durch desto stärkere Neigung zur Kohabitation das Fehlende zu ersetzen, allmählich, wenn trotzdem keine Befriedigung eintritt, bildet sich der Typ des nervösen Weibes aus.« (Rohleder 1914a, S. 143 f.)[123]

Für gewöhnlich konsultierten diese Frauen den Arzt jedoch nicht wegen Dyspareunie, sondern aufgrund unerfüllten Kinderwunsches, was diesen Zustand überhaupt erst ans Tageslicht brachte. Infolge der herrschenden Moral galt auch hier eine Frau als unanständig, wenn sie wegen sexuellen Unbefriedigtseins einen Arzt aufgesucht hätte. Fast ausschließlich waren es die Ehemänner, durch die die Ärzte davon erfuhren. Trat mit der Zeit keine Besserung dieses Zustandes ein, so hatte die sexuell unbefriedigte Ehefrau nur die Wahl zwischen der Neurose und dem Ehebruch – ein Vergehen, das in Frankreich an der Tagesordnung war, aber in Deutschland selten in Erscheinung trat.[124]

Als weiterer ätiologischer Faktor für Frigidität und Dyspareunie* der Frau wurde neben anderen Präventivvorkehrungen der Coitus interruptus genannt, eine neomalthusianische Methode, die als schlechthin dekadent betrachtet wurde. Nach Meinung verschiedener Ärzte ließ der Coitus interruptus das Heer hysterischer Erscheinungen sowie anderer Nervenkrankheiten anwachsen und gefährdete das weibliche Geschlecht durch Verkümmerung oder Erkrankung der Geschlechtsorgane, durch Anorgasmie, die zur Unfruchtbarkeit führe, und durch den Impuls zum Ausleben sexuell-perverser Exzesse.[125]

Zweifellos erkannten die Mediziner auch die rein konventionelle Ehe als mögliche Ursache einer Sexualstörung an. Aber generell galt für die hysterische Frau die mangelnde Liebes- und Hingabefähigkeit als charakteristisch. Ihre Frigidität setze sie möglicherweise auch als psychologisches Kampfmittel ein, um ihren Ehemann gefügig zu machen, sich ihm zu verweigern und um unerwünschte Schwangerschaften zu vermeiden. Ihr Selbstbehauptungstrieb sei dermaßen stark entwickelt, daß sie ihre Orgasmusfähigkeit nur als Persönlichkeitsverlust und als Niederlage empfinden könne. Durch dieses Verhalten erleide der Ehemann nicht nur einen erheblichen Autoritätsverlust, sondern dieses mache aus ihm auch einen »Pantoffelhelden« oder einen aggressiv-depressiven Psychopathen.[126]

Wenn eine Seite der Ärzteschaft deshalb den Eindruck hatte, daß gut die Hälfte aller Hysterischen zu den frigiden und sittlich-hochstehenden Frauen gehörte, so neigte die andere zu der Auffassung, daß die Hysterie geradezu erotomanische und nymphomane Züge annehmen konnte, die den Frauentyp der Prostituierten, den Messalinatyp und Vamp repräsentierten.[127] Entsprechend »dem Geständnis vieler Ehemänner« und der medizinischen Auffassung über das Wesen der Hysterie bewegte sich die Hysterikerin somit im jähesten Wechsel zwischen zwei Extremen; sie zeigte »bald leidenschaftliche Begehrlichkeit, bald abstoßende Kälte« (Placzek 1922, S. 21). Demnach galt das Wesen der Hysterie in widersprüchlicher Weise zum einen als gleichbedeutend mit der geschlechtlichen Frigidität der Frau, zum anderen jedoch auch mit der »Mannstollheit« der Weiber, d.h. der sogenannten »Nymphomanie«, bei der ein gewisser Hang zur Perversität nicht fehlte.[128]

Diese »erotisierte« Hysterikerin gehörte in das Bild der »degenerativen« und »ethisch defekten Hysterie«, für deren Ursache man einen perversen Geschlechtstrieb verantwortlich machte. Diese Frauen verkörperten somit den gesellschaftlich-moralischen Niedergang schlechthin. Ihre männlichen Kritiker wiesen auf die Gefahren dieses »verdorbenen« und »unsittlichen« Frauentyps deshalb folgendermaßen hin:

»Je schwankender das Nervensystem ist, je suggestiver und hemmungsloser das hysterische Grundnaturell, je entarteter die Grundlage, um so gefahrvoller wird schon in dieser Phase der sexuelle Drang. (...) Das hysterische Mädchen schreit nach Befriedigung, sucht Abenteuer und drängt sich Männern auf. Von einfacher Kokotterie bis zur Schmierschauspielerei finden wir hier alle Übergänge.« (Ebd., S. 32)

Dieser Typ des kokettierenden und liebeshungrigen Backfischs war es auch, »der das Geld des Vaters in Bädern und Kurorten« verzehrte und als »demi-vierge frühzeitig ihre perversen Triebkeime« züchtete (Fervers 1937, S. 84).

Andere betonten, daß die sexuell Übererregbaren gerne von »anstößigen Dingen« sprachen, »Männer raffiniert in Stimmung versetzten« (Raimann 1922, S. 351), Verhältnisse anknüpften, Parfums und rosa Briefpapier verschwendeten und normalen Geschlechtsgenuß verabscheuten. Stattdessen zögen diese Frauen laszive Lektüre vor, mit der sie sich erregten, masturbierten übertrieben, »verschafften sich auf jede Weise neue Sensationen an ihren Geschlechtsteilen« und »stürmten gynäkologische Arztpraxen zwecks genitaler Prozeduren«, »weil die Untersuchung mit dem Mutterspiegel oder ander Manipulationen sie geschlechtlich erregen« (Bloch 1908, S. 480). Auch im Klimakterium kämen solche Zustände vor. Ferner würden diese Frauen nicht davor zurückschrecken, ihre eigenen Ehemänner wie Vampire auszusaugen, übten meist eine Herrschaft über sie aus, waren von Eifersucht geplagt, drohten mit Selbstmordversuchen und gehörten zu den verderblichsten Weibern überhaupt. Selbst viele Nervenärzte fielen angeblich auf diese Frauen herein, da sie ihre perversesten Einfälle hinter einer körperlichen und seelischen Anmut ohnegleichen zu verbergen vermochten. Stets erweckten sie lebhaftes Interesse bei den Ärzten, die sich viel mit ihnen beschäftigten, bis sie endlich die Wahrheit vollends erkannten und ihr wirkliches Naturell durchschauten.[129] Nach Auffassung der Ärzte entwickelten sich Nymphomanie und sexuelle Frigidität stets auf dem Boden schwerer Hysterie sowie anderer Hirn- und Geisteskrankheiten. Sowohl die Nymphomanin als auch die frigide Frau galten als dermaßen von erotischen Phantasien beherrscht, daß diese bisweilen ein zügelloses Ausmaß und die unerhörtesten Dimensionen annehmen konnte. Wie sehr sich beide Frauentypen in dieser medizinischen Sichtweise nahestanden, wird im folgenden geschildert: Während die eine

»sich Romane voller Perversitäten oder heikle Situationen ausdenkt, solche auch wohl herbeizuführen strebt, (idealisiert und vergeistigt die andere) ihren Stoff, gestaltet ihn mit dichterischer Kraft (...) oder zaubert sich Bilder von wunderbarer plastischer Schönheit vor ihr geistiges Auge. Man muß nicht denken, daß alles, was die kranke Phantasie solch einer Hysterischen gebärt, abstoßend ist, im Gegenteil ist manches von unvergleichlicher Zartheit und Anmut. Aber freilich, auf erotischem Gebiet bewegt es sich immer, und absonderlich ist es auch, so absonderlich, daß ein normal veranlagter Mensch nie und nimmer darauf verfallen würde.« (Kossak 1915, S. 166 f.)

Ebenso treffend wie repräsentativ beschrieb ein Mediziner das janusköpfige Bild der hysterischen Frau, welches dem geistigen Auge der Männer allgemein vorschwebte:

»Liebe und Rache, höchste Sinnenlust und widerlichste Abscheu in allem Sexuellen, wie liegen sie bei Hysterischen oft so nahe beisammen. (...) Immer extrem, niemals real, das ist, so möchte man beinahe sagen, die Devise der Hysterischen. Stets in subjektiven Illusionen sich bewegend, niemals das nüchterne Für und Wider abwägend, so wiegt sich die hysterische Seele in ihren krankhaften Empfindungen ohne irgendwelche Rücksichtnahme auf dritte.« (Aub 1911, S. 27)

Die ärztliche Wahrnehmung dieser Gefühlszerrissenheit, dieser beiden Gegenpole von Weiblichkeit, des extremen und in mancher Hinsicht auch exoterischen Lebensstils führte zu der Einsicht, daß die hysterische Frau den realen Anforderungen des Lebens nicht gewachsen sei. Aber die Unberechenbarkeit ihrer psychischen Natur, das proteusartige Register ihrer körperlichen Symptome, das notorische Neinsagen als Mittel zur Darstellung ihrer Nicht-Identität behinderten das medizinische Bestreben, das hysterische Syndrom zu objektivieren. D.h., es war gerade die hysterische Frau, an der die naturwissenschaftlich orientierten Mediziner scheiterten. Denn das in ihr zum Ausdruck kommende Sphinxartige und Irreale der weiblichen Natur ließ sich nicht auf eine einheitliche rationale Formel bringen. Das Wort Hysterie blieb eine Metapher und wurde nicht zum analytischen Begriff. Folglich lassen sich gerade hier inhaltliche Überschneidungen zwischen wissenschaftlicher Begriffsbildung und poetischer Metaphorik demonstrieren. Denn auch in der Ästhetik und Literatur der Jahrhundertwende finden wir in Gestalt der »femme fragile« und »femme fatale« jene Extrempole von Weiblichkeit thematisiert, die im medizinischen Diskurs am Beispiel der Hysterikerin aktualisiert und diskutiert worden sind.

3. Versuch einer Physiognomie des hysterischen Körpers

Der Begriff der Physiognomik spielte seit Hippokrates im medizinischen Bereich eine Rolle. In der Tradition des Aristoteles erlebte er in der Renaissance durch den italienischen Naturforscher G. della Porta (1538–1615) neuen Auftrieb und erhielt durch den Theologen Joh. Kaspar Lavater (1741–1801) sowie den Romantiker Carl Gustav Carus (1789–1869) eine umfassende systematische Darstellung. Letzterer war davon überzeugt, daß aus der empirischen Beschaffenheit des Körpers auf die Seele des Menschen geschlossen werden könne, und entwickelte entsprechende Grundsätze, nach welchen die unzähligen Individualitäten beurteilt werden sollten. Seine Beobachtungen führten schließlich zu einer »Ausdeutung der körperlichen Konstitution«, sowie zu einer ersten wissenschaftlichen »Systematik physiognomischen Blickens«, die der ärztlichen Diagnose wertvoll erschien.[130]

In der Psychiatrie des beginnenden 19. Jahrhunderts gab es einzelne charakteristische Abbildungen von physiognomischen Typen aus dem weiten Feld der Geisteskrankheiten, die Einzeldarstellungen des Blicks, des Ausdrucks, der Gestik und Gesamthaltungen des Körpers von Geisteskranken festhielten. Von diesen Darstellungen ist uns jedoch heute allenfalls ihr künstlerischer Wert geblieben, da sie nicht auf exakter oder wissenschaftlicher Erkenntnis, sondern vielmehr auf der Intuition der jeweiligen Beobachter beruhten. Jaspers (1948, S. 233) zufolge erlebte die Lehre über die Physiognomie des Menschen in den Arbeiten von Carus einen wissenschaftlichen Höhepunkt.

Spuren einer physiognomischen Betrachtungsweise tauchen dann erst wieder in der berühmten Degenerationslehre des 19. und beginnenden 20. Jahrhunderts auf, in der von morphologischen Abweichungen der Körperformen (Degenerationszeichen, Stigmata degenerationis) auf die Entartung des gesamten Wesens des Menschen, seines Charakters und seine Neigung zu neurotischen und geistigen Erkrankungen geschlossen wurde – insbesondere auf seine verbrecherische Veranlagung.

Während dieser Zeit, in der die Hysterie nicht mehr an bestimmte klassische Symptome gebunden, sondern als Charakteranlage ins Zwielicht der medizinischen Öffentlichkeit geraten war, wurde erstmalig der Versuch einer Physiognomie des hysterischen Körpers unternommen. Die ausschließliche Beschäftigung mit dem hysterischen Symptomenspiel wurde bereits aus den eigenen Reihen heftig kritisiert: »Der Hysterieforschung ist es öfters nachteilig geworden, daß sie vor lauter Interessantem das Wesentliche, vor lauter Exzentrischem das Einfache übersah.« (Hellpach 1917, S. 236) Denn die Erfahrungen des 1. Weltkrieges hatten gezeigt, daß nicht nur jeder Mensch hysterische Reaktionen[131] zeigen konnte, sondern daß vor allem auch diejenigen hysterisch wurden, die krank waren, weil sie krank sein wollten. Damit aber geriet die Persönlichkeitsstruktur in das Blickfeld des medizinischen und psychologischen Interesses. Fortan wurde das Vorliegen einer psychogenen (hysterischen) Reaktion als Kriterium einer »degenerativen Konstitution« (Petrilowitsch 1969, S. 42) interpretiert.

Das degenerative Merkmal der hysterischen Konstitution wurde in einer starken Tendenz zur Feminisierung des Mannes gesehen, deren äußeres Erscheinungsbild sich in einer »Weiblichkeit« aller Spielarten und Abtönungen darstellte. Da die Hysterie nach wie vor als eine Frauenkrankheit par excellence galt, mußte »die hysterische Physiognomie bei hysterischen

Männern ausgeprägter sein als bei hysterischen Frauen, eben weil die weitere Entfernung vom Normalen, die stärker pathologische Veränderung der Konstitution, ganz grob gesagt mehr Hysterie dazu gehörte, damit ein Mann hysterisch sei im Vergleich zu dem, daß ein Weib es sei« (Hellpach 1917, S. 237). Nach Meinung vieler Ärzte hatte der Krieg gezeigt, daß eine hohe Prozentzahl von Männern bzw. »Kriegsneurotikern« eine konstitutionelle Veranlagung zur Hysterie und damit ebenso zur hysterischen Charakteranlage aufwies. Auf diese Weise entstand eine Physiognomie des männlichen Hysterikers, die man sich als weiblich nuanciert vorzustellen hatte. So zeigte sich der »weibische Stempel« hysteriekranker Männer angeblich in der statischen und dynamischen Physiognomie, derzufolge die Prognose dieser Krankheit als absolut negativ galt:

»Weibliche Gesichtslinien, öfters eine fette, schwammige Gesichtsbildung, ein weicher fader Ausdruck schon in der mimischen Ruhe, noch ausgesprochener beim Lächeln und Reden, gezierte Kopfhaltung und weiche, melodisierende Sprechweise, lockiges Haar und lockiger Bart, die beide noch in dieser Richtung sorgsam gepflegt sind, eigentümlich weiche, schwärmerische, fein bewimperte Augen, die zu schmachten und zu schmelzen wissen, besonders leicht aber auch in Tränen schmelzen, kleine Ohren und feingeschnittene Nase« und diese noch unterstützt »durch feminine Stigmen der Totalphysiognomie, also in der gesamten Körperform, der Hand- und Fußbildung, der Behaarung, der Haltung und Geste, des Sich-Gebens auch in der Kleidung.« (Ebd.)

Diese weibisch anmutende Physiognomie fände man erfahrungsgemäß am häufigsten bei jenen Begabungsberufen, welche auch tatsächlich den größten Beitrag zu hysteroiden und hysterischen Männererkrankungen lieferten: nämlich bei den Künstlern, namentlich den Musikern und Mimen.

Kretschmer, der drei Hauptgestalten des Körperbaus unterschied – den Leptosomen, den Athleten und den Pykniker –, bezeichnete diese »etwas fettsüchtig-weichen Männer mit den blassen Schauspielergesichtern« (1958, S. 57) als schöne Männer oder hysterische Schwindler[132], wie sie dem Kliniker gelegentlich begegneten: schlanker, betont leptosomer Körperbau, akzentuierte lange Eiform des Gesichts, weiches, zurückgekämmtes Haar, feuchter Blick, gelegentlich feminine Stigmen im Körperbau. Diesen Typus fände man vornehmlich unter den blasierten Großstadtmenschen wie den Ästheten, den Mondänen und Poseuren.

Trotz ihres femininen Einschlags wurden sie von einigen Medizinern als »unechte« Hysteriker wahrgenommen, als eben eine bloße Karikatur der Weiblichkeit. Die hysterische Frau erschien ihnen dagegen als Inbegriff der Weiblichkeit überhaupt, als gleichsam zugespitzte oder gar übertriebene Weiblichkeit: »Zu weiche Linien; zu zarte Haut; zu kleine Hände, Füße, Ohren: das Infantile ist oft unverkennbar« (Hellpach 1948, S. 238); ferner wurden das unschuldige Kindergesicht und die kindliche Grazie, die einer infantil-grazilen Körperbewegung mit wohlerhaltener Harmonie entsprach, betont: »Kindliche Beweglichkeit und Labilität der Psyche, durch rhythmisch-szenische (schauspielerische) Begabung und Neigung zu hysteroiden Reaktionen« (Kretschmer 1958, S. 56). Kretschmer, der sich mit den Konstitutionsmerkmalen bzw. Anomalien dieser infantilen Frauen beschäftigt hatte, zählte folgende Stigmata auf:

> Körperliche Schwächlichkeit, Genitalmißbildungen wie z.B. kastaniengroßer oder noch kleinerer Uterus oder »intersexe Stigmen« am Körperbau, »Dysmenorrhoe*, verspätetes Lebensalter der ersten Menstruation, überhaupt Störungen und Unebenmäßigkeiten im Einsetzen der einzelnen Pubertätszeichen; entsprechend auf seelischem Gebiet allgemeine Kindlichkeit oder sexuelle Triebsschwäche, Abneigung oder überstarke Ambivalenz gegen Männer, überdauernde seelische Bindung an Mutter und Vater, ebenfalls oft mit scharf ambivalenten Vorzeichen« (ebd., S. 54 u. 56).

Zu diesem psychologischen Typ des »ewigen Backfischs« gesellte sich der Typus der ausgesprochen »kalten Kanaille«, welche sich launisch und von rücksichtslosem Egoismus geprägt vollkommen amoralisch, lügnerisch, diebisch, grausam und voll boshafter Ränke gebärdete. Diesem Typus schloß sich »das ganze Heer der schweren, seelischen Defektmenschen, der Schwachsinnigen, Kriminellen und Prostituierten an« (ebd., S. 40).

Da sich der Phänomenbereich der Hysterie insgesamt jedoch als sehr vielfältig erwies, fand Kretschmer noch eine weitere intersexuelle Konstitutionsvariante, deren zahlenmäßige Häufigkeit allerdings noch einer systematischen Bearbeitung entbehrte. So gab es

»gelegentlich knabenhaft schlanke, schmalhüftige Frauen, die raffiniert überlegen mit den Männern zu spielen scheinen, in Wirklichkeit aber eine auch in ihrem Körperbau zum Ausdruck kommende, unausgereifte Sexualität haben, mit einer Phantasie, die immer begierig nach erotischen Verhältnissen hindrängt und immer im letzten Moment zurückzuckt; oder die, sofern es zum körperlichen Verkehr kommt, diesen mehr dirnenhaft, ohne tiefere Befriedigung und ohne feste Fixierung an den Mann und bei mehr oder weniger völliger Verkümmerung der Mutterinstinkte ausübt« (ebd., S. 57).[133]

Allen hier beschriebenen Frauentypen wurden darüber hinaus fast ausnahmslos gemeinsame charakteristische Eigentümlichkeiten zugeschrieben, was die Stimme, die Augen und das Lächeln der Hysterischen betraf. So bewegte sich ihre Stimme in der tiefsten Lage des Alts und Kontraalts und konnte nur beim »charakteristischen quiekenden Schreien« hohe Lagen erreichen.[134] Als ein häufiges physiognomisches Zeichen der Hysterie wurde auch das hysterische Auge erwähnt, die sogenannten »schwimmenden neuropathischen Augen« (Krafft-Ebing 1903, S. 124; Burgl 1912, S. 20). Im statischen Zustand war dieses Auge groß, zeigte viel Sklera* und weite Pupillen, was seine Schönheit aber umso mehr unterstrich. Jedoch stand es hart an der Grenze des krankhaften Exophtalmus* und wurde manchmal nach dem homerischen Epitheton der Hera als »boopisch« (kuhäugig) bezeichnet. In der mimischen Bewegung des Gesichtsausdrucks hatte das Auge neben dem Lächeln eine besondere Bedeutung, da man aus beiden grundsätzliche Schlüsse auf die seelische Grundstimmung sowie auf dem Charakter zog.[135] Beide wurden schließlich zur Definition des hysterischen Charakters mit herangezogen.

Das hysterische Auge war äußerst beweglich. Es erweckte so einen schmachtenden, oft wechselnden, weichen, schwärmerischen Eindruck, zu welchem sich ein »koketter, halb bewußt interessanter, maßlos übertriebener Gesichtsausdruck« gesellte (Hellpach 1948, S. 238). Im Unterschied zu dem seelenvollen, mit elegischer Wärme erfüllten Blick des Zyklothymen* erschien in dem sich selbst produzierenden Schmachten des hysterischen Blicks eine »innere Wunschrichtung«, welche sich im berechneten Augengebrauch oder in den hungrigen Augen der Hysterischen kundtat. Anders war jedoch der Blick der Hysterikerin, wenn sie sich über einen Mann erzürnte. Dann vermochte sie ihm mit einer solch dramatischen Wucht einen finsteren Blick seitlich von unten her zuzuwerfen, daß die größte Tragödin sie um diese Fähigkeit beneidet hätte.[136]

Wie sehr jedoch die Hysterikerin ihr Mienenspiel, ihre Gestik und die Expressivität ihrer Körperhaltungen als Werkzeuge ihrer Macht einsetzte, wurde am Beispiel des Lächelns aufgezeigt. Während eine Semiotik des Blickes in den medizinischen Theorien nur unvollständig, geschweige denn repräsentativ ausgearbeitet, vorlag, versprach man sich vom »hysterischen Lächeln« eine günstigere Ausgangslage für die Diagnostik. Eine entsprechende Interpretation konnte jedoch erst vorgenommen werden, als einige Kenntnisse über die seelische Triebstruktur des Menschen vorlagen. Lachen und Weinen – Fähigkeiten, welche nur dem Menschen vorbehalten bleiben – sind in der Hysterieliteratur nicht nur immer wieder erwähnt, sondern oft als eine affektiv-emotional-eruptive Äußerungsform verstanden worden, die keine Bindung an Geist und Vernunft zu kennen und die Gebrochenheit der personalen Einheit zu beweisen schien.[137] Besonders deutlich wurde dies beim hysterischen Anfall, in dem sich Körper und Geist zu verselbständigen schienen. Daß dies jedoch nicht zutraf, hatte Freud bewiesen, indem er aufzeigte, wie sich die Phantasien und Konflikte der Hysterischen in Körpersymbolen manifestierten. Um die Jahrhundertwende wurde allgemein davon ausgegangen, daß die hysterische Reaktion an die Stelle des Wortes trat und als Antwort auf eine schwer zu ertragende Lebenssituation zu betrachten sei.

Wenn der Körper der Hysterikerin zum Schauplatz eines psychischen Geschehens wurde, was nicht unabhängig von der spezifischen Arzt-Patient Beziehung des 19. Jahrhunderts zu sehen ist, so kann man sich nicht des Eindrucks erwehren, daß die Hysterikerin ein mehr oder weniger instrumentelles Verhältnis zu ihrem Körper besaß, welches sie mit ihrem Mienenspiel besonders unterstrich. Deutlich wird das beim hysterischen Lächeln:

»Es pflegt beim ersten Anblick einnehmend, ja lockend, bestrickend, man kann geradezu sagen: verführerisch zu sein und wird von ihr mit instinkthafter Routine als wirksame Leimrute gehandhabt, auf die immer wieder der gute Glaube, die Verzeihungsbereitschaft, die Nachsicht, die Gefälligkeit des Liebhabers oder Gatten, des Richters oder Erziehers, ja nicht zuletzt des Arztes selber kriecht. Bis es seine Wirkung durch zu automatische Selbstproduktion schwächt oder durch ein bösartiges, verletzendes, gehässiges Wort, das mitten aus bestrickend lächelnder Miene springt, vernichtet. Hier ahnen wir das Lächeln der Hysterischen (...), indem wir es im verblüffenden, ja verletzenden, unerklärlichen Widerspruch zum übrigen Verhalten erblicken; hier wird uns ein Lächeln der Hysterischen zum hysterischen Lächeln. Und hier sind wir eben damit an der Vorstufe jenes Lächelns, das so maßlos überraschend mitten in der hysterischen Manifestation, mitten im konvulsivischen Schreikampf oder im großen Anfall, mitten im delierenden Dämmerzustand (...), mitten in der qualvollen Neuralgie (...) auf der Physiognomie der Hysterischen erscheint. Dies ist das eigentlich *pathognomische* Lächeln, das Hysterie verrät, man möchte sagen: entlarvt. Denn es eignet *allein* ihr. (...)

Ich widerstehe der Versuchung, mich hinter das eigentlich Physiognomische vorzuwagen, fragend etwa, was es denn nun ausdrücke. (...) Vielleicht narrt die Hysterie unsern Erkenntnisdrang am erfolgreichsten, solange wir durchaus dem Taschenspielerrepertoire ihres psychogenen Mechanismus zu Leibe wollen, und vielleicht ergibt sie sich uns (wissenschaftlich) am ehesten, wenn wir forsch auf sie selber zustoßen, auf ihr letztes Wesen, das Krankseinwollen der hysterischen Persönlichkeit. Sollte nicht auch die Physiognomie der Hysterischen von dorther wesentliche Bestimmungen in Anlage und Spiel erfahren?« (Hellpach 1917, S. 239 ff.)

III. Der hysterische Charakter

1. Die gespaltene Struktur der hysterischen Persönlichkeit

Schon Pierre Janet (1894, S. 175) hatte vor dem Versuch einer psychologischen Analyse des hysterischen Charakters gewarnt, da diese unweigerlich moralische Bewertungen beinhalten müsse, welche dem reinen Sachgehalt dieser Krankheit nicht gerecht würden. Dennoch war im Verlauf des beginnenden 20. Jahrhunderts der Prozeß der psychologisierenden Betrachtungsweise der Krankheit Hysterie stark vorangetrieben worden, was unweigerlich den engen Begriffsrahmen einer rein medizinischen Nomenklatur sprengen mußte. Denn Charaktere wie auch Charakterveränderungen sind den Einflüssen der Kultur, der Familie, der Erziehung, des Unbewußten und selbst den Vererbungsgesetzen unterworfen, welche jedoch von der damaligen Medizin nicht mitreflektiert wurden, da diese nur das gesellschaftliche Produkt der Abweichung einer deskriptiven Bewertung unterzog. Allein die Schilderung des hysterischen Charakters bezeugt, wie sehr die Hysterikerin den Medizinern geradezu verhaßt war, da sie doch schließlich den medizinischen Mißerfolg schlechthin verkörperte. Trotz der modernen Erkenntnis, daß jeder Mensch in gewissen Lebenssituationen hysterieanfällig sei, wie es die Erfahrungen des 1. Weltkrieges bewiesen hatten, wurde der geradezu zwanghafte Versuch unternommen, einen charakterologischen Grundzug des Hysterikers aufzufinden.

Vom medizinischen Standpunkt aus bestand das innerste Wesen der Hysterie in einer psychischen und anlagebedingten

Charakterveränderung, welche in den überlieferten Hysterietheorien angeblich nie ausreichend berücksichtigt worden war und nun nachträglich den bisherigen Mißerfolg erklären mußte. Ferner vertraten Mediziner die Auffassung, daß der Hysteriker ein Delinquent und daher ein Schädling der Gesellschaft sei, was zutiefst in seinen degenerativen, antisozialen und kulturfeindlichen Charaktereigenschaften zum Ausdruck komme, die deshalb dem wissenschaftlichen und therapeutischen Zugriff gefügig gemacht werden müßten.[138] Wenn auch nicht immer ein notwendiger Zusammenhang zwischen hysterischer Persönlichkeit, hysterischer Reaktion und hysterischen Körperstörungen unterstellt wurde, so gab es dennoch wesensmäßige Beziehungen zwischen ihnen. Während die einen das Typische der hysterischen Charakterstruktur in der Geltungssucht des Psychopathen sahen, hoben andere den mehr oder weniger bewußten »Willen zur Krankheit« und das hintergründige Interesse an einer Krankheitsdarstellung hervor.[139] Wenngleich der letztere Fall dem Kliniker besonders häufig begegnete, zeichneten sich beide Charaktere einerseits durch einen strukturellen Mangel einer gefestigten Ich-Identität aus und stellten andererseits die Inkarnation des perfekten Schauspielers dar, der mit Hilfe seiner Mimikrynatur und Maskerade seine schwache Identität bis zur Unkenntlichkeit verbarg.

Jaspers' Definition der hysterischen Persönlichkeit fand breite Rezeption und Anerkennung in der medizinischen Literatur und lieferte sozusagen die Grundlage für eine medizinische Einschätzung dieses abnormen Charaktertyps. Was die Ich-Identität der hysterischen Persönlichkeit betraf, so entsprach sie Jaspers zufolge einer von wechselnden Schalen umhüllten Leere. Als Ausgleich für den fehlenden Persönlichkeitskern sei der Hysteriker von dem Bedürfnis des Augenblicks beherrscht, »ganz im eigenen Theater zu leben«, immer eine Rolle zu spielen und um jeden Preis Aufsehen zu erregen. Dies aber sei die eigentliche hysterische Begabung, »vor sich und anderen mehr zu scheinen, als sie ist, mehr zu erleben, als sie erlebnisfähig ist« (Jaspers 1948, S. 370 f.).

Ludwig Klages, einer der umstrittensten Autoren in der ersten Hälfte des 20. Jahrhunderts, führte metaphysische Prinzipien in seine Charakterkunde ein und entwickelte diese zu einer selbständigen Wissenschaft. Klages' Arbeiten zu diesem Thema knüpften an Herbarts, Schopenhauers und Bahnsens Ansätzen zu einer Charakterologie an. Obwohl er es mit einer mathematischen Psychologie wie der von Herbart hätte aufnehmen können, wurde seine Charakterlehre dem positivistischen Wissenschaftsverständnis zufolge nicht den Kriterien einer exakten Psychologie gerecht, da sie von dichterisch-intuitiven Vorstellungen über das menschliche Seelenleben inspiriert war.[140]

Nach Klages (1926) bewegt sich der Hysteriker immer in geläufigen kulturellen Identitätsmustern, die er gemäß seiner eigenen Identitätsvorstellung in einer affirmativen Haltung gegenüber der bestehenden Gesellschaftsordnung durch sein souveränes Maskenspiel bekunde.[141] Als Ausdruck einer allgemeinen Lebensverarmung und eines strukturellen Mangels an Gestaltungskraft repräsentiere der Hysteriker den Zeitgeist der modernen Zivilisation, da er nurmehr den Eingebungen der Masken folge und seine Mimikryveranlagung ihm zur zweiten Natur geworden sei.[142] Das aber unterscheide ihn vom wahren Schauspieler insofern, als seine Maske souverän geworden sei und hinter ihr kein eigenes substantielles Interesse oder kein lebendiges Wesen mehr in Erscheinung trete. Zu dieser Ich-Schwäche und diesem Verlust an kreativer Gestaltungskraft geselle sich eine Energie des Willens, des Verstandes und der Begabung, welche in ihrer skrupellosen Willkür und ihrem »Willen zur Macht« vor nichts zurückschrecke. Da der Darstellungsdrang zur herrschenden Triebfeder der hysterischen Persönlichkeit geworden sei, übertreffe sie den Durchschnittsmenschen durch effektvolle Auftritte oder extreme Gedankenäußerungen, die ihr Erfolg und Bewunderung bei ihrem Publikum sowie weitgehende kulturelle Zustimmung sicherten.

Wenn dies sozusagen die gesellschaftlich-aktive Seite des Hysterikers darstellte, so war demgegenüber seine Persönlichkeit durch fremde Einflüsse suggestiv höchst beeinflußbar. Seine innere Leere und geistige Substanzlosigkeit führten zu einer Kritiklosigkeit und Beeinflußbarkeit, die dem suggestiblen Massenmenschen der modernen Zeit entspräche und ihn mit dem allgemeinen »Mediumismus« in Berührung bringe.[143] Diese ausgesprochene Lenksamkeit und Beeinflußbarkeit, die ihm übrigen von den meisten Ärzten bestätigt wurde, galt als Ausdruck der hysterischen Seelenerkrankung, in der anstelle der Seele nur noch ihr Phantom erscheint. Während Klages und andere die innerliche Gebrochenheit der Hysteriker und ihr affirmatives Verhältnis zur Kultur betonten, sahen demgegenüber die meisten Mediziner in ihnen vorrangig Außenseiter der Gesellschaft und akzeptierten sie erst unter diesem Blickwinkel als kranke, behandlungsbedürftige Menschen. Deshalb kann man sich nicht des Eindrucks erwehren, daß diese Krankheit hierbei als eine Form sozialer Abweichung begriffen wurde, da in ihr die Frage nach einer individuellen Schuldzurechnung, dem Grad der persönlichen Verantwortlichkeit oder nach dem Bewußtheitsgrad des schuldhaften Vergehens, wie sie in der medizinischen Literatur metaphorisch und plastisch zugleich zum Ausdruck kam, immer virulent blieb.

Daß diese Einstellung zum Hysteriker nicht ohne Konsequenzen für die Beschreibung seiner Persönlichkeit blieb, liegt natürlich nicht zuletzt auch an der unverstandenen Ursache dieses Leidens.[144] Für die Mediziner verkörperte der Hysteriker einen Menschen ohne Grundsätze, einen ethisch Defekten, einen gewissenlosen Simulanten, welcher seine antisozialen und überaus egozentrischen Bestrebungen hinter mimikryartigem und pantomimischem Gebaren maskierte. Als der geborene Schauspieler und Komödiant scheint der Hysteriker der charakterloseste Mensch jener Zeit gewesen zu sein. Sein übertriebener Ich-Kult, sein ausgeprägter Hang zum Individualismus und allem Extremen, die Beliebigkeit und Vieldeutigkeit seines ganzen Wesens stilisierten ihn zum Gegenteil all dessen, was sich die Mediziner unter einem integren und glaubwürdigen Menschen vorstellten.[145] Sein Innenleben war, wie Jaspers (1948, S. 371) sagte, »nur noch ein Schauplatz nachgemachter und theatralischer Erlebnisse«; dies sei »der extrem ausgebildete Zustand der hysterischen Persönlichkeit«.

Ob im Bereich des Denkens, Fühlens, Wollens oder des Interesses – alles befand sich im Fluß oder im metamorphosischen Zustand. Was der Hysteriker auch tat und dachte, nie war er ganz »bei der Sache«, da es ihm immer um den Effekt, um den äußerlichen Glanz seiner Persönlichkeit ging. Daher trug alles an ihm den Stempel des Unechten, der Pose, des Künstlichen, des Konstruierten und der Mache, so daß der Schein der Hysterie hier mehr zählte als die Wirklichkeit.[146] Konnte er seine Geltungssucht nicht durch sein übliches Rollenspiel befriedigen, so scheute er selbst nicht davor zurück, in das Asyl der Krankheit zu flüchten, um das Theater des Märtyrers und des Leidenden zu spielen. Da unter den hysterischen Persönlichkeiten sowohl sittliche wie lasterhafte Menschen existierten, imponierten einige von ihnen mit einem ostentativ zur Schau getragenen Altruismus, nur um die Aufmerksamkeit und Bewunderung ihrer Umgebung zu erlangen. Letzteren nannte man die sozial nützliche Hysterie. Gerade diese Art des sublimierten Ausdrucks führe sehr rasch zum ethischen Zusammenbruch, da die Hysteriker bei allen ihren Tätigkeiten keine Ausdauer und Tiefe zeigten und jener exaltierte Altruismus nur eine Kompensation für eine strukturelle Asozialität bedeute.[147]

C.G. Jung hat in seinem Werk über *Psychologische Typen* (1971) die Hysterie als die Neuroseform des Extravertierten beschrieben. Auch er spricht vom psychischen oder nervösen Zusammenbruch des extravertierten Charakters, da dieser stets versucht sei eine derartige Assimilation mit seinem Objekt einzugehen, daß er sich selbst als eigenständiges Subjekt des Fühlens, Wollens und Denkens dabei ganz vergesse. Diese Schwäche, sich ganz an sein Objekt zu verlieren, sei die Eigentümlichkeit der weiblichen Psyche und speziell der extravertierten Frau, da diese ihr eigenes subjektives Denken und Fühlen gänzlich zugunsten gesellschaftlich anerkannter Wertmaßstäbe unterdrücke und damit den objektiven Anforderungen der Gesellschaft unterordne. Vorhandene subjektive Bestrebungen würden hierbei in das Unbewußte abgedrängt, das bei dominierender extravertierter Einstellung normalerweise einen kompensatorischen, d.h. introvertierten und persönlichkeitsbezogenen Charakter annehme.

Der extravertierte Gefühlsmensch findet Jung zufolge beim weiblichen Geschlecht die weiteste Verbreitung. Da sich Frauen in der Regel nach Maßgabe ihrer subjektiven Gefühle orientierten, worauf ihre Umwelt auch positiv reagiere, sei vornehmlich das Denken der Frauen nur noch ein »epimethisches Anhängsel« ihres Fühlens; d.h., die Funktion des Denkens werde bei ihnen ins Unbewußte verdrängt und übe nur noch latenten und indirekten Einfluß auf bewußte Handlungs- und Beurteilungsabläufe aus. Diese überwiegend vorherrschende Gefühlsgeprägtheit der Frau schlage oft ins Pathologische um, wenn sie die Subjektivität ihrer Persönlichkeit ganz in den Hintergrund ihrer Orientierungen treten lasse. Hier läßt sich Jung zufolge auch die hysterische »Lüge« oder die krankhaft gesteigerte Phantasietätigkeit als Reaktion des Unbewußten einordnen. Allgemein bewirke diese extreme Verhaltensdisposition, daß sich dieser extravertierte Gefühlstypus nicht nur in die jeweiligen vorherrschenden Stimmungen oder in kontrastierende Gefühlstöne auflöst, sondern auch beim Beobachter den Eindruck erweckt, daß die Frau Gefühlserregungen erliege und launisch sei. Je stärker die entsubjektivierten Gefühlsäußerungen werden, um so hohler, unechter und weniger überzeugend wirken sie auf andere, d.h. man erhält »den Eindruck der Pose, des Flatterhaften, des Unzuverlässigen und in schlimmeren Fällen den Eindruck des Hysterischen« (Jung 1971, S. 387). Dies aber sei die häufigste Neuroseform der Hysterie, welche sich aus infantil-sexuellen Quellen des Unbewußten speise.

Da die Kultur jedoch gerade diese infantilen und »primitiven« Bestrebungen ausgrenzt, ist es auch erklärlich, daß sie entsprechend dem Grad ihrer Verdrängung zum Konfliktpotential werden und einen destruktiven Charakter annehmen können. Da nach Jung die Frau den Bereich des Denkens und der Logik überhaupt in das Reich des Unbewußten verdrängt, sei »der unbewußte Inhalt dieses Typus in allererster Linie ein eigenartiges Denken. Dieses Denken ist infantil, archaisch und negativ.« (Jung 1971, S. 389) Weil der Übergang vom Normalen ins Pathologische fließend ist, erweist sich Jung zufolge die Extraversion auch als kulturschöpferischer Faktor: ihr verdanken wir kunstförderndes, soziales und philanthropisches Engagement. Kommt aber, wie schon gesagt, eine Übertreibung dieser extremen Einstellung hinzu, wie eben in dem Habitus, sich zugunsten des Objekts gänzlich wegzugeben, so führe dies schließlich zu einem psychischen Zusammenbruch und zu abnormen Körperempfindungen, indem sich der unbewußte Inhalt wie Egoismus, Archaismus und Infantilismus oppositionell zur bewußten Einstellung verhält.

Gewinnt jedoch bei der extravertierten Frau das Denken die Oberhand, so ist dieses nach Jung eine vornehmlich intuitive Geistestätigkeit im Unterschied zum rationalistischen Denken des Mannes. Gerade beim sogenannten extravertierten Denktypus gibt es beträchtliche Unterschiede in den negativen und positiven Auswirkungen, wenn das Denken an die Macht gelangt und sich sozusagen der ganze Mensch einem intellektuellen Fanatismus, Idealismus oder Dogmatismus verschreibt und sein Leben danach ausrichtet. Bei dieser extremen Einstellung fallen Kunst, Ästhetik, Freundschaft, Leidenschaft, Irrationalismus und Religion einer intensiven Verdrängung anheim, also gerade jene Bereiche, die von gefühlsgeleiteten Menschen in dominierender Weise zur Geltung gebracht werden. Nach Jung kann sich manchmal dieses Verdrängungspotential bei Männern in der Gestalt einer Frau verkörpern.[148] Soweit sich aber das Denken nicht einer ihm äußerlichen Funktion unterordnet, kann es Jung zufolge auch positive Wirkungen zeitigen. Denn das undogmatische Denken ist kreativ, progressiv, kulturfördernd und grenzüberschreitend im Unterschied zu dem sich utilitaristisch und intolerant gebärdenden Verhalten eines erstarrten Denkens. Aber auch das intuitive Denken des intelligenten Hysterikers erweist sich dann als problematisch, wenn es nicht jenen Bewußtheitsgrad erreicht, der ihm eine allgemeine Gültigkeit oder einen lebensgeschichtlichen Sinn zu geben vermag.[149] Auch dieser Typus wird nach Jung am häufigsten von Frauen verkörpert, die ihre Fähigkeiten jedoch nicht beruflich verwerten, sondern in der privaten Sphäre andere Menschen, meistens Männer, damit fördern.

Trotz der Bemühungen um eine Definition des hysterischen Charakters verloren diese Bestimmungsversuche schließlich an medizinischer wie auch an psychologischer Bedeutung. Denn was im einzelnen erfaßt wurde, war nicht nur ein Konglomerat von negativen Verhaltensweisen, sondern eben auch die Bedeutung und Problematik der Universalität des Rollendaseins, das sich offenbar in der Scheinidentität der Hysterikerin massiv widerspiegelte. Damit wurde die Hysterie zugleich zu einem Paradigma jener soziologischen Betrachtungsweise, welche davon ausgeht, daß wir letztlich alle »Theater« spielen.[150] Dies hatte jedoch zur Konsequenz, daß die Mediziner erkennen mußten, daß der Verdacht einer vorbehaltlosen Rollenidentität nicht das Spezifikum des Hysterikers sein kann. In der Weise aber, wie sie die Krankenrolle des Hysterikers unterstrichen, schufen sie sich einen Mythos, der es ihnen erlaubte, die Hysterie schlechthin als »Lüge« zu bezeichnen.[151]

2. *Der Wille zur Krankheit: Wille zur Ohnmacht oder Wille zur Macht*

Bevor sich ein psychologisches Verständnis von Krankheiten durchzusetzen begann, wurden die Nervenkrankheiten, und hierbei besonders die Hysterie, vornehmlich als Zeichen körperlich nervöser Schwäche interpretiert. Der vorherrschende Mythos der Weiblichkeit, der die Frau als das »schwache Geschlecht« ausgab, fügte sich somit problemlos in das Bild der Hysterie ein. Eine Änderung dieser Auffassung von den Nervenkrankheiten trat jedoch ein, als die psychologischen Kategorien des Willens und der unbewußten Triebstruktur für die

Erklärung der Pathogenese der Hysterie zentrale Bedeutung erlangten. So wurde beispielsweise der »Wille zur Krankheit« fortan als die eigentliche Domäne der hysterischen Frau wie des weiblichen Geschlechts überhaupt betrachtet – ein Deutungsversuch, der das Verhältnis zwischen der Hysterikerin und ihrer sozialen Umgebung widerspiegelte. Die meisten Autoren waren nämlich davon überzeugt, daß der Wille zur Krankheit ein Mittel für die Hysterikerin sei, um leidend ihre Umgebung zu beherrschen und ihrem »Willen zur Macht« Genüge zu leisten.[152] Als gängige Verhaltensstrategie hysterischer Frauen wurde hierbei genannt, daß sie ihre Symptome mehr oder weniger bewußt als Kampfmittel einsetzten, um das Ziel ihrer Wünsche und Begierden zu erreichen: den Ehemann sexuell von sich abzuhalten, ihn in Furcht und Mitleid zu versetzen, in den Genuß zarter Pflege und Rücksichtnahme von seiten der Familie zu kommen. Die Konversionshysterie wurde somit als ein Mittel zur »Flucht in die Krankheit« gesehen, um sich ehelichen und familiären Anforderungen bzw. Verantwortlichkeiten zu entziehen und hierbei zugleich die geltungssüchtigen und narzißtischen Bestrebungen auszuleben.[153]

Der »Wille zur Macht« wurde vom nietzscheanischen Psychoanalytiker Alfred Adler als eigentliche Ursache der Neurosenbildung angesehen. Danach bewirke das neurotische Streben nach Macht eine Erhöhung des Selbstwertgefühls, welches sich in verstärkten Zügen der Herrschsucht, der Eifersucht, des Stolzes und in der Tendenz zur Abwertung anderer Personen äußere. Diesem Verlangen nach Selbstaufwertung des nervösen Charakters korrespondiere ein grundlegendes Gefühl der Minderwertigkeit, welches Adler (1972, S. 32) als »männlichen Protest« verstand und auf die griffige Formel: »Ich will ein ganzer Mann sein« brachte. Das Verlangen nach Einfluß und Macht kennt Adler zufolge keine Grenzen, da alle Kunstgriffe für eine Verstärkung der Kampfbereitschaft eingesetzt würden, um das männliche Gefühl der Überlegenheit zu erlangen. So setze das weibliche Geschlecht vor allem taktisch raffinierte (im Sinne Adlers natürlich neurotische) Verhaltensweisen ein.

Denn die Frau könne selbst mit demonstrativer Schwäche, Demut, Bescheidenheit, Krankheit und weiblicher Koketterie ihre Herrschaftsgelüste über Männer entfalten. Vor allem in der ihr eigentümlichen Koketterie, von der sie auch in der medizinischen Kur Gebrauch mache, sahen Adler (1972, S. 171) wie auch Iwan Bloch (1908, S. 626) den Ausfluß »gynaikokratischer Instinkte«, welche Adler zufolge nach dem Muster der Manngleichheit geprägt sind. Die »neurotische« Rebellion der Frau, welche ihre eigene Minderwertigkeit und damit die ihr zugewiesene soziale Rolle negiere, ginge immer mit einer Überidealisierung bei gleichzeitiger Abwertung des Mannes einher.[154]

Am Beispiel der Koketterie läßt sich das dialektische Spiel von Affirmation und Negation sehr gut verdeutlichen. Georg Simmel (1919a, S. 95 ff.) beschrieb die Koketterie als ein antithetisches Spiel, welches sich im Wechsel von Bejahung und Verneinung, Hingabe und Verweigerung, Haben und Nichthaben, Wissen und Nichtwissen gefällt und dennoch schließlich mit Entschiedenheit Gefallen und Begehren erwecken will. Auch hier steht die Koketterie im Dienst der Machtausübung, die sie solange genießen kann, bis die Entscheidung schließlich gefallen ist. Nie darf sich die Kokette dem Mann gänzlich enthüllen, da sie sonst die Macht über ihn verliert, eine Macht, die sie dauerhaft genießen will. Diese Entschiedenheit bei gleichzeitigem Hin und Her ist nach Simmel ein weiblicher Kunstgriff, der den Mann entwurzeln und unsicher machen soll.

Zu dieser Ambivalenz sah sich die Frau, Simone de Beauvoir zufolge, gesellschaftlich gezwungen. Denn da der Mann den Anspruch erhob, sie völlig zu beherrschen, mußte sie den »Mythos ihrer Unterwürfigkeit« bzw. den der Passivität anbieten. Vom Mann zu diesem Betrug geradezu aufgefordert, bot sie sich ihm als potentielle Beute an, um nun ihre Aussichten zu verbessern, nämlich ihn in ihre Netze zu verstricken:

> »Als Beute angeboten, lauert sie selbst auf ihre Beute. Ihre Passivität ist berechnet, sie macht ihre Schwäche zum Werkzeug ihrer Macht.

Da sie nicht mit offenem Visier angreifen darf, sieht sie sich zu Machenschaften und zur Berechnung genötigt. Und es liegt in ihrem Interesse, den Schein zu erwecken, als biete sie sich umsonst dar.« (Beauvoir 1968, S. 340)

Die Lüge der Frau bestand also darin, daß sie ihre Passivität nur mimte, indem sie ihre Transzendenz verleugnete und ihre Immanenz nachahmte. Tatsächlich verbarg sie hinter dem Mythos ihrer Passivität ihre subjektiv erlebte Ohnmacht. Ohnmächtig, hilfebedürftig und nervös begab sie sich in die Behandlung vieler Ärzte, um schließlich aus ihrem Leiden ein Fanal der Verweigerung zu machen, die die Ärzte als Widerstand gegen die Behandlung zu spüren bekamen.

Dementsprechend war der Wille zur Krankheit stärker ausgeprägt als der Wille zur Gesundheit; denn jener verlieh der Hysterikerin gerade jene Macht und Überlegenheit, welche sie zum Mittelpunkt der Familie und der Klinik machten. In dem Maße jedoch, wie die Hysterikerin die konservative Rolle des Kranken übernahm, blieb sie die Gefangene ihrer Familie und einer psychiatrischen Institution, welche ihr nicht nur den Ausbruch ihres tatsächlichen Leidens verstellten, sondern auch die Sanktionierung ihres Verhaltens sicherten. Damit erwies sich der erhoffte Sieg als eine auf hysterische Art und Weise phantasmagorierte Illusion. Denn innerhalb der Ärzteschaft war die Hysterikerin als unheilbar bekannt und als Heldin des Widerstandes paradoxerweise zugleich deren willenloses Werkzeug geworden.[155]

Dieser Wille zur Macht, der sich nur in einer Situation der Ohnmacht zu artikulieren vermag, wurde von Klages auf eine innere Lebensverarmung und auf eine Lähmung der Gestaltungskraft zurückgeführt. Die überbetonte Körperlichkeit und speziell die Nachahmung von Krankheiten finden bei der Hysterikerin auf Kosten einer schöpferischen Gestaltungskraft statt, deren Unausgeprägtheit einen wesentlichen Mangel an Originalität, mythenbildener Phantasie, schöpferischen Räuschen, Leidenschaften und Enthusiasmen erkennen lasse. Charakteristisch sei für alle hysterischen Erscheinungsweisen, daß ihre Symptome Lebensgefühlen entstammen, die fremden Wesen entliehen seien. Als Beispiel werden hier die Offenbarungen der Hl. Therese angeführt, welche das Leiden Christi körperlich und seelisch nochmals durchlebte.[156] Auch die Hysterikerin bleibt die Gefangene einer effektvoll inszenierten Vergangenheit, deren wesentliches Merkmal die Imitation und die Suggerierbarkeit von Symptomen anderer ist und die nach Klages nur »um den Preis der völligen oder nahezu völligen Bewußtseinsunfähigkeit erkauft« sei (Klages 1926, S. 136). Für Klages ist die Hysterikerin weder reflektiert noch eigentlich imaginationsfähig und beraube sich dadurch der Möglichkeit einer eigenen Kreativität, die sich nicht nur in die symbolische Ordnung einer patriarchalisch orientierten Kultur einzuschreiben habe, sondern auch die Möglichkeit der Transzendenz offen halte. Obwohl die Sprache des hysterischen Körpers nicht nur Krankheit, sondern auch das weite Feld des Unbewußten symbolisiert, hat dies Klages zufolge deshalb keine Bedeutung mehr, weil das »Es« dem Hysteriker nicht ins Bewußtsein gelangt und seine Selbstbejahung sich in organischer Nachahmung erschöpft. Während die meisten medizinischen Autoren der Auffassung waren, daß das Krankenbett der Hysterikerin an die Stelle des Betts der sexuellen Leidenschaften getreten sei, sah Klages darin vielmehr eine Leibes- und Lebensverleugnung, die darauf abziele, den Körper endgültig zum Schweigen zu bringen.

Die Frage, warum die Hysterikerin immer nur Krankheiten mime, beantwortet Klages ähnlich wie Jaspers dahingehend, daß sie in ihrem Leben niemals etwas Bedeutendes erlebt und gefühlt habe. Somit wird die Krankheit zum Symbol einer entliehenen Individualität und gebrochenen Identität, was zusätzlich durch pflegerische Tätigkeiten und Hilfsbereitschaft seitens ihrer Umgebung gefördert wird. In der Hysterie zeigt sich somit möglicherweise auch die Rache einer enttäuschten Frau, welche in ihren jungen und erwartungsvollsten Jahren durch die ihr oft übertragene Pflege von Verwandten davon abgehalten wurde, ihre Leben zu genießen und selbst zu gestalten. Denn Tatsache ist, daß alle Hysterikerinnen Freuds ihre kranken Väter in einer wesentlichen Phase ihres Lebens solange pflegten, bis die Unterdrückung der gewaltigen Emotionen die eigene Pflege notwendig werden ließ. Die ökonomische und familiäre Ausbeutung hatte schließlich diese Frauen so sehr geprägt, daß sie nicht nur für die Medizin zum Medium und Schauobjekt wurden, sondern auch von sich selbst total entfremdet als rätselvolle Sphinx Gefangene innerhalb ihrer Kultur blieben.[157]

3. »Pseudologia phantastica« oder das Spiel der Verstellung und der Lüge

Im 19. Jahrhundert wurde der Terminus »Pseudologia phantastica« von Anton Delbrück (1891, S. 123 u. 125 f.) geprägt und im Kontext psychiatrischer Problembereiche auf das Phänomen der Hysterie und das des moralischen Irreseins angewandt. Hierbei handelte es sich um eine Fähigkeit des Lügens, deren Spannweite von bewußter absichtlicher Täuschung bis hin zu krankhaften Wahnideen reichte und bei der beide Extreme nicht mehr unterschieden werden konnten. Dieser Hang zur Lüge trat zusammen mit einer übersteigerten Phantasietätigkeit auf, welche derartige Erinnerungsfälschungen zustande brachte, daß der Kranke nun nicht nur in der Rolle eines Lügners erschien, sondern auch von der juristischen und medizinischen Öffentlichkeit als ein durchaus gefahrvolles Phänomen empfunden wurde. Der »Pseudologist« bzw. »Phantasielügner« repräsentierte sozusagen jene Grenze, an der Dichtung und Wahrheit, Realität und Traum, Subjektivität und Objektivität, Vernunft und Wahnsinn sowie bewußte Lüge und pathologisches Geschehen kaum mehr zu unterscheiden waren und einer radikalen Nivellierung preisgegeben waren. Hier wird denn auch eine bedeutsame Parallele zwischen dem von Foucault beschriebenen doppeldeutigen Status des Wahnsinns und der Hysterie deutlich. Denn sie gehörten beide jenem Grenzbereich an, in dem sie sich sowohl an dem gesellschaftlichen Spiel der offiziellen Vernunft beteiligten, als auch einem flüchtigen Flirt mit der Psychopathie nicht abgeneigt waren. Foucault bezeichnet den Irren als einen, der die »Unvernunft« mehr oder weniger heimlich in den Vernunftarten »zirkulieren« läßt, ohne dabei der Welt der Vernunft völlig entfremdet zu sein. Der Irre »repräsentiert vielmehr die pervertierte, ständig bei jeder Geistesbewegung aus der Bahn geworfene Vernunft. In ihm vollzieht sich unaufhörlich der gefährliche Wechsel der Vernunft und der Unvernunft, während die Alienation eher den Moment des Bruches bezeichnet« (Foucault 1969, S. 403).[158]

Unterstützt wurde dieser Hang zum Lügen nach Ansicht einiger Psychiater durch eine Neigung zum Romantischen, Übernatürlichen und Mystischen sowie durch das Bestreben der hysterischen Persönlichkeit, sich Geltung und Bewunderung bei ihrem Publikum zu verschaffen, und dies selbst dann, wenn für dieses Bedürfnis mit dem hohen Preis eines schlechten Rufes oder dem Verlust der Ehre zu bezahlen war.[159] Das Hohe Gericht, die medizinische Klinik und der Raum der Familie waren die bevorzugten Orte jener Bühnenwelt, welche der Pseudologist selbstgenießerisch benutze, um der Theatralik seines trügerischen Spiels freien Lauf zu lassen. Im äußeren Glanz seiner Persönlichkeit spiegelte sich jene Scheinwirklichkeit wider, die sich jenseits von Gut und Böse, Wahrheit und Unwahrheit, Gesundheit und Krankheit, Schuld und Nichtschuld befand; denn wie konnte der Pseudologist Zeuge einer Wahrheit sein, zu der ihm der Zugang selbst versperrt blieb?

Für den Mediziner stellte die Hysterikerin eine wissenschaftliche Herausforderung dar, indem sie ihm die Lösung des Rätsels ihrer Krankheit überließ. In einer besonderen Spielart der »Pseudologie à deux« schmiedeten der Psychiater und seine Hysterikerin gemeinsam an jenem Truggebilde, das ihnen als Produkt üppiger Phantasie den Raum zur Realisierung ihrer Wünsche gewährte. Angestachelt, ihre ehrgeizigen und erotischen Wünsche zu befriedigen, erfreute sich der Arzt eines pekuniär angenehmen Lebens, welches er seinen treuen und anmutigen Patientinnen verdankte. Der Hysterikerin jedoch eröffnete sich die Perspektive eines Aufbruchs in jene Wirklichkeit, in der sie das Reich ihrer Träume und Erinnerungen aktivisch entfalten konnte. Diese Fähigkeit, »nicht bloß andere, sondern auch sich selbst zu betrügen« (Klages 1926, S. 146), war die scheinhafte Aussöhnung ihrer Phantasie mit einer gesellschaftlichen Wirklichkeit, die schließlich in der sogenannten Pseudologia phantastica ihren Gipfel erreichte.[160]

Eine wirkliche Aussöhnung zwischen hypertropher Phantasie und »versagender« Realität kann nach psychoanalytischen Gesichtspunkten z.B. in Form der schöpferischen Dichtung stattfinden, da diese mit Tagträumen korrespondiert. Auch für den Pseudologisten ist es charakteristisch, daß die sonst mit Keuschheit geheimgehaltene Phantasie der plötzlichen Enthüllung preisgegeben wird. Denn beide – der Dichter wie der Pseudologist – enthüllen vor dem Auditorium rücksichtslos ihre Phantasieprodukte, was mehr einem inneren Bedürfnis nach Mitteilung als einem äußerlichen Gefallenwollen entspringt.[161] Dabei erweist sich jedoch der Pseudologist im Unterschied zu so manchem Dichter als gesellschaftlich unangepaßt, da er für seine Lügengeschichten zur Rechtfertigung herangezogen wird. Denn wenn der vorgestellte Inhalt der dichterischen Leistung sich in kritischen Bemerkungen über das Bestehende ergießt oder durch utopische Gedanken die widerspenstige Realität imaginär transzendieren will, so wird der Dichter nicht unausweichlich einer gesellschaftlichen Ächtung ausgesetzt sein, da seiner gesellschaftlichen Rolle diese Art von Reflexion mehr oder weniger zugestanden wird. Die Hysterikerin jedoch praktiziert die Kunst der Dichtung und des Schauspielens zugleich. Indem für sie die Dichtung – d.h. ihr Tagtraum – schon längst zur gelebten Wirklichkeit geworden ist, bleibt sie so sehr in ihrem Phantasiespiel befangen, daß sie sich selbst als Heldin oder als Opfer innerhalb eines Dramas erlebt, welches sie für die Tragödie ihres realen Lebens hält. In dieser Tragödie wird jedoch offenbar, daß die Hysterikerin selbst in einer Indifferenz und Unbestimmtheit verbleibt, die ihr nicht nur multiple Identifizierungen gestattet, sondern zugleich zum Zeichen ihrer Identitätssuche wird, welche den Zustand ihrer Anamorphose* kennzeichnet.[162]

Durch ihre extravaganten Geschichten versucht die Hysterikerin ihrer Persönlichkeit eine Bedeutung zu verleihen. Da sie »in ihrem eigenen Leben keinen Rückhalt findet« und »über das Kommende nicht verfügen kann, will sie nach dem Ewigen greifen« (Beauvoir 1968, S. 341), was ihr den Ruf des maßlosen Begehrens einbrachte.[163] Und weil sie nichts hat und deshalb nichts ist, orientiert sie sich an dem unversöhnlichen Prinzip des Alles oder Nichts. Dieser Absolutheitsanspruch tobt sich in den phantastischen Wahngebilden der Hysterikerin aus und folgt damit deren eigenen Gesetzmäßigkeiten:

»Aus der Tatsache heraus, daß ihr alle Wege versperrt sind, daß sie nichts *tun* kann, daß sie zu *sein* hat, lastet ein Fluch auf ihrem Haupt. Als Kind spielte sie mit dem Gedanken, eine Tänzerin, eine Heilige zu sein. Später spielt sie damit, sie selbst zu sein. Was heißt da Wahrheit? In dem Bereich, in dem man sie eingeschlossen hat, besitzt ein solches Wort keinen Sinn. Wahrheit ist enthüllte Wirklichkeit, und die Enthüllung vollzieht sich durch Handlungen. Sie handelt aber überhaupt nicht. Die Romane, die sie sich über sich selbst erzählt – und oft auch anderen erzählt –, scheinen ihr die Möglichkeiten, die sie in sich fühlt, besser auszudrücken als die nüchterne Wiedergabe ihres alltäglichen Lebens. Sie hat nicht die Mittel, an sich selbst Maß anzulegen.« (Ebd.)

Obschon die Frau in ihrer Undifferenziertheit ohnmächtig ist, wird sie vom Mann dennoch als Gefahr empfunden. Denn wenn sie ihren seelischen Höhenflug in der hysterischen Phantasmagorie beginnt, in der sie Vergangenheit, Gegenwart und Zukunft zusammenschrumpfen läßt, entspricht sie nicht mehr dem Lustempfinden des Mannes, weil sie dadurch dessen eigener Wirklichkeit entrückt. Denn indem die Lust der Frau mit dem Wahnsinn spielt, in welchem sie den »objektiven« Sinn für die *eine* Wirklichkeit verliert, unterläuft sie die Logik eines patriarchalischen Systems, in dem sich die Problematik der Geschlechterdifferenzierung wie auch die der Vernunft und des Wahnsinns überhaupt erst entfaltete. Das männliche Prinzip, das sich nur am absoluten Maßstab des Objektiven mißt, steht dem Phänomen des Wahnsinns und dem Wesen der Frau diametral entgegen.[164] Da der Mann infolgedessen die indirekte Botschaft der hysterischen Phantasmen nicht versteht, wird er die hysterische Frau oder den Pseudologisten entweder für neurotisch oder wahnsinnig erklären oder beide in forensischer Hinsicht der Lüge oder gar des Verbrechens bezichtigen.[165]

4. Das juristische Subjekt der Schuld und die medizinische Unschuld der Krankheit

Mit der Thematisierung des eigentümlichen Phänomens der phantastischen Pseudologie wie auch des übersteigerten Darstellungsdrangs waren die Grundvoraussetzungen geschaffen, um den Begriff der Hysterie mit den Äußerungsformen der Lüge, der Täuschung, des Schwindelns und des bewußten oder unbewußten Betruges zu identifizieren.[166] Aus diesem Blickwinkel heraus geriet die Hysterie in die Nähe der geistigen Entartungserscheinungen, der sogenannten Desiquilibrierten, die durch einen Mangel an ethischer Empfindung, der sogenannten »moral insanity«[167], zu erkennen waren. Da die Mediziner im Sinne des öffentlichen Interesses handelten und sich für das »Gemeinwohl« mitverantwortlich fühlten, barg das Erscheinungsbild der sogenannten degenerativen Hysterie nach ihrer Auffassung öffentliche Gefahren. Denn sehr oft führe sie zu Gesetzesübertretungen, gar zum Verbrechen und zum kriminellen Zusammenbruch.[168]

So forderten sie die weiteren Delikten vorbeugende psychiatrische Einweisung und Behandlung für die Hysterikerin, weil sie hinter einer äußeren Mimikry und Maskerade nur ihren moralischen Defektzustand verberge, der jedoch in Wirklichkeit eine passive oder sogar aktive Neigung zum Verbrechen beinhalten könne: »Hysterie ist im tiefsten Grunde eine verschämte Verbrechernatur, eine Verbrechernatur mit einem Feigenblatt, sei es auch mit einem über alle Maßen großen, vielfach gefalteten und gebuchteten Feigenblatt.« (Stransky 1918, S. 179)

Für die Feststellung des geistigen Zurechnungsfähigkeitsgrades bei schweren oder leichten Delikten spielte die forensische Medizin eine gewichtige Rolle, da sie auf die juristische Entscheidung, »ob ein Individuum für eine begangene gesetzeswidrige Handlung bestraft, seiner bürgerlichen Verfügungsfreiheit verlustigt erklärt oder seiner persönlichen Freiheit durch Versetzung in eine Irrenanstalt beraubt werden darf« (Krafft-Ebing 1903, S. 234), Einfluß nehmen konnte. Die ärztliche Entscheidung über die Verantwortlichkeit und Zurechnungsfähigkeit bei Gesetzesverstößen war nur für einige klassische Geisteskrankheiten mehr oder weniger leicht zu treffen. Anders verhielt es sich bei der Hysterie und den Formen des Irreseins, deren Symptomatologie und Theorie einer einheitlichen Systematik entbehrten und somit der Vieldeutigkeit ihrer Interpretationen einen breiten Spielraum gewährten. Bei der Hysterie handelte es sich um jenen prekären Grenzzustand, in dem der Übergang zwischen Gesundheit und Krankheit, Wahnsinn und Vernunft einem ständigen Wechsel unterworfen war, so daß selbst von sachverständigen Ärzten eine eindeutige Beurteilung des jeweiligen Geisteszustandes der Betroffenen äußerst diffizil war. Außerdem existierte nach wie vor sowohl bei Laien als auch in Medizinerkreisen ein viel zu diffuses Bild von der Hysterie, da man oft schon »jede Sonderbarkeit, jede überschäumende Laune, jede auffallende Handlung, jede Verletzung und Durchbrechung einer Sittlichkeitsnorm als hysterisch« (Placzek 1922, S. 2) bezeichnete. Ein weiteres Übel sahen die Mediziner in dem Faktum, daß man die Hysterie einfach zu spät erkannte, da man sonst nicht nur »unsagbares Leid, Vernichtung Einzelner und ganzer Familienexistenzen« (ebd.), sondern auch die richterlichen Verurteilungen hysterischer Personen hätte verhindern können.[169]

Wie schwierig die Beurteilung hinsichtlich einer strafrechtlichen Verantwortlichkeit bei Hysterie war, zeigten nicht zuletzt die mannigfaltigen Konflikte mit dem Strafrecht und die unpsychologische Sichtweise der Juristen. Ein Arzt schilderte diesen unklaren Zustand in folgender Weise:

»Die strafbaren Handlungen Hysterischer, wie verschieden sie nach Art und Bedeutung immerhin sind, pflegen doch in dem unklar Schillernden, Theatermäßigen und Sensationellen, das ihnen vielfach anhaftet, etwas Gemeinsames zu haben, das die öffentliche Meinung stets besonders erregt und beschäftigt und nicht selten zu widerspruchsvollen Kundgebungen herausfordert. Wir können uns darüber um so weniger wundern, als wir in solchen Fällen nur zu oft sehen, wie unter den berufenen ärztlichen Sachverständigen selbst ebenso unüberwindbare Meinungsverschiedenheiten obwalten, wie andererseits zwischen den Sachverständigen und den aburteilenden Richtern oder Geschworenen, und wie zwischen deren Richtsprüchen und denen der *öffentlichen Meinung* – von der allerdings gerade in einem solchen Prozesse ein bald nachher als geisteskrank ausgeschiedener Berliner Gerichtsvorsitzender erklärte, daß sie *nicht existiere*.« (Eulenburg 1913, S. 25)

Zum großen Verdruß einiger Ärzte neigten Richter und Geschworene eher zu einer juristischen Verurteilung der Hysterischen, da sie bei ihnen sexuelle Begehrlichkeit, Lügenhaftigkeit, Verleumdung, Eigensinn, Exaltiertheit, Sensationslüsternheit, Laune und Boshaftigkeit assoziierten und diese Charaktereigenschaften im Sinne des Strafrechts immer schuldhaft interpretierten. Ein weiterer Umstand, der häufig zu einer juristischen Verurteilung der betreffenden Person führte, war ihre geistige Normalität während der Gerichtsverhandlungen, die nicht auf eine Störung des Intellekts hinzuweisen schien:

»Solche Personen machen vor Gericht den *vernünftigsten* Eindruck, benehmen sich, solange sie nicht stärker erregt sind, geordnet, erzählen im Zusammenhang, schildern plastisch, verteidigen sich gewandt, wissen mit rabulistischer Logik alles Belastende harmlos zu ihren Gunsten zu wenden, nützen jede Blöße und Schwäche ihrer Gegner in witziger Weise aus, so daß sie die Lacher auf ihrer Seite haben, ja, sie drehen sogar den Spieß um und setzen ihre Gegner so herab, daß aus dem Kläger ein Angeklagter wird. Sind sie vielleicht noch nebenbei hübsch und von liebenswürdigem Benehmen, lassen ab und zu eine Träne fallen und verstehen es, mit schauspielerischem Talent ihren wahren Charakter zu verbergen und sich als die solidesten Personen von der Welt hinzustellen, dann ist ihre Situation oft gar keine so schlechte.« (Burgl 1912, S. 134 f.)

Sie erschienen also dem Richter und den Geschworenen als befähigt, »ihre Interessen wahrzunehmen, und für ihre Taten verantwortlich« (ebd., S. 135 f.) zu sein. Gelegentlich gelang es den Medizinern erst kurz vor der Urteilsverkündung, den Richter zur Anerkennung einer Krankheit zu zwingen, wenn plötzlich Ohnmachts- oder Krampfanfälle auftraten, die nach ärztlicher Ansicht eine vorhandene intellektuelle Insuffizienz und Hysterie bewiesen.[170] Befürchteten die Richter, daß die Hysterischen Vorteile hätten, wenn sie anstatt im Gefängnis ihre »Strafe« in der Irrenanstalt verbüßten, so entgegneten die Mediziner, daß Personen aus der Irrenanstalt beim Durchschnittsbürger einen schlechteren Ruf besäßen als die Häftlinge aus den Zuchtanstalten.[171] Sowohl die Mediziner als auch die juristische Öffentlichkeit waren jedoch davon überzeugt, daß hysterische Personen strafferer Erziehungsmaßnahmen bedurften, da sie durch ihr regelloses Trieblebe, ihre Willensschwäche und ihren parasitären Lebensstil einer Gemeinschaft nur schadeten.

Als typische Delikte von hysterischen Frauen galten: Warenhausdiebstahl, falsche Beschuldigungen wegen einer vermeintlichen Sittlichkeitsverfehlung von Lehrern, Geistlichen und Ärzten. Meineid, anonyme Briefschreiberei, Schwindelei und Hochstapelei, Abtreibungsversuche mit anschließendem Selbstmordversuch durch Gift, Vortäuschung von Schwangerschaften, Urkundenfälschung und Betrug aus philanthropischen und anderen Motiven.[172]

Einige dieser Vergehen entsprachen angeblich nicht nur den Symptomen und Charaktereigenschaften der Hysterikerin, sondern erschienen manchen Medizinern umstandslos aus den biologischen Funktionen des weiblichen Organismus ableitbar. Die Reduktion von Weiblichkeit auf die biologische Determiniertheit des weiblichen Körpers war die vorherrschende Auffassung in jener Zeit; sie erklärte sowohl psychisch-intellektuelle Abnormitäten als auch die Abhängigkeit weiblicher Phantasie von der sozialen Rolle der Frau.

Möbius z.B. sah die Ursache der Warenhausdiebstähle in einem Zusammenwirken von naturbedingtem Schwachsinn der Frau und ihren häuslichen, familiären Verpflichtungen. Während ihrer Einkäufe im Warenhaus sei sie ständig dessen Verlockungen ausgesetzt, die sie, bedingt durch ihren ohnehin schon krisenanfälligen Organismus, gänzlich von ethischen und moralischen Bedenken absehen ließen. Aus diesem Grunde sei die hysterische oder nervöse Frau geistig nicht zurechnungsfähig. Folglich dürfe auf sie weder die Härte des Gesetzes angewendet werden, noch könne sie etwa als glaubhafte Zeugin in einem Prozeß vernommen oder gar vereidigt werden. Möbius' »Plädoyer« für die Frau schließt mit der Überzeugung, daß ein Warenhausdiebstahl im medizinischen Sinne ein pathologischer Tatbestand sei und daß dieser deshalb in juristischer Hinsicht als nicht strafbar zu gelten habe.[173]

Als Beispiel für die fließenden Übergänge zwischen Realität und Traum dienten die Anschuldigungen hysterischer Frauen, während einer gynäkologischen Untersuchung, eines hysterischen Krampfanfalls oder eines hypnotischen Schlafs von Ärzten sexuell mißbraucht worden zu sein.[174] Diese ausgesprochen sinnlichen Halluzinationen führten nicht nur zu den Erscheinungen eingebildeter Beischlafempfindungen, sondern auch zu dem Phänomen der Phantom- oder Scheinschwangerschaft. Während solche Beschuldigungen in früheren Zeiten manchmal Todesurteile zur Folge hatten, endeten im 19./20. Jahrhundert entsprechende Prozesse meist mit einem Freispruch für den Angeklagten. Trotzdem waren die Anschuldigungen sexueller Vergehen gefürchtet, da sie immer öffentliches Aufsehen erregten und damit dem Ruf des Arztes schadeten. Oft wurden diese Verdächtigungen als Resultat eines ungezügelten Geschlechtstriebes oder als Kompensation einer sexuell frustrierten Jungfrau interpretiert, die ihren Wunsch nach Ehe und Kindern nicht erfüllen konnte.[175] Daß die imaginären Leidenschaften von Frauen nun gerade Lehrern, Priestern und Ärzten galten, lag zum einen an der gesellschaftlichen Machtposition dieser Männer, welche in ihrer Vertrauensstellung und Beraterfunktion auf die intimsten Wünsche und Lebensbereiche von Frauen Einfluß nahmen, und zum anderen an der repressiven Sexualmoral jener Zeit, in der bald jede Art von körperlicher Untersuchung erotische und sexuelle Gedanken freisetzen mußte.[176] Infolgedessen reagierte das moralische Gewissen der betroffenen Frauen entweder mit einem tiefgreifenden Schuldbewußtsein bis hin zur völligen Verdrängung sexueller Wünsche oder es machte sich durch anklägerische Empörung im Gerichtssaal bemerkbar, indem es die Schuld dem Manne zuwies.

Welche Bedeutung die Erotik in der therapeutischen Situation haben kann, beweist Breuers Patientin Anna O., die in Folge seiner Behandlung eine Phantomschwangerschaft entwickelte. Breuer, der die Bedeutung der Übertragung nicht erkannte und sich ihr ausgesetzt sah, packte das Entsetzen, als Anna O. die Wehen einer hysterischen Geburt durchlebte. Er selbst hatte bis dahin Anna O. für asexuell gehalten und brach sofort die Behandlung ab, als sich diese Annahme als Irrtum erwies. Als Ausgleich seines angegriffenen Gewissens trat er mit seiner Frau die zweite Hochzeitsreise an, auf der es nach der imaginären Schwangerschaft von Anna O. zu einer realen seiner Frau kommen sollte. Anna O. jedoch zog daraus die Konsequenz, daß sie sich später weder körperlich noch geistig in die Abhängigkeit eines Mannes begab, sondern Prostitution und sexuelle Ausbeuterei zu bekämpfen begann.[177]

Daß jede Art therapeutischer Situation auch zugleich eine Verführungssituation implizieren kann, und diese Möglichkeit nicht nur den Wahnideen oder Fiktionen von Frauen entstammte, beweisen die zahlreichen Liebesaffären zwischen

Arzt und Patient, die schon zu Zeiten Freuds nicht selten waren. Wenngleich nach manchen Behandlungen eine Liebesheirat zwischen dem Arzt und der oft sehr viel jüngeren Patientin erfolgte, so gab es auch Fälle, in denen die physische Abhängigkeit der Patientin vom Therapeuten sexuell mißbraucht wurde.[178] Obwohl unter juristischen Gesichtspunkten diese Art der Verführung als Unzucht mit Abhängigen gilt, wurde sie und wird sie auch heute noch in den seltensten Fällen bestraft. Selbst im Falle einer Anklage kann der Psychoanalytiker sich damit legitimieren, daß die Übertragungssituation und der symbolische Inzest notwendiger Bestandteil des therapeutischen Prozesses seien und daß die Patientin auf Grund eines psychischen Widerstandes gegenüber ihrem Arzt die »reale« Behandlungssituation und tatsächlichen Vorfälle weder durchschauen noch einschätzen könne. Außerdem sind der Arzt und seine Patientin oft allein im Behandlungs- und Untersuchungszimmer, so daß seine Worte bei männlichen Richtern und Geschworenen in der Regel mehr Gewicht und Glaubwürdigkeit haben als die Anklage einer »neurotischen« Frau.

Während viele strafbare Handlungen von Frauen nach Meinung der Ärzte durch eine psychiatrische Behandlung »kuriert« werden sollten, galt als schwerstes Verbrechen vor dem Gesetz die als kriminell denunzierte Abtreibung. Auch in diesen Fällen fühlten sich die Mediziner, vor allem Gynäkologen und Geburtshelfer, zuständig. Durch hygienische und sozial-politische Maßnahmen übernahmen sie die Überwachung der Geburtenregelung, um durch Einwirkung auf Zeugungslust und Gebärwillen der Frauen den Geburtenrückgang zu bekämpfen.[179] Eine Gesellschaft jedoch, die der Frau kein Verfügungsrecht über einen Schwangerschaftsabbruch einräumt und den Wert eines ungeborenen Kindes höher einschätzt als den deren eigenen Lebens, zeigt sich in der gänzlichen Blöße eines patriarchalischen Denkens, das aus der untergeordneten Stellung der Frau nur Pflichten ableitet, aber keine te. Sowohl die Abtreibungen als auch der Selbstmordversuch kündigen eine Haltung der Weigerung und des Protestes an, die immerhin auf eine Selbstbestimmung des eigenen Lebens verweist und dadurch schrittweise die patriarchalische Vormachtstellung in Frage stellt.

IV. Der sozio-kulturelle Hintergrund der »grande hystérie«

1. Das soziale Milieu der Hysterie

Obwohl für das 19. Jahrhundert eine repräsentative und differenziert ausgearbeitete Statistik über die Verbreitung der Arten von Geisteskrankheiten nicht existiert, kann man den Hinweisen einiger Autoren entnehmen, daß die klassische Hysterie oder Konversionshysterie vor allem eine Psychoneurose des gebildeten und wohlhabenden Bürgertums, teils auch des Großbürgertums war.[180] Man denke hierbei an die wohlhabenden oder reichen Patientinnen Freuds, die entweder bürgerlichen oder aristokratischen Kreisen entstammten. Nicht unwichtig ist auch die Bemerkung eines Autors jener Zeit, daß Äußerungen über die Verbreitung von Hysterie und anderen Nervenkrankheiten auf Erfahrungen beruhen, welche einzelne Ärzte und Forscher von Patienten in ihren Privatpraxen und Privatsanatorien gesammelt haben.[181] Diese Auffassung entspricht auch der von modernen Autoren wie z.B. Michel Foucault (1977b, S. 145), daß es die »müßige« Frau sei, in der die »Hysterisierung« ihre Verankerung fand.[182] Demnach waren vornehmlich Mitglieder der Bourgeoisie von dem Hysterisierungsprozeß betroffen. Einige Autoren spezifizierten den im Hinblick auf die Hysterie empfänglichen bzw. gefährdeten Teil des weiblichen Geschlechts nach Gesichtspunkten seines sozialen Aufgabenbereichs sowie nach Kriterien der körperlichen Reife, um so kenntlich zu machen, welche Frauen besonders anfällig für diese Krankheit seien: nichtarbeitende und sozial-ökonomisch unabhängige Frauen aus den mittleren und obersten Schichten;

Haustöchter ohne Beruf oder solche, die ihre Familienangehörigen pflegten; Mädchen, die sich in der Pubertät befanden oder diese gerade beendet hatten; Krankenschwestern, Gouvernanten, Lehrerinnen und Künstlerinnen sowie ledige Frauen des Bürgertums.[183]

Die Mediziner der damaligen Zeit warfen häufig den Frauen der höheren Kreise Müßiggang, Untätigkeit und Koketterie vor. Die Konsequenz dieser Lebensweise zeige, daß diese Frauen mehr an Bildung und kultureller Unterhaltung als an häufigen Aufenthalten im Wochenbett und an Kindererziehung interessiert seien. Daß sich diese Frauen nur den Ennuis, der Untätigkeit und eigennützigen Interessen hingegeben hätten, wird jedoch von Alan Krohn (1978, S. 184) überzeugend widerlegt, indem sie darauf verweist, daß es sich offenbar hier nur um einen Mythos der Untätigkeit und Passivität handelte, den die bürgerliche Frau aufrecht zu erhalten hatte. Denn in Wahrheit sei die Vorstellung vom Müßiggang eine trügerische Illusion, da die bürgerliche Frau des 19. Jahrhunderts nicht wie etwa ihre aristokratische Mutter und Großmutter über eine hohe Anzahl von Dienern verfügte, sondern im Gegenteil in alltäglich anfallende Hausarbeiten eingespannt war und aufwendige Repräsentationspflichten persönlich zu erledigen hatte. Aber in Anbetracht der Tatsache, daß sich das mittlere Bürgertum an aristokratischen Verhältnissen orientierte, blieb es der bürgerlichen Frau allein überlassen, das Bild einer vergangenen aristokratischen Epoche in illusorischer Form aufrechtzuerhalten.[184] Dieser Eindruck der Untätigkeit zusätzlich dadurch verstärkt, daß trotz des Erstarkens der bürgerlichen und proletarischen Frauenbewegung[185] in dieser Zeit noch vielen Frauen der höheren Kreise der Zugang zur Bildungs- und Erwerbstätigkeit verschlossen blieb. Viele Ehemänner und besonders auch Ärzte witterten einen Verrat der Frau, wenn sie sich nicht nur als fügsames Objekt und Reproduktionsorgan zur Verfügung stellte, sondern sich darüber hinaus auch als ein eigenständiges und interessenbezogenes Subjekt jenseits des familiären Bereichs entpuppte. Insofern mußte Krohn (1978, S. 182) zufolge die bürgerliche Frau den Mythos von der naturbedingten weiblichen Schwäche und die Illusion einer vorindustriellen Zeit, d.h. die Moralvorstellung einer vergangenen Epoche wachhalten.[186]

Eine weitere Gruppe von Frauen, welche nach Auffassung der Ärzte eine verstärkte Disposition zur Hysterie zeigte, waren Mädchen und junge Frauen aus dem provinziellen Kleinbürgertum. Indem sie sich als Dienstmädchen und Köchinnen in bürgerlichen Haushalten verdingten, hatten sie sich wie die Frauen des Großbürgertums an die dieser Schicht entsprechenden Normen und Tabus zu halten.[187]

Bedingt durch ihre untergeordnete Stellung in diesen Haushalten waren sie nicht nur der Kontrolle, den Launen und der sittsamen Strenge einer frustrierten Bürgersfrau ausgesetzt, sondern führten auch gezwungenermaßen ein Schattendasein in diesen herrschaftlichen Häusern, in denen sie ein bedürfnisloses und karges Dasein fristen mußten. Aber beiden – dem Dienstmädchen und der bürgerlichen Hausfrau – war gemeinsam, daß sie mehr oder weniger ohnmächtig und versklavt unter dem Gesetz des autoritär-patriarchalischen Familienoberhauptes leben mußten und sich weder in beruflicher noch in intellektueller Hinsicht entfalten konnten. In diesen Verhältnissen waren der Mutterkult und die damit einhergehende Entsexualisierung und »Ich-Losigkeit« der Frau am stärksten ausgeprägt. Der Mythos der bürgerlich-aristokratischen Frau avancierte hierbei zur Folie dichterischer Leistungen und diente damit einer weltanschaulichen Standesideologie, die schließlich die Bilder der »femme fragile« und der »femme fatale« hervorbrachte. Die in Gestalt der Hysterikerin am prägnantesten zum Ausdruck kommende Synthese dieser beiden literarischen Frauenbilder konnte jedoch nicht mehr verbergen, daß sich sowohl das soziale Rollenverständnis der Frau als auch das kulturelle Deutungsmuster von Weiblichkeit um die Jahrhundertwende in einer tiefen Krise befanden. In dem Maße, in dem das psychopathologische Gesamtsyndrom der Hysterie epidemische Ausmaße annahm, zeigte es auch den Verlust allgemein kultureller Selbstverständlichkeiten an, von dem vor allem das mittelständische Bürgertum betroffen war.[188]

Durch die extreme Zuspitzung der sozialen Differenzierung zwischen den Geschlechtern, welche die bürgerliche Gesellschaft kulturell in einen maskulinen und einen femininen Lebensbereich auseinanderdividierte, war der misogyne Gehalt des Begriffs der Hysterie vor dem Hintergrund der gesellschaftlichen Vorrangstellung des Mannes ausschließlich den bürgerlichen Frauen vorbehalten. Den bürgerlichen Mann kennzeichnete man stattdessen durch das Prädikat »nervös«, das »mehr und mehr zum besseren Schlagwort avancierte, das mit seinem Hinweis auf ein zartes, sensitives, schlagfertiges, vielleicht allzu schlagfertig und heftig reagierendes Nervensystem eher ein Lob als ein Tadel sein sollte (...) Nervös ist im Volksmund der Mann, hysterisch die Frau.« (Fervers 1937, S. 88) Carl Fervers zufolge gehörte der Ausdruck »nervös« ursprünglich der medizinischen Nomenklatur an und fand von dort aus Eingang in die Umgangssprache. Die »Nervosität« als typische Zeitkrankheit und Zeiterscheinung wurde schließlich zum Kennzeichen eines ganzen Epochenabschnitts. Vor allem galt die »Nervosität« als Privileg des wohlhabenden und gebildeten Bürgertums, welches sich selbst als Träger und Stütze der Kultur begriff.[189]

Oft wurden die Neurosen und die Erscheinungen der Geisteskrankheiten des Bürgertums auf die blutsverwandtschaftlichen Ehe zurückgeführt. Vom Standpunkt der Vererbungslehre ist diese Annahme nicht ganz von der Hand zu weisen, da das Bürgertum eine relativ homogene und nach außen abgeschlossene Gruppe bildete, deren Mitglieder sich überwiegend aus ihren eigenen Reihen rekrutierten.[190]

Festzuhalten ist in diesem Zusammenhang jedoch auch, daß Ätiologie wie Phänomenologie der weiblichen Hysterie sich von der Symptomatik der körperlich-psychischen Labilität des bürgerlichen Mannes unterschieden. Während der Frau alle öffentlichen Möglichkeiten der Selbstbestätigung versagt blieben, fand demgegenüber der Mann nicht nur berufliche Anerkennung, sondern konnte auch vermittels der doppeldeutigen

Sexualmoral des Bürgertums aus dem familiären Rahmen ausbrechen, um in der Anonymität gewisser Geselligkeiten oder Etablissements einen Ausgleich zu finden. Hier jedoch wurde er mit jener Sphäre des Erotischen konfrontiert, die in seinem familiären Bereich einer strikten Tabuisierung anheimgefallen war.[191]

Eine kurzzeitig universelle Anwendung erfuhr der Begriff der Hysterie, als Charcot die traumatische Neurose des Mannes entdeckte. Im Unterschied zur deutschen Forschung und deren intuitiven Eindrücken behauptete die französische, daß die Hysterie nicht nur häufiger beim männlichen als beim weiblichen Geschlecht verbreitet sei, sondern zudem vor allem in den unterprivilegierten Schichten. Diese Ansicht stützte sich auf klinisches Erfahrungsmaterial, das ausschließlich an Arbeitern, Armen und Deklassierten gewonnen worden war. Die Salpêtrière war bekannt dafür, daß sie den ärmsten und sozial gering geschätztesten Teil der Bevölkerung beherbergte.[192] Auch Charcots berühmte Hysterikerinnen entstammten diesen Schichten. In diesem Zusammenhang wurde sogar öfters der Verdacht geäußert, daß diese Frauen für die Galavorstellungen innerhalb der berühmten Vorlesungen Charcots gekauft waren und speziell für diesen Zweck viele Jahre in dieser Klinik gehalten wurden. Die damit verbundene Ausbeutung dieser Frauen ist darin zu sehen, daß man ihre soziale und ökonomische Misere mißbrauchte, anstatt ihnen wirkliche Hilfe anzubieten.[193]

Auch in Deutschland wurde um die Jahrhundertwende die Möglichkeit des Auftretens der traumatischen Hysterie bei Hand- und Hilfsarbeitern in Erwägung gezogen. Mit dem Ausbruch des Ersten Weltkrieges wurde sie schließlich auch dem einfachen Soldaten (im Unterschied zu der höheren Kaste der Offiziere) zugebilligt. Aber die traumatische männliche Hysterie geriet sehr schnell ins Kreuzfeuer der Polemik, weil man meinte, einen Zusammenhang zwischen der sozialen Gesetzgebung – insbesondere der Kranken- und Rentenversicherung – einerseits und der während der Kriegsereignisse massenhaft erfolgten Krankheitsmeldungen aufgrund psycho-physischer Labilitäten andererseits sehen zu können. Angeblich war diese »Verweichlichung« des Mannes ein Produkt der sozialpolitischen »Zugeständnisse« Bismarcks. Abermals entbrannte der schon bekannte Streit, ob man hier von Simulation oder von echter Krankheit sprechen könne. Jedenfalls waren für die Mediziner die Kriegshysteriker nur »Drückeberger«, die sich zu Lasten des Staates und der Gesellschaft ihren nationalen Pflichten entziehen wollten.[194]

Wenngleich die traumatische Hysterie nicht total identisch mit der Konversionshysterie war, so ist ihre gemeinsame Kausalität doch in der individuell erlebten Ohnmacht der betreffenden Personen zu sehen. Dieses Trauma, unter dessen Eindruck sowohl der proletarische Mann als auch die bürgerliche Frau standen, machte beide reif für die Übernahme eines bereitgestellten Mythos, der ihnen Krankheit und Schwäche verhieß und darin gleichzeitig ihr eigenes Selbstbewußtsein prägte.[195]

Selten kam der Begriff der Hysterie auf eine proletarische Mutter oder auf eine schwer arbeitende Frau zur Anwendung – es sei denn, sie war ledig oder hatte durch Prostitution ihren Lebensunterhalt verdient. Grundsätzlich lehnten die Unterschichten und besonders die proletarische Frau die ärztliche Diagnose der Nervosität und der Hysterie ab, da sie die Nervosität als zweifelhaftes Privileg des Bürgertums empfanden, das mit dem Makel einer eingebildeten Krankheit oder einer körperlichen Schwäche versehen war. Beides konnte sich gerade die proletarische Frau in ihrer sozialen Not nicht leisten.

Die männliche Hysterie wie insbesondere die Renten- und Kriegshysterie gerieten nach dem Ersten Weltkrieg sehr schnell in Vergessenheit, so daß der Begriff der Hysterie, wie auch seine etymologische Herkunft zeigt (*hystéra [gr.]* = Gebärmutter) allein an das weibliche Geschlecht gebunden blieb. Heutzutage wird allgemein festgestellt, daß die kulturelle Bedeutung der Hysterie in der viktorianischen und wilhelminischen Zeit viel stärker ausgeprägt war als heute. Sofern heute überhaupt noch paroxystische Erscheinungen* aufträten, geschehe dies in provinziellen Gegenden, in denen noch traditionelle sozio-kulturelle Strukturen ausgeprägt seien. Die meisten Autoren sind jedoch davon überzeugt, daß die Konversionshysterie heute gänzlich verschwunden ist, da die Menschen zu kultiviert und wortgewandt geworden seien, um ihre Probleme noch in dieser Form somatisch auszudrücken.[196]

2. *Die Frau in der bürgerlichen Gesellschaft des 19. Jahrhunderts*

Mit der Etablierung der bürgerlichen Kleinfamilie im 19. Jahrhundert war jene Entwicklung vollendet, von der man sagt, daß sie zu einer extremen Polarisierung der Geschlechter geführt habe. Während sich der Mann in der bürgerlichen Gesellschaft fast alle Bereiche erobert hatte, finden wir umgekehrt die bürgerliche Frau in einem seelischen Zustand, den man schlechthin als ihre Entpersönlichung [197] oder auch als totale Selbstaufgabe bezeichnen kann.

Die Entstehung einer radikalen Dissoziation der Geschlechter wird allgemein auf die allmähliche Ablösung der alteuropäischen Ständegesellschaft des 18. Jahrhunderts durch die moderne Industriegesellschaft zurückgeführt. Die damit eingeleitete tiefgreifende Veränderung aller Lebensbereiche führte nicht nur zu einer andersartigen gesellschaftlichen Produktionsweise, sondern hatte auch zugleich eine bedeutungsträchtige Umgestaltung der Familienstruktur zur Folge. Von dieser Umwälzung der Gesellschaftsordnung war die bürgerliche Frau in einer ganz eigentümlichen Art und Weise betroffen. Denn während sie in der Ökonomik des »ganzen Hauses« ihrem Ehemann zwar nicht rechtmäßig, so doch arbeitsmäßig noch völlig gleichgestellt und libidinös von ihm unabhängig war, so erfuhr ihr Produktionsbereich mit der allmählichen Durchsetzung der bürgerlichen Kleinfamilie einen erheblichen Funktionsverlust. Dabei fiel nicht nur ihr produktiver Beitrag als Ehefrau und Hausfrau einem Prozeß der gesellschaftlichen Entwertung anheim, sondern auch ihre ehemalige Unabhängigkeit verwandelte sich in absolute Abhängigkeit von ihrem patriarchalischen Ehemann.

Otto Brunner (1968) zufolge leitete der Zerfall des »ganzen Hauses« jenen Prozeß ein, den er als eine Aufspaltung dieser ursprünglichen Produktionseinheit in Betrieb und Haushalt einerseits und als Rationalisierung des Betriebes sowie Sentimentalisierung der Familie andererseits kennzeichnete. Während das Heim nun zum alleinigen Hort mütterlicher Liebe und zärtlicher Gefühle wurde, herrschte außerhalb des Hauses eine männlich-strukturierte Lebenswelt und »Logik« vor. Nicht mehr die gemeinsame sachliche Verwaltung des tradierten Familienbesitzes führten Mann und Frau zusammen, sondern das emotionale Band der affektiven familiären Zu- und Abneigungen sollten nun zum Kennzeichen der modernen Familie werden.[198]

Indem man nun das Heim zur hochgepriesenen Lebenswelt der Bürgersfrau deklarierte und ihren Lebensbereich auf Küche, Kirche und Kinder reduzierte, verlor sie völlig den Bezug zur Außenwelt, der vornehmlich vom männlichen Geschlecht besetzt war. In der Weise, wie die Frau jedoch ausschließlich für die Ausgestaltung ihres Heims verantwortlich wurde, erhielt ihre Arbeit im Unterschied zu der produktiven außerhäuslichen Leistung ihres Mannes zunehmend den Charakter einer Tätigkeit rein konsumtiver-reproduktiver Art, deren eigene Produktivität als solche nicht mehr durchsichtig wurde.[199] Indem man ihr aber allein die Ausgestaltung des häuslichen Konsums überließ, verkörperte sie selbst die Trophäe ihres Mannes, das Symbol seines Reichtums, an dem sie nur mehr parasitär zu partizipieren schien. Denn alles, was sie benutzte und was sie ausgab, gehörte nicht rechtmäßig ihr, sondern war entweder in den Besitz des Mannes übergegangen oder entstammte jenen finanziellen Erwerbsquellen, aus denen er seine patriarchalische Herrlichkeit und Autorität ableitete. Während der Mann das Vermögen verwaltete und ihre Ausgaben für den Haushalt kontrollierte, besaß sie keine Unterschriftsberechtigung, und sogar in der Erziehung ihrer Kinder war sie dem Ehemann rechtmäßig nachgeordnet.[200] Ihr selbst blieben sowohl berufliche Erwerbsquellen als auch öffentliche Ausbildungsinstitutionen versperrt, so daß sie aufgrund dieses Ausschlusses ihrem Ehemann sowohl in intellektueller Hinsicht als auch in ihrer sozialen Stellung völlig unterlegen war.

Bis zur Mitte des 19. Jahrhunderts blieb die bürgerliche Frau sowohl der bäuerlichen Produktionswirtschaft als auch den konservativen Sitten und Gebräuchen des 18. Jahrhunderts treu. Denn die vollkommene Auflösung der Ökonomik des »ganzen Hauses« und die sie begleitende Transformation der häuslichen Produktion in die städtische Haushaltführung setzten sich erst in der zweiten Hälfte des 19. Jahrhunderts durch. Insofern repräsentierte die bürgerliche Frau nicht nur die Moral und Ordnung einer vorindustriellen Zeit, sondern diente auch als moralische Stütze für einen zunehmend kapitalistischer werdenden Bürger, der in der strukturellen Unsicherheit einer sich im Umbruch befindenden Epoche noch das Vorbild einer feudalen Vergangenheit brauchte.[201]

Durch den Ausschluß der bürgerlichen Frau aus industrieller Produktion und staatsbürgerlicher Öffentlichkeit wurde die ungleiche Entwicklung der Geschlechter nur noch krasser. Damit verstärkte sich jener Prozeß der Ausdifferenzierung der Geschlechtscharaktere und der konfliktuellen Entwicklung der Geschlechterhierarchisierung, mit dem die krasseste Unterwerfung der Frau einherging.[202]

Das Frauenleben im Bürgertum hatte sich nunmehr nach den vom Mann diktierten Kriterien zu richten, zu denen man neben körperlicher Unversehrtheit, Entsagung persönlicher Entfaltungsmöglichkeit, Sparsamkeit und Bescheidenheit auch Mütterlichkeit und Sittenstrenge zählen kann. Insbesondere forderte man von ihr nach den festgelegten Normen einer konventionell-christlichen Moral ihre körperliche Jungfräulichkeit, psychische Unschuldigkeit, Reinheit und absolute Geschlechtslosigkeit. Diese für die Frauen und für den bürgerlichen Ehestand proklamierten Tugenden wurden zum Leitbild der viktorianisch-wilhelminischen Epoche. Sie ließen den Frauen nur die Wahl eines »Entweder/Oder«: »entweder die totale moralische und gesellschaftliche Gleichschaltung oder die Permanenz des Ärgernisses« (Mayer 1975, S. 96).[203]

Während dem Mann im 19. Jahrhundert durch diese Moral immer mehr die Rolle des Verführers, des Heroen und des Eroberers zufiel, wurde die Frau demgegenüber zunehmend zum Abbild der Hilflosigkeit, Schwäche, Naivität, Furchtsamkeit und Passivität. Um die der Frau drohende Gefahr abzuwenden, ein unschuldiges Opfer wollüstiger und besonders triebhafter Männerphantasien zu werden, wurde ihre Jungfräulichkeit zur Grundlage einer sozialen Ordnung und ökonomischen Wertschätzung erhoben und die Erreichung des christlichen Ehestandes zum einzigen Schutz ihrer moralisch-ethischen Integrität empfohlen. Als Maxime einer männlichen Kultur blieb jedoch unterschwellig die Vorstellung erhalten, daß die viktorianisch-wilhelminische Frau neben ihrem äußerlichen Edelmut und ihrer Reinheit im Grunde genommen besonders empfänglich gegenüber unkontrollierten Leidenschaften und sexuellen Begierden sei.[204] Diese widersprüchliche Auffassung vom Wesen der Frau fand ihre direkte Parallele in der Vorstellung von der unberechenbaren und noch unbezähmten Natur des Kindes:

»Einerseits werden Kinder als rein, unschuldig und sexuell inaktiv definiert; andererseits werden sie als Wesen beschrieben, die ständig schrecklichen Versuchungen ausgesetzt sind, als anfällige Opfer von Stimulierung und Verderbtheit, die Gefahr laufen, sich zu gierigen kleinen Monstern zu entwickeln. Nichts vermittelt zwischen diesen beiden Vorstellungen, keine Erkenntnis verknüpft sie. Und der Widerspruch, daß Kinder beides zugleich sind, bleibt gänzlich unbewußt.« (Marcus 1979, S. 32 f.)

Diese doppelte Wahrnehmung der Frau als sowohl unbezähmbare wie domestizierte und disziplinierte Natur fand ihr Pendant in dem Phänomen der Prostitution und der Institution der Ehe. Denn während die sittsame Frau in der Ehe als frigide und unerregbar galt, erlebte der Mann in den Armen seiner Geliebten alle Freuden der sexuellen Leidenschaften.[205] Diese Spaltung der Frau in Natur und Kultur sollte schließlich von Janet als Bewußtseinsspaltung und von Freud als kulturelle Repression erkannt werden. Das 19. Jahrhundert repräsentierte somit eine Ära der sexuellen Obsession schlechthin, in der sich nicht nur die sexuelle Entfremdung vornehmlich des Bürgertums vollzog, sondern auch die Sexualität zur universellen Metapher des Lebens wie des Todes wurde.[206]

Klaus Theweleit beschreibt die männliche Sexualität als unbewußten Wunsch des »Fließens« bei ebenso starker Furcht davor. Denn in der »freien« Sexualität erkannte der bürgerliche Mann selbst eine Gefährdung seiner patriarchalischen Herrschaft an. Über das Ideal der Askese versuchte er deshalb, dem Wunsch des Fließens und damit zugleich auch dem Zerfließen seiner Ich-Identität entgegenzuwirken. Aus diesem Grunde legte er sich einen besonders festen Panzer zu. Dies jedoch bewirkte eine innere Spaltung seiner Persönlichkeit, die den weiblichen Körper zur Zielscheibe sowohl seiner Ängste und Wünsche als auch seiner Angriffe machte. Das Zusammenprallen von Flüssigem und Festem, Innerem und Äußerem sollte jedoch die Liebesflüsse in den Strom des Blutes und der Destruktion verwandeln. Dieses Verhältnis zwischen Mann und Frau bezeichnet Theweleit deshalb als ein Verhältnis der »Antiproduktion«, in dem der Mann der weiblichen Produktivkraft entgegenarbeitete, ja sie sogar zerstörte.[207]

Was aber geschah, wenn die Frau erwachte? Es heißt, daß sie noch nie so schnell in Ohnmacht fiel wie in der Zeit des späten 19. Jahrhunderts. Da sie offiziell mit der männlichen »Vernunft« nichts anzufangen wußte und auch von ihrem Körper keine Ahnung hatte, blieb sie das mädchenhafte, unwissende Wesen und unbeschriebene Blatt. Erst in dem Augenblick, als sie erwachte, wurde ihre eigene Ohnmacht deutlich: »Die Frau ist das Fließende: sie konnte nicht anders, sie wollte wohl bleibe, bleiben in ihrer Unschuld da oben; ihre Unschuld war aber zu klein, sie wurde einfach daraus weggedrückt und *entkam* nach unten, in die Richtung des Teppichs (oder der galanten Arme): *hin zum Es*« (Berg 1960, S. 150). Da sie unter dem Gesetz der Enthaltsamkeit und Keuschheit stand, wurde ein wahrer Kult mit ihrer Jungfräulichkeit getrieben. Als Reaktion auf ein unerfülltes Verlangen verwandelte sich für den Ehemann ihr Körper in einen immerwährenden nächtlichen Widerstand:

»Als die Frau jung war, Mädchen noch, da stand hinter der Liebe, die ernst war wie das Leben, der Tod. Nun, daraus, aus dieser Liebe, ist dann in der Heirat die Liebe aus Pflicht geworden, etwas recht Langweilendes, das parodiert, was einst ernst war. (...) Der Gatte müßte etwas können, woran ihn gerade sein Gattentum hindert, nämlich Liebe auflösen in das Spielen der Liebe. Das kann er aber nicht, ohne seine soziale und staatliche Funktion aufzuheben, als welche eben ist, Gatte zu sein, seriöse Person, Hausherr, Vater von Kindern, Erwerber, Verdiener und wie sonst diese Koseworte der staatlichen Liebe in der Ehe heißen.« (Blei 1923, S. 14 f.)[208]

Das 19. Jahrhundert brachte ein stetiges Anwachsen der Tabuisierung von weiblicher Sexualität. Dies betraf zumindest jene gesellschaftlichen Normen, die der Frau von seiten des Bürgertums auferlegt worden waren. Indem der weibliche Körper als reines Reproduktionsmittel für die patriarchalische Kultur fungierte, war seine Sexualität mit strengen Normen und Regeln umstellt. Entsprechende Erziehungsmaßnahmen wie kalte Duschen, harte Betten, körperliche Übungen, spezielle Kleidung (Korsett und Reifrock) und die Kontrolle der Lektüre wie auch die räumliche Trennung von Jungen und Mädchen trugen dazu bei, daß die Frauen bis zu ihrer Ehe in banger Erwartung des Kommenden bewußt in relativer Unwissenheit gehalten wurden.[209] Die Tabuisierung ihrer sexuellen Gedanken, Gefühle und Wünsche durch die offizielle Kultur verwies die Frau nicht nur in emotionale Schranken, sondern ließ ihr auch keine Möglichkeiten, um Impulse aggressiver oder erotischer Natur auszudrücken. Da die patriarchalische Kultur von ihr das Bild einer zerbrechlichen, passiven, liebenswerten, schwachen, untätigen und naiven Frau erwartete, konnte sie ihre

Konflikte nur durch Zuflucht in hysterische Verhaltensweisen ausdrücken. Denn Krankheit war die einzig zugestandene Möglichkeit und auch Ausdrucksform, um seelische Konflikte auszudrücken und darzustellen.[210]

Oft wurde die Frau als ein »anarchisches und chaotisches Wesen« angesehen, das dem rational ausgerichteten Mann völlig entgegenlebe. Hans Blüher zog daraus den Schluß, daß Mann und Frau sogar »geborene Todfeinde« seien. Daher sei die Lage der Frau in der männlichen Gesellschaft eine tragische. Einerseits hänge sie ganz und gar vom Manne ab, da sie eben über kein eigenes Reich, keine Insel verfüge, andererseits bäume sich ihr ganz anders geartetes Wesen gerade gegen diese Vorherrschaft der männlichen Kultur auf:

»Jedes Wort, das sie sprechen, ist vom Manne geformt. Wollten die Frauen vom Manne los: es bliebe ihnen nur das Schweigen und der Tanz. (...) Es (das Weib, R.S.) ist dem Manne erbarmungslos hörig, und muß doch, um sich selbst treu zu bleiben, alle Gesetze des Mannes ablehnen. Aber nur solche Situationen sind es auch, aus deren Spannung weite Würfe kommen.« (Blüher 1921, S. 37 u. 41)

Daß die männliche von der weiblichen Kultur derart extrem abweicht, daß beide zwei völlig verschiedene Lebenstotalitäten konstituieren, wurde auch von Georg Simmel betont. Die männliche Kultur organisiere und strukturiere nicht nur in doppelter Weise die Gesellschaft, sondern setze auch den »scheinbar« objektiven Maßstab, von dem aus die Frauen ihren kulturellen Platz zugewiesen bekommen und von dem aus sie auch beurteilt werden. Während der Mann aufgrund seiner angeblichen Sachbezogenheit, Objektivität und Rationalität auf der obersten Stufe der Kulturentwicklung stehe, verweise die Stellung der Frau innerhalb der bürgerlichen Gesellschaft auf die Fortexistenz eines unentwickelteren und undifferenzierteren Stadiums der Menschheitsgeschichte. Die Frau stehe insofern den ihr vorgegebenen männlichen Gesellschaftsstrukturen völlig entfremdet gegenüber, da sie nach einer anderen, genuin weiblichen Lebensform ausgerichtet sei. Zur Unterstreichung dieses fundamentalen Unterschieds von Mann und Frau verweist Simmel auf die Opposition vieler Frauen gegen die männliche Rechtsprechung und die ihr zugrundeliegenden juristischen Normen, vermittels der sie ein vom Mann abweichendes Gerechtigkeitsempfinden geltend machen. Dieses richte sich jedoch nicht gegen den Begriff der Moral oder des Rechtes schlechthin, sondern in erster Linie gegen die autoritative männliche Logik, die nur eine »einzige« Art von Objektivität und Sachbezogenheit kenne.[211]

Auch Simmel verstößt die Frau aus dem Reich der männlichen Kultur, indem er sie dazu auffordert, jenseits der Herrschaft des Mannes einen spezifisch »weiblichen« Kulturbeitrag zu liefern. Diesen sieht er neben dem Bereich der Medizin, Psychologie, Musik, Dichtung, Mathematik, des Tanzes und der bildenden Kunst insbesondere in der genuin weiblichen Fähigkeit zur Schauspielkunst:

»Ganz unzweideutig aber offenbart sich das Spezifische der weiblichen Leistung in der Schauspielkunst, und zwar keineswegs nur, weil die Rolle hier schon ihrem Inhalt nach eine weibliche Aufgabe ist, sondern aus dem tieferen Wesen der Schauspielkunst überhaupt heraus. Es gibt keine Kunst, in der die Leistung und die Totalität der Persönlichkeit zu so enger Einheit verbunden sind. (...) Wenn es überhaupt etwas wie eine Formel des weiblichen Wesens gibt, so deckt sie sich mit diesem Wesen der Schauspielkunst.« (Simmel 1919c, S. 279)

Hedwig Dohm (1876) jedoch sah in der Schauspielkunst die absolute Abhängigkeit des Weibes, weniger seine Produktivität als seinen Mangel an Tatkraft. Lüge, Heuchelei, List, Verstellung und Intrige seien geradezu das Erbteil der Frauen, die notwendige Folge ihrer sozialen Stellung, ihrer Lebensweise und ihrer Erziehung. Es sei aber typisch für den Großteil der Männer, daß sie gerade die Schauspielerinnen wie auch die Tänzerinnen besonders begehrten. Denn nichts würde ihrer Eitelkeit und ihrem Ehrgeiz mehr schmeicheln als die Eroberung einer solchen Frau. Zwar wünsche er sich in der Regel nicht, mit einem derartigen Ausbund an Raffinesse und Klugheit verheiratet zu sein. Für die Ehe suche er vielmehr einen Frauentyp, der die Kochkunst beherrsche, zudem mit Anmut und Schönheit versehen sei und den er intellektuell völlig unter Kontrolle habe. Aber selbst tugendhaften Hausfrauen seien Heuchelei und Lüge ein notwendiges Mittel, um nicht im Leben zu scheitern.

Beide Eigenschaften wie Schauspielerei und Passivität wurden deshalb den Frauen als angeborene Geschlechtsmerkmale zugesprochen. Obwohl die Unterstellung eines solchen Biologismus faktisch jeder Realität entbehrte, deutete diese als soziale Zuschreibung auf den Tatbestand hin, wie sehr das kulturelle Deutungsmuster der Hysterie die offizielle Wahrnehmung von weiblichen Lebensformen um die Jahrhundertwende prägte.

Auch Nietzsche hielt die Schauspielkunst für die ureigenste Fähigkeit des Weibes. Er identifizierte ihr Scheinwesen jedoch nich einfach mit Lüge, sondern vertrat die Auffassung, daß jeder tiefere Geist eine Maske trage. Dennoch war sein Verhältnis gegenüber der Maskerade der Frau äußerst ambivalent.

»Es gibt Frauen, die, wo man bei ihnen auch nachsucht, kein Inneres haben, sondern reine Masken sind. Der Mann ist zu beklagen, der sich mit solchen fast gespenstischen, notwendig unbefriedigenden Wesen einläßt, aber gerade sie vermögen das Verlangen des Mannes auf das stärkste zu erregen: er sucht nach ihrer Seele – und sucht immerfort.« (Nietzsche 1954, S. 651)

Nietzsche sah sogar einen unmittelbaren Zusammenhang zwischen der Entwicklung der bürgerlichen Kultur im 19. Jahrhundert und der weiblichen Hysterie. Entgegen der üblichen Auffassungsweise repräsentiere diese fortschreitende Kulturentwicklung weniger den Prozeß einer allmählichen Verhärtung des Geschlechtergegensatzes als vielmehr den einer zunehmenden Feminisierung aller Lebensbereiche, wodurch – und dies ist seine eigentliche Pointe – die Frau von ihrer eigenen genuinen Weiblickeit, die auch Nietzsche in der Tradition des »ganzen Hauses« anzusiedeln scheint, entfremdet wurde. Dieser Prozeß der zunehmenden »Verfeinerung« und »Kultivierung« habe schließlich beiden Geschlechtern Dekadenz und Schwäche eingebracht. Die eigentliche Ursache der in der Hysterie zum Ausdruck kommenden weiblichen Identitätskrise sieht Nietzsche deshalb in den »dekadenten« bürgerlichen Lebensformen:

»Es gibt genug blödsinnige Frauen-Freunde und Weibs-Verderber unter den gelehrten Eseln männlichen Geschlechts, die dem Weibe anraten, sich dergestalt zu entweiblichen und alle die Dummheiten nachzumachen, an denen der Mann in Europa, die europäische Mannhaftigkeit krankt – welche das Weib bis zur allgemeinen Bildung, wohl gar zum Zeitungslesen und Politisieren herunterbringen möchten. Man will hier und da selbst Freigeister und Literaten aus den Frauen machen: als ob ein Weib ohne Frömmigkeit für einen tiefen und gottlosen Mann nicht etwas vollkommen Widriges oder Lächerliches wäre –; man verdirbt fast überall ihre Nerven mit der krankhaftesten aller Arten Musik (unserer deutschen neuesten Musik) und macht sie täglich hysterischer und zu ihrem ersten und letzten Berufe, kräftige Kinder zu gebären, unbefähigter. Man will sie überhaupt noch mehr kultivieren und, wie man sagt, das schwache Geschlecht durch Kultur *stark* machen: als ob nicht die Geschichte so eindringlich wie möglich lehrte, daß Kultivierung des Menschen und Schwächung – nämlich Schwächung, Zersplitterung, Ankränkelung der *Willenskraft* – immer miteinander Schritt gegangen sind, und daß die mächtigsten und einflußreichsten Frauen der Welt (zuletzt noch die Mutter Napoleons) gerade ihrer Willenskraft – und nicht den Schulmeistern! – ihre Macht und ihr Übergewicht über die Männer verdankten.« (Nietzsche 1955, S. 702 f.)

Diese Schwächlichkeit und »Dekadenz« der bürgerlichen Frau hatte zunehmend nachhaltige Interventionen und umfassende Therapieprogramme von seiten der Ärzteschaft erforderlich gemacht. Man kann geradezu davon ausgehen, daß diese strukturelle psycho-physische Labilität der bürgerlichen Frau eine Aufwertung und Machtsteigerung der gesamten Ärzteschaft um die Jahrhundertwende bewirkt hat, und zwar in einer historisch wahrscheinlich einmaligen Weise. Insofern sind durch den Topos der Hysterie die Rollenzuweisung und das

Selbstverständnis der bürgerlichen Frau nicht von ungefähr in einem klinischen Diskurs sozio-kulturell zum Ausdruck gebracht worden.

Im folgenden Abschnitt wird es deshalb darum gehen, die Rolle der ärztlichen Definitionsmacht im Hinblick auf dieses epochenspezifische Deutungsmuster »Hysterie« für das Selbst- und Fremdverständnis der Frau um die Jahrhundertwende genauer darzustellen. Aber auch die schöne Literatur jener Zeit hat sich gegenüber dieser spezifisch klinischen Erscheinungsform von »Weiblichkeit« als äußerst aufnahmebereit erwiesen. Im letzten Abschnitt soll deshalb gezeigt werden, welche Funktion der literarische Topos der »schwächlichen« Frau bzw. der »femme fragile« in Abgrenzung von der ebenso bedeutsamen Gestalt der »femme fatale« für das Frauenbild der Jahrhundertwende hat einnehmen können.

3. Die Hysterikerin als Objekt der ärztlichen Machtentfaltung

Der Mythos von der Passivität, Schwächlichkeit und Zerbrechlichkeit der bürgerlichen Frau förderte deren eigenen Glauben, für Krankheiten besonders anfällig zu sein. Als grundlegende Eigenschaft der weiblichen Natur wurden Nervenzartheit und Kränklichkeit zum Inbegriff einer Feminität erhoben, in der sich das Hin- und Hergeworfensein zwischen Ohnmacht und Macht der bürgerlichen Frau reflektierte. Da sie ihren Zorn, ihre Wünsche und ihre Aggressivität nicht offen äußern durfte, sondern im Gegenteil hinter einer Mauer von Schuldgefühlen verbergen mußte, wurden diese schließlich zu einer Quelle von Ungereimtheiten bezüglich ihrer eigentlichen Identität. Die Frauen des gehobenen Bürgertums glichen geradezu den Insassen eines »Hospitals für invalide Frauen«, welche alle an einer inneren Spaltung litten. Die Hysterie symbolisierte als soziokulturelles Deutungsmuster einen Kult weiblicher Kränklichkeit, der sich schließlich als gängiger Lebensstil in Form eines Wechsels von Widerstand und Unterwerfung durchsetzen konnte. Krankheit wurde zum weiblichen Vorrecht innerhalb einer männlichen Kultur, in der die Frauen die ihnen zugewiesene Rolle der Leidenden und Pflegebedürftigen willig akzeptierten. Die medizinisch-psychiatrischen Diskurse, welche an dem Mythos der weiblichen Zerbrechlichkeit und Nervenanfälligkeit maßgeblich mitgewirkt hatten, bewirkten schließlich, daß die bürgerlichen Frauen scharenweise die Praxen, Kliniken und Sanatorien bevölkerten.[212]

Im fortgeschrittenen 19. Jahrhundert spielte die jeweilige Familiengeschichte für die Pathogenese der Hysterie eine bedeutende Rolle. Wenn man allgemein sagt, daß die Rolle des übermächtigen Vaters bei gleichzeitig schwacher Mutterbindung für die Hysterikerin eine so große Bedeutung spielte, entsprach dieser Umstand zugleich dem kulturellen Verständnis einer Frau, deren Schicksal einem patriarchalischen Ehemann und damit unweigerlich auch dem Psychiater ausgeliefert war. Die Hysterikerin, die auf der Suche nach ihrer Ich-Identität den Weg zu der »Mutter« nicht gefunden hatte, blieb somit in einer ihr fremden Kultur gefangen. Obwohl sie nicht die Kraft zur Rebellion jener Frauen besaß, welche ihre Rechte auf Arbeit und Bildung in einer männlichen Gesellschaft kämpferisch durchzusetzen versuchten, begleitete die Hysterikerin dennoch in einer spezifischen Weise die Frauenbewegung der Jahrhundertwende. Indem sie als Ehefrau so tat, als sei sie »normal«, leitete sie auf subversive Art und Weise die Krise des Mutterkults und damit auch die der Familie ein; indem sie ihre eigene Familie immer wieder verließ und es vorzog, gemeinsam mit dem Psychiater eine Vielfalt von imaginären Wirklichkeitsbezügen konstruktiv und variabel zu gestalten, zeigte sie nicht nur in kompensatorischer Form ihren Drang nach eigener Produktivität und einer außerfamiliären Öffentlichkeit, sondern eben auch ihr Unbehagen über ihre ehelichen und familiären Rollenzuweisungen.

Da der Psychiater durch seine ärztliche Definitionsmacht an der Entwicklung dieses kulturellen Deutungsmusters, d.h.

an einem spezifischen Entwurf weiblicher Identitätsbildung beteiligt war, war er für die Hysterikerin zur entscheidenden Bezugsperson geworden, bei der sie ihre Selbstdarstellung im ganzen Ausmaß ihrer Widersprüchlichkeit entfalten konnte. Hinter dem äußeren Erscheinungsbild einer »femme-malade« wie auch dem einer »femme-enfant« hinterließ sie den zwiespältigen Eindruck einer Potentialität, welche zugleich der kulturellen Dämonisierung von Weiblichkeit entsprach. Diese Dämonisierung der Frau erfuhr ihren Niederschlag in der Vorstellung von einer unberechenbaren weiblichen Natur, wie sie in der Gestalt der berüchtigten »femme fatale« literarisch zum Ausdruck kommen sollte.

In der Geschichte der Hysterie spielte Charcot eine bedeutsame Rolle, da er nicht nur nach Maßgabe naturwissenschaftlicher Methoden die Verwissenschaftlichung der Hysterieforschung forcierte, sondern sich auch als Beherrscher dieses Leidens darstellte. Foucault (1976, S. 226) zufolge kommt bei Charcot der Höhepunkt einer Entwicklung zum Ausdruck, in welcher sich die ärztliche Macht in extremer Form ausbilden konnte. Der Arzt diagnostizierte und klassifizierte nämlich nicht mehr nur eine scheinbar objektive Krankheit im Sinne vorgegebener Symptome, sondern produzierte diese unter experimentellen Bedingungen vermittels der Hypnose und der Suggestion selber. Da Charcot mit Hilfe der Hypnose und suggestiver Imperative die hysterischen Anfälle nach dem Vorbild der Epilepsie erzeugte, konnte er das Anfallsgeschehen in einem kohärenten Diskurs beschreiben.[213] Mit dieser künstlichen Hervorrufung hysterischer Symptome erlangte Charcot jene Autorität und Macht, die ihm den Ruhm einbrachte, in die Geheimnisse der hysterischen Mechanismen eingeweiht zu sein. Unter Aufrechterhaltung eines hierarchischen Verhältnisses zwischen Hypnotiseur und Hypnotisiertem demonstrierte er ärztliche »Wohltätigkeit« von oben herab, indem er durch öffentliche Experimente seinen Hysterikerinnen kurzfristig zu Publizität und Berühmtheit verhelfen konnte.

Die wesensmäßige Beziehung zwischen Hypnotiseur und dem Hypnotisierten beruht auf einer Machtausübung, in der mittels äußerlicher Eingriffe wie z.B. mit Wortsuggestionen der in Trance befindliche Patient zum reinen Objekt degradiert wird. Dem in die Schranken der Passivität verwiesenen Patienten bleibt es lediglich vorbehalten, die vom Hypnotiseur hervorgerufene Krise des Körpers zu demonstrieren. Das nunmehr dramatisch erlebte Ereignis, wie es sich im hysterischen Anfall materialisiert, setzt dabei notwendig voraus, daß eine wie auch immer geartete affektive Beziehung oder eine Abhängigkeit zwischen beiden Personen besteht: »Die Gefügigkeit dieses letzteren gegenüber dem Hypnotiseur erklärt sich durch die Tatsache, daß der Patient in seinem Geist die Idee dessen behält, der ihn in Trance versetzt und seine akkumulierte Aufmerksamkeit und seine Sinne in den Dienst der Idee stellt.« (Starobinski 1973, S. 35) Mit dem Vorgang des akkumulierenden Bewußtseinsakts geht die Einengung der Bewußtseinskapazität auf die Konzentration einer entgegengebrachten Wortsuggestion einher und kann »die Tätigkeit eines jeden Organs zur Überproduktion bringen« (Liébeault, zit. n. ebd., S. 34). Jeder fremdsuggerierte Bewußtseinsinhalt wird somit durch das Medium des Körpers und vermittels seiner Ausdrucksbewegungen symbolisch wiedergegeben oder nachgeahmt. Aus letzteren wird wiederum auf das Innenleben der fremden Seele geschlossen. Dabei werden in hypnotischem Zustand alle hemmenden und konkurrierenden Gegenvorstellungen ausgeschaltet. Wenn einerseits die Aktivität und die Macht des Hypnotiseurs dabei im Mittelpunkt des Ereignisses stehen, so richtet sich die Aufmerksamkeit gleichwohl auf denjenigen, der die hervorgebrachten Wirkungen erleidet. Unklar an diesem Verhältnis blieb jedoch, wem von beiden die vorrangige Stellung in bezug auf die Beeinflussung und Interpretation dieser demonstrierten Vorgänge zukam: »Wenn der Therapeut vorrangig ist, wie soll man sich dann nicht vorstellen, daß irgend etwas von ihm auf den Patienten übergeht? Wenn das Hauptgewicht beim Patienten liegt, dann muß man alles mit subjektiven Vorgängen erklären, die sich auf ihn beschränken: Konzentration, Imagination, Suggestibilität, Beeinflußbarkeit usw.« (ebd., S. 32 f.). Dies ist denn auch der Skandal, den Charcot mit seinen berühmten Hysterikerinnen in der Salpêtrière hervorrufen sollte, und der zugleich seinen Ruhm begründete. Charcots Machtdemonstrationen blieben jedoch rein spektakulärer Natur, d.h. sie waren im wahrsten Sinne des Wortes eine Theateraufführung, in welcher sich die Hysterikerin als vortreffliche Schauspielerin entfalten konnte. Der eigentliche Punkt aber, der diese öffentlichen Demonstrationen schließlich in Mißkredit brachte und zugleich die Ohnmacht Charcots selbst bezeugte, war, daß die Ära des psychologischen Experiments auch nicht die mindeste Aufklärung über die Kausalität dieses Leidens brachte:

»Man weiß da nicht recht, ob diese Forscher »exakte« Untersuchungen über ihre *eigenen* Seelen oder über die ihrer Patienten anstellen wollen. Es ist das eine Art psychologischer Forschung, die sich in manchen Kliniken zu einem angenehmen Gesellschaftsspiel unbeschäftigter Assistenten auszublühen scheint. Niemand weiß, *welche* Faktoren des Resultats auf Konto der besonderen Gelegenheit zu setzen sind (etwa auf Konto des berechtigten Mißtrauens oder der stillen Schelmerei des Individuums, dessen Seele experimentell ergründet werden soll). Niemand weiß, inwiefern *nicht* die Eigenheit des Individuums, sondern die Beziehung des Experimentators zum Individuum im Resultate zum Ausdruck kommt. Denn jeder wird auf das *selbe* Reizwort verschieden reagieren (d.h. es wird ihm ganz Verschiedenes bedeuten), wenn es ihm von seiner Mutter oder seinem Vorgesetzten, wenn es ihm von einem Fremden oder einem vertrauten Individuum zugeworfen wird. Somit geht die Dummheit und Klugheit, der Haß und die Liebe des Experimentators ebensowohl in das Resultat ein wie die seelische Zuständlichkeit der Versuchsperson.« (Lessing 1907, S. 27)[214]

In Anlehnung an Charcots psychologisches Verständnis der Hypnose vertrat der französische Soziologe Gabriel Tarde sogar die Auffassung, daß die Hypnose das Urbild aller zwischenmenschlichen Beziehungen schlechthin repräsentiere:

»Der soziale Zustand ist wie der hypnotische nur eine Form des Traums, eines Traums, der befohlen ist, eines tätigen Traums. Vorstellungen haben, die bloß eingegeben sind und doch als die eigenen geglaubt werden – diese Illusion ist dem, der sich in einer Hygnose befindet, ebenso eigentümlich wie dem sozialen Menschen.« (Tarde zit. n. Cuvillier 1960, S. 31)

Charcots öffentliche Demonstrationen ließen in der Tat den Eindruck aufkommen, daß seine in der Hypnose befindlichen Patientinnen mit seinen Wortsuggestionen identifikatorisch in Einklang standen. Dies läßt sich jedoch nur mit seiner übermäßigen Machtstellung im Rahmen eines Asyls erklären, in dem Kritik, Zweifel und Widerstand auf die übelste Art und Weise systematisch unterbunden wurden.

Die widersprüchlichen Auffassungen über das Wesen der Frau, die sich gegen Ende des 19. Jahrhunderts zunehmend zu einem radikalen Dualismus in dem kulturellen Deutungsmuster von Weiblichkeit dieser Epoche zuspitzen sollten, fanden auch innerhalb des medizinischen Diskurses hinsichtlich der Frage der Heilbarkeit bzw. der Therapieresistenz von Hysterie ihren Niederschlag. Während die einen die Hypnotisierbarkeit von Frauen durch Fremdsuggestionen betonten, unterstrichen andere wiederum ihre ausgesprochen narzißtischen wie auch egozentrischen Strebungen, welche diesen Fremdeinwirkungen in Form von Autosuggestionen entgegenarbeiteten.[215] Den Dualismus von Negation und Affirmation als genuin psychisches Verhalten zu akzeptieren, blieb Freud vorbehalten, der sich darin von Charcot nachhaltig unterschied. Während Charcot noch Anleihen beim Prestige der Naturwissenschaften benötigte, um seine ärztliche Macht zu demonstrieren, indem er die totale Herrschaft über das Verhalten seiner Patientinnen widerspruchslos durchsetzte, hatte sich Freud allmählich von den Einflüssen der Naturwissenschaften gelöst und im Umgang mit seinen hysterischen Patientinnen die Technik einer spezifisch hermeneutischen Interpretationsmacht entwickelt. Alfred Vierkandts Unterscheidung zwischen äußerlicher und innerlicher

Macht ist hierbei geeignet, um diese Differenz zwischen Charcot und Freud in ihrem Verhältnis zu ihren Patientinnen zu markieren:

»Die äußere Macht richtet sich eben nur auf das Objekt als solches, d.h. als bloßen Gegenstand einer Verfügungsmöglichkeit. Nur die innere Macht richtet sich zugleich auch auf den Zuschauer im beherrschten Objekt selbst, sofern sie von diesem anerkannt und bewundert sein will. Dort herrscht ein Gegenstand über einen anderen, hier die Seele über die Seele.« (Vierkandt 1928, S. 27)

Charcots Problem war nämlich, daß die Technik der Hypnose es noch nicht gestattete, längerfristig anhaltende Verhaltensänderungen bei den durch sie überhaupt erreichbaren Patientinnen zu bewirken. Dies mag daran gelegen haben, daß Charcot in der hypnotischen Situation die Subjektivität des Hysterikers bewußt ausschaltete und sie damit noch nicht am eigentlichen therapeutischen Prozeß mitwirken ließ. So blieben die Auswirkungen dieser Form von ärztlicher Machtdemonstration nur auf wenige Tage und Wochen beschränkt, da er mit dieser Technik noch keinen wirklich inneren Zugang zur Seele seiner Patientinnen fand und sich somit auf letztendlich äußere Formen der Verhaltensbeeinflußung beschränken mußte.

Freud lernte aus diesen schwerwiegenden Mängeln der Hypnose, daß ein langfristig anhaltender Heilungsprozeß bei hysterischen Patienten nur dann eingeleitet werden könne, wenn sie auch wirklich mit ihrer eigenen Subjektivität an der Genesung innerlich beteiligt sind. Die methodische Eigentümlichkeit der psychoanalytischen »talking cure« bestand dann auch im wesentlichen darin, daß Freud die Hysterikerin in ihrer eigenen – wenn auch gebrochenen – Subjektivität anerkannte, indem er ihr Unbewußtes als das eigentliche Subjekt des therapeutischen Prozesses zur Sprache kommen ließ.

Aber auch der von ihm im Rahmen der analytischen Übertragungssituation angestrebte kathartische Prozeß der Selbstfindung des hysterischen Subjekts – vermittels einer restlosen Identifikation mit der väterlichen Gestalt des Psychoanalytikers – scheiterte letztendlich bei dem Versuch, das komplexe Syndrom der Konversionshysterie analytisch und therapeutisch in einer befriedigenden Weise aufzulösen. Zwar gelang es Freud, einzelne hysterische Mechanismen zu identifizieren und die durch sie bewirkten Symptome zu beseitigen. Aber auch er konnte nicht verhindern, daß die in ihrer Gesamtstruktur nach wie vor rätselhaft bleibende hysterische Persönlichkeit dem scheinbaren ärztlichen Erfolg immer wieder durch die Produktion völlig neuer Symptome auswich.

Freuds Versuch, diese Produktivität der Hysterie auf eine einzige Formel zu reduzieren, mußte so notwendig an der Komplexität der Symptome scheitern, welche sie hervorzurufen in der Lage ist: »Es ist sehr schwer, in dieser Mannigfaltigkeit das Moment herauszufinden, das solche Differenzen ermöglicht und sie doch einheitlich erklären läßt.« (Freud 1926, S. 256) Er kam dann auch bezeichnenderweise zu der defätistischen Schlußfolgerung: »Woher die besondere Undurchsichtigkeit der Symptombildung bei der Konversionshysterie rührt, können wir nicht erraten, aber sie gibt uns ein Motiv, das unfruchtbare Gebiet bald zu verlassen.« (Ebd.) Freuds Interesse an der Entwicklung einer allgemeinen Neurosenlehre hatte mit einer gewissen Konsequenz zur Folge, daß er sich von diesem für die Psychoanalyse »unfruchtbaren« Gebiet der Hysterie schließlich entfernte und dem völlig anders gearteten Problem der Zwangsneurose zuwendete. Denn im Unterschied zur Hysterie ist die vor allem beim männlichen Geschlecht auftretende Zwangsneurose

> »nicht so aufdringlich lärmend, benimmt sich mehr wie eine Privatangelegenheit des Kranken, verzichtet fast völlig auf Erscheinungen am Körper und schafft alle ihre Symptome auf seelischem Gebiet. (...) Aber die Zwangsneurose, welcher jener rätselhafte Sprung aus dem Seelischen ins Körperliche abgeht, ist uns durch die psychoanalytische Bemühung eigentlich durchsichtiger und heimlicher geworden als die Hysterie, und wir haben erkannt, daß sie gewisse extreme Charaktere

der Neurotik weit greller zur Erscheinung bringt.« (Freud 1917, S. 259)[216]

Gleichwohl hatten sowohl Freud als auch die gesamte Seelenheilkunde von dieser Auseinandersetzung mit der hysterischen Symptomatologie profitiert und entscheidende Anregungen für das Studium innerseelischer Konflikte und Prozesse erhalten. Denn ausgehend von einem Studium der Hysterie gelang es ihm nicht nur, einen allgemeinen Schlüssel für die Interpretation psychischer Strukturen zu entwickeln, wie er schließlich in seiner Topik systematisch zum Ausdruck kam, sondern zugleich auch einen spezifischen – wenn auch in der Folgezeit heftig umstrittenen – Schlüssel für das Verständnis der gesamten Kultur.

4. Mythen und Repräsentationen der Frau in der Literatur der Jahrhundertwende: »femme fragile« und »femme fatale«

In der Analyse der schöngeistigen Literatur des Fin de siècle wurde darauf aufmerksam gemacht, daß sich das dichterische Interesse an der Thematisierung weiblicher Symbolgestalten nicht nur dem literarisch älteren und häufig beschriebenen Frauentypus der »femme fatale« zuwendete, sondern sich mindestens ebenso intensiv auf sein extremes Gegenbild konzentrierte, welches durch die »femme fragile« repräsentiert wurde. Ja, man kann sogar sagen, daß das rege Interesse an der Symbolgestalt der »femme fragile« sich widerspruchslos in die Décadence-Literatur des späten 19. Jahrhunderts einfügte, deren kulturelle Träger sich in einer sozialen und politischen Krise befanden, welche direkt mit der spirituellen Überhöhung dieser Frauengestalt im Zusammenhang stand.

Die Herkunft dieses Frauentyps wird auf eine künstlerische Bewegung um die Mitte des 19. Jahrhunderts zurückgeführt, welche sich vom materialistischen Naturalismus losgelöst hatte und dem »niederziehenden« nun den »hinanziehenden« Eros siegreich gegenüberstellte.[217] Da die literarische Ausgestaltung der femme fragile vornehmlich durch optisch-plastische Ausdrucksmittel geprägt worden ist, d.h. sich wie eine »Bilderfolge« ausnahm, wird vermutet, daß sie dem präraffaelitischen Ideal der bildenden Kunst in England entlehnt wurde. Als ein von Botticelli beeinflußter Typ angelsächsischen Schönheitsideals trug sie die typische Prägung der viktorianischen Zeit, welche ihr die Ausstrahlungskraft einer jugendlichen und zartgliedrigen Madonnengestalt verlieh, die zugleich aber mit dem Stempel der Décadence versehen war. Ihr Körper war kindlich, geschmeidig, schlank und mit schwach entwickelten Geschlechtsmerkmalen ausgestattet – ein Körper, der »seine sexuelle Prädestination verleugnet« und »in perverser Überfeinerung seine artifizielle Existenz beschließt« (Moreck 1925, S. 268). Während ihre zarte Gestalt den »Keim der Schwindsucht« wie überhaupt den der Krankheit trug, strahlten ihre Gesichtszüge krankhafte Müdigkeit, Erschöpfung, ja den Schimmer von Jenseitigkeit aus – ein »Bild tiefer, unstillbarer Leidenschaft und innerer Glut« (ebd., S. 269).

Diese präraffaelitische Kunst wurde aus einem Geist der »Lebensangst und Melancholie« geboren, welche als eine »Flucht vor dem beginnenden Industriezeitalter der viktorianischen Ära ins Mittelalter« interpretiert wurde. Der Rückgriff auf den Madonnenkult stützte sich hierbei auf das Ideal der Askese und trug entscheidend zur Konzipierung dieses Idealtypus von Weiblichkeit in der Literatur der Jahrhundertwende bei.[218]

Der Typus der femme fragile erlebte etwa im Zeitraum zwischen 1890 und 1906 seine Hochkonjunktur. Seine markantesten Züge wurden in der Literatur folgendermaßen beschrieben: zerbrechlich, gespenstisch, mager, schwach, durchsichtig, ätherisch, märchenhaft schöne Haarfülle; mystische, überaus große faszinierende Augen, deren Blick wie aus weiter Ferne kommt, zugleich nervös, mit einem Anflug von Wahnsinn darin.[219] Ihre überaus gespenstische, durchsichtige Gestalt, ihre schneeige elfenbeinfarbige Blässe, ihre kindliche Stimme, die bald erstickt, mühsam, verschleiert klang, verrieten äußerste Morbidität und erhöhte Kränklichkeit. Diese »delikate« Kränklichkeit und Zerbrechlichkeit der femme fragile wurde nicht nur ihr konstitutionelles Charakteristikum, sondern galt auch als identisch mit geistiger Verfeinerung, Sublimierung, Individualisierung, Läuterung sowie dem Urgrund alles Schöpferischen und alles Künstlerischen schlechthin.[220] Die häßliche Seite des Krankseins wie etwa im Falle von Tuberkulose, Hysterie und Wahnsinn wurde dabei tabuisiert. Statt dessen sprach man von eleganter Erschöpfung, poetischer Müdigkeit, somnambuler Traumverlorenheit, Nervenkrisen oder viel zu feinen Nerven. Die femme fragile war eine femme malade, deren Leiden nicht nur der Kunst der Ärzte spottete, sondern sie war zugleich auch eine blühende Schönheit des Todes, »ein teures und seltenes Exemplar der Überzüchtung und des aristokratischen *raffinements*« (Thomalla 1972, S. 50). Eine Auswirkung dieser äußersten Zerbrechlichkeit war ihre Untergangsstimmung, ihr Todespathos, ihr Verfallsrausch, ihre Gegenwartsverachtung, ihre Lebensverneinung und ihre Unlust an der Fortpflanzung. Ihre Existenz begründete sich allein vom Ästhetischen und von ihrer sozialen Untätigkeit her. Von Luxus umgeben, frei von materiellen Zwängen und im Zustand der absoluten Passivität und Teilnahmslosigkeit verharrend, lebte sie in einer Atmosphäre von Krankheit und Ruhe, die sie der sinnlichen Zwänge der Sexualität enthob und ihr reichlich Muße für die Beschäftigung mit ihrer eigenen Vergangenheit gewährte. Als reines Luxusgeschöpf war sie eigentlich lebensunfähig, aber gerade dies wurde als Zeichen ihrer elitären Auserwähltheit gefeiert.[221]

Als literarische Figur war die femme fragile nach einer Art ästhetischer »Enthumanisierung« entworfen. Denn in ihrer biologischen Dekadenz, ihrer höchsten Geistigkeit und Immaterialität, ihrer Sterilität und jungfräulichen Keuschheit symbolisierte sie zugleich die Lebensferne und den Tod. In der überhöhten Gestalt der »weißen Frau«[222] verkörperte sie die zarte, frigide, ewig warten könnende Frauenseele, die allein in der platonischen, außerirdischen, mystischen Seelenneigung eine ideale Beziehung zum Mann unterhielt. Zur »idealen Geliebten« innerhalb einer sexualfeindlichen Kultur erhoben, wurde sie vom Bürgertum als Ersatz für eine soziale wie politische Wirklichkeit angesehen und als Rückzug in die Innerlichkeit gefeiert. Ähnlich wie die femme fatale repräsentierte auch sie das Ewig-Weibliche, nur galt sie eben als Zugang zu einer seelenhaften, spiritualisierten Natur, die über allen körperlichen und sexuellen Begierden stand. Als ihr typischstes Kennzeichen galt stets das »Pathos der Distanz«, mit dem sie uns in Gestalt der schönen Unbekannten, toten Geliebten, Märchenprinzessin, Madonna und als verklärte Kranke in den Werken von Hofmannsthal, Rilke, Altenberg, Heinrich und Thomas Mann begegnet.[223]

In ihrer ätherischen, gläsernen, blutleeren Gestalt repräsentierte ihre Passivität absolute Verfügbarkeit für den Mann. In der Dichtung des Fin de siècle wurden ihr dabei stets die männerzerstörenden, verhängnisvollen, ehebrecherischen, maßlos ausschweifenden, sirenenhaften Undinen der »Belle Époque« als das Abbild des Schreckens gegenübergestellt, das in seiner krassen Entgegensetzung zur femme fragile die Dämonisierung der Frau vorantrieb.

Das Weiblich-Unheimliche, das sich mit dem Gattungsnamen der »femme fatale« verband, repräsentierte so die dämonische, bürgerlich ungebändigte Natur, das radikale Anderssein, das »unerreichbar, kindhaft, verderblich, durch das Wort und die (männliche) Vernunft nicht aussprechbar« war (Mayer 1975, S. 33). Als dämonische Gegenspielerin der femme fragile wurde sie zur absoluten Schönheit, zum absoluten Trieb und zum absoluten Zauber erkoren und übte vermittels ihrer magischen Allgewalt und ihrer exotischen Sinnlichkeit eine ungeheure Faszination auf den Mann aus. Als Inkarnation weiblicher Aktivität schlechthin drohte sie oft zum tödlichen Verhängnis des männlichen Geschlechts zu werden – zumindest wurde sie als bedrohliches Hindernis für die Entfaltung der geistigen Kräfte empfunden. In ihrer diabolischen Schönheit wurde sie durchgehend als grausam und unmenschlich, kalt und unheilvoll, zornig und rasend, lasterhaft und gottlos, lügenhaft und unberechenbar, pervers und sadistisch, blutrünstig und geldgierig beschrieben. Ihr Körper war einer lodernden Flamme gleich, die alles verschlang, was in ihre Nähe kam, ihre Seele schwarz; ihr Lächeln blieb stets undurchdringlich; in ihren Mundwinkeln nistete Verderbtheit; ihre Augen funkelten schwarzblau und ihr Teint zeigte erschreckende Blässe.

Diese dämonische Mystifizierung der Frau im Fin de siècle fand sowohl in der Literatur als auch in der bildenden Kunst ihren Niederschlag.[224] Als verhängnisvolle Macht und Schicksal des Mannes läßt sich die Spur der dämonischen Frau bis zu den Mythengestalten der Lilith, Harpyien, Sirenen, Gorgonen, Skylla und zu den homerischen Gesängen zurückverfolgen. Bereits in der Frühzeit der Romantik konzipiert, erfährt das vampirhafte und sphinxartige Bild der Frau in der zweiten Hälfte des 19. Jahrhunderts seine eigentliche moderne Ausgestaltung.[225] In vielgestaltigen Metamorphosen begegnet sie uns entweder als verkleidete Hexe in der Gestalt der Novizin, als verhängnisvolle Animierdame (z.B. als Eva, Judith, Dalila, Kleopatra, Conchita und Carmen), als Nixe und Nymphe (Lulu und Lolita) oder als Tigerin, Schlange, Katze, Dämon und Ungeheuer. Ob in der Vergötterung ihres ewig weiblichen Zaubers oder in der Hypostasierung ihrer Animalität, ob im antiken, mythologischen oder exotischen Gewande – immer schwankte die femme fatale zwischen Himmel und Erde, Göttin und Dirne, Wollust und Tod.[226]

Gegen Ende des 19. Jahrhunderts, das den Höhepunkt einer literarisch zur Darstellung gelangten Expressivität von Weiblichkeit markiert, endet der Rausch dieser dämonisch exaltierten Erotik nicht selten im Delirium einer vom Wahnsinn Besessenen, in einem furchtbaren hysterischen Anfall oder im Todesschrei einer Dahinsiechenden.[227] Die zum Archetypus entwickelte verwandlungsfähige femme fatale fand ihre geradezu paradigmatische dichterische Ausgestaltung in den Symbolfiguren der »Salome« von Oskar Wilde und in Wedekinds »Lulu«. Eklatant wird hier in artifizieller Übersteigerung die Frage nach dem Wesen der Frau zur Diskussion gestellt: insbesondere ihre für den Mann bedrohliche und ihm fremde Sexualität, die in der kultischen Ästhetisierung und der Verfremdung ihres Körpers zum Ausdruck gebracht wird; ferner die Nicht-Fixierbarkeit ihrer Identität und die Nicht-Realisierbarkeit einer gelungenen Geschlechterbeziehung.[228]

Andere Frauengestalten, die zur Gattung der femme fatale gezählt werden und die den gescheiterten Versuch einer weiblichen Selbstverwirklichung thematisieren, sind in Tolstois »Anna Karenina«, Fontanes »Effi Briest«, Flauberts »Emma Bovary« und Ibsens »Hedda Gabler« und »Nora« dargestellt worden. Ibsens Romanfigur der Nora gibt hierbei ein schlagendes Beispiel dafür ab, wie sich eine halb-unschuldige und halb-wissende »femme enfant« innerhalb der Zuspitzung eines Ehedramas in eine »femme fatale« verwandeln kann. Verkörperte sie eben noch das sexuell und intellektuell anspruchslose und unselbständige Kind-Weib, über das der Mann absolutes Verfügungsrecht besaß, so kehrt sich das Verhältnis schlagartig um, und der Mann wird plötzlich das Oper ihrer »diabolischen« Selbstbezogenheit.[229]

Gegenüber der femme fatale erschien die femme fragile als totale Negation und absolutes Gegenteil dieser dämonisierten Frauengestalt. Dennoch verbinden gleichsam unterirdische Wurzeln diese beiden entgegengesetzten Frauenbilder und lassen sie als die beiden Extrempole eines spezifischen Mythos von Weiblichkeit deutlich werden, der auch bereits die rätselhafte Erscheinung der Hysterie im medizinischen Diskurs der Jahrhundertwende in ihrer Janusköpfigkeit kennzeichnete. Denn auch in der Gestalt der Hysterikerin verbanden sich Unschuld und Schuld, Ohnmacht und Macht, Anpassung und Widerstand in einer Art und Weise, die deutlich macht, daß das mit ihr zum Ausdruck kommende kulturelle Deutungsmuster von Weiblichkeit konstitutiv auf diese Spaltung bezogen war. Dieser Mythos über die Frau versuchte in Form einer widersprüchlichen Entgegensetzung der ihm zugrundeliegenden Extreme damit vergeblich jener Totalität gerecht zu werden, welche die reale Vielfalt weiblicher Lebens- und Existenzformen als solche kennzeichnet. Insofern ist auch davon auszugehen, daß das in den medizinischen Beschreibungen der Hysterie ebenso wie in der Literatur der Jahrhundertwende zum Ausdruck kommende Frauenbild weniger Aufschluß über eine wie auch immer definierte genuine Weiblichkeit zu liefern imstande ist, als vielmehr über die spezifische Art und Weise, in der sich ein männliches Denken das ihm in seiner Eigentlichkeit immer rätselhaft bleibende weibliche Wesen allein zu vergegenwärtigen vermag.

Ausblick

Wenn wir uns abschließend fragen, welcher Stellenwert der klassischen Hysterie eigentlich in der Gegenwart noch zukommt, so müssen wir einige maßgebliche Veränderungen berücksichtigen, welche das Konzept der Hysterie sowohl als klinische Kategorie wie auch als kulturelles Deutungsmuster von Weiblichkeit im 20. Jahrhundert erfahren hat. Diese Veränderungen betreffen das medizinische Verständnis der Hysterie und sind in diesem Zusammenhang zu einem guten Teil auf den entscheidenden Einfluß der psychoanalytischen Theorie Freuds zurückzuführen; aber sie verweisen zugleich auch auf Veränderungen im gesellschaftlichen Umfeld selbst, in denen der klassische Hysteriebegriff seiner Funktion als zentrales kulturelles Deutungsmuster von Weiblichkeit entfaltet hat. Hinzu kommt, daß auch die Symptomatologie der Hysterie nie eindeutig und abschließend definiert werden konnte, weil ihre realen Erscheinungsformen einem permanenten Verwandlungsprozeß unterworfen waren und in diesem Zusammenhang die klassische Form der grande hystérie nach der Jahrhundertwende auch zunehmend seltener auftreten sollte.

Ein grundlegender Einschnitt in der Geschichte des Hysteriebegriffs wurde mit der Begründung und der Weiterentwicklung der Psychoanalyse vollzogen. Freuds Ausarbeitung der Theorie des Unbewußten und seine Entdeckung der zentralen Bedeutung der Sexualität für die Entwicklung der menschlichen Psyche trugen schließlich zu einer Neutralisierung des Hysteriebegriffs bei, die ihm seine eigentlich medizinische und kulturelle Bedeutung nahm und ihn nurmehr als spezielle Variante in einer allgemeinen Neurosenlehre gelten ließ. Hinsichtlich seiner Funktion als übergreifendes Deutungsmuster von Weiblichkeit lassen sich hierbei einige entscheidende Auswirkungen der psychoanalytischen Theorie nachzeichnen. Bemühte man sich nämlich zur Zeit der klassischen Hysterie, weibliche Identität gerade in den hysterischen Abweichungen zu dechiffrieren, so wandte sich Freud sehr bald von der Erforschung der Hysterie als eines geschlechtsspezifischen kulturellen Deutungsmusters ab, um demgegenüber eine Theorie des Weiblichen auszuarbeiten, die sich am gelungenen »Normaltypus« weiblicher Identitätsbildung orientierte.

Mit seiner Theorie des Unbewußten und seiner allgemeinen Neurosenlehre hatte Freud zugleich den Anspruch auf die Neukonstruktion eines allgemeinen, d.h. geschlechtsunspezifischen Menschenbildes erhoben. Gerade an diesem Anspruch hat sich aber in den letzten Jahren eine feministische Kritik entzündet, die diesen Mythos gründlich zerstört hat. Diese Kritik weist sich durch eine subtile Freud-Analyse aus, vermittels der sie aufzeigt, daß seine Begriffsbestimmung des Weiblichen durchgängig im Rahmen der Vorherrschaft eines männlichen Identitätsmodells erfolgt ist.[230] Aus diesem Grunde kehren einige feministische Autorinnen bewußt zur klassischen Hysterieproblematik – d.h. zu den Anfängen der psychoanalytischen Theoriebildung – zurück, weil die dort zum Ausdruck kommende Weiblichkeitsproblematik in der endgültigen Form der Freudschen Theorie nachträglich wieder verschüttet worden ist. Die Hysterikerin wird dabei zum Prototyp einer ganz anderen Art von Weiblichkeit erhoben, die sich eben nicht mit der Logik des psychoanalytischen Diskurses erfassen läßt. Diese Versuche einer Neubestimmung von Weiblichkeit zielen insofern auch auf einen Bereich des »ganz Anderen« ab, der mit szientifischen Mitteln gar nicht zu erreichen ist, sondern derzeit allenfalls als neuer utopischer Entwurf eines genuin weiblichen Lebenszusammenhangs literarisch und praktisch-experimentell antizipiert werden kann. Damit ist aber gegenüber jeder fachmedizinischen Verengung des Hysteriebegriffs wieder jene umfassende sozio-kulturelle Bedeutungsdimension in den Blickpunkt getreten, welche der klassischen Hysterie auch im Fin de siècle zugesprochen wurde.[231]

Aber auch in fachmedizinischen Kreisen sind im 20. Jahrhundert immer wieder Versuche unternommen worden, an den Hysteriebegriff anzuknüpfen. Dieser Rückgriff erfolgt jedoch in einem mehr pragmatischen Sinne, um all jene Phänomene und Symptome abweichenden Verhaltens nominell unter einen einheitlichen, als solchen aber inhaltlich leeren Allgemeinbegriff zu fassen und um jene Phänomene zu klassifizieren, die anderweitig nicht erklärt und zugeordnet werden können. In diesem Zusammenhang hat der Begriff der Hysterie allenfalls noch den Stellenwert einer Residualkategorie, die als diagnostische Etikettierung eines diffusen und therapieresistenten Symptomkomplexes begriffliche Leerstellen auszufüllen hat. Diese Wiederaufnahme des Hysteriebegriffs hat jedoch bei weitem nicht mehr die allgemeine kulturelle Bedeutung des klassischen Hysteriebegriffs oder etwa desjenigen, wie er uns in feministischen Diskussionszusammenhängen begegnet. Abschließend soll deshalb, ausgehend von Freuds Transformation des klassischen Hysteriebegriffs im Rahmen der Grundlegung seiner allgemeinen Neurosenlehre, das Schicksal dieses für die Identität der Frau so zentralen kulturellen Deutungsmusters in der medizinischen Wissenschaft des 20. Jahrhunderts angedeutet werden.

Wie bereits erwähnt richtete anfänglich auch Freud zusammen mit dem Wiener Arzt Josef Breuer sein wissenschaftliches Interesse auf die Erforschung der psychischen Genese hysterischer Neurosen. Dabei halfen ihm einerseits sein Studienaufenthalt in Paris bei Charcot sowie seine Kenntnisse über Hypnose und Suggestion, die er bei Bernheim in der Schule von Nancy erwarb, andererseits seine Freundschaft mit Breuer, der in der Technik und Erforschung der traumatischen und psychologischen Ätiologie* der Neurosen überaus wichtige Vorarbeiten geleistet hatte. Die für die Entstehung der Psychoanalyse fundamentale Entdeckung der kathartischen Methode verdankte Breuer seiner an schwerer Hysterie erkrankten Patientin Anna O., der später berühmt gewordenen Bertha Pappenheim. Aufgrund ihrer Intelligenz und poetischen Begabung war die von Anna O. selbst initiierte und so benannte »talking cure« zur Anwendung gekommen, indem sie Breuer Einblick in ihr konfliktuelles Innenleben (»Privattheater«) gewährte, was in den puritanischen Kreisen keineswegs üblich war, in denen Anna O. und Breuer aufgewachsen waren. Vor Breuers Augen spielte sich nun jenes Drama ab, in dessen Verlauf Anna O. Breuer davon überzeugte, daß selbst die scheinbar sinnlosesten Symptome in Wirklichkeit eine Logik besaßen, die in der Geschichte des Subjekts selbst begründet lagen und einer Deutungsarbeit bedurften. In diesem Sinne haben die »Geschichtchen« der Hysterikerinnen dazu beigetragen, daß die Entdeckung der psychischen Ätiologie der Hysterie mit den Hauptentdeckungen der Psychoanalyse (Unbewußtes, Phantasie, Abwehrkonflikt und Verdrängung, Identifizierung, Übertragung usw.) einherging.

Das spezielle »Geschenk der Anna O.« war jedoch die kathartische Methode – der ursprüngliche Ausgangspunkt der Psychoanalyse –, deren Wirkung Breuer im Laufe der Analyse erkannte.[232] Dabei machte Breuer die erstaunliche Entdeckung, daß die hysterischen Körpersymptome schlagartig verschwanden, »wenn es gelungen war, die Erinnerung an den veranlassenden Vorgang zu voller Helligkeit zu erwecken, damit auch den begleitenden Affekt wachzurufen, und wenn dann der Kranke den Vorgang in möglichst ausführlicher Weise schilderte und dem Affekt Worte gab« (Freud/Breuer 1895, S. 10). Während affektloses Erinnern völlig wirkungslos blieb, konnten demgegenüber Breuer und Freud feststellen, daß mit Hilfe der Sprache »der Affekt nahezu ›abreagiert‹ werden kann« (ebd., S. 11). Breuer nannte dieses neuartige Verfahren einen kathartischen, d.h. reinigenden Prozeß des Abreagierens, durch den das erlebte Trauma und der eingeklemmte Affekt wiedererinnert und das Symptom beseitigt werden konnte.[233] Ferner kamen Breuer und Freud in ihren Studien über

Hysterie zu dem Resultat, daß Hysterische an unbewußten und unerledigten Reminiszenzen leiden, infolgedessen zur Dissoziation des Bewußtseins neigen und sich sozusagen eine Kontrastvorstellung als Gegenwille bei ihnen etabliere. Dabei handelte es sich um Erinnerungen, »die der Kranke vergessen wollte, die er darum absichtlich aus seinem bewußten Denken verdrängte, hemmte und unterdrückte. Gerade solche peinlichen Dinge findet man dann in der Hypnose als Grundlage hysterischer Phänomene« (ebd., S. 13).[234] So kam Freud zu jener Definition der Konversion, die für das Verständnis der Hysterie um die Jahrhundertwende charakteristisch werden sollte: die Umsetzung psychischer Erregungssumme in körperliche Dauersymptome.

Freud erkannte, daß dieses Phänomen nicht nur eine psychische Entlastungsfunktion übernahm, sondern darüber hinaus eine Wunscherfüllung symbolisierte, die auf der körperlichen Ebene eine Befriedigung realisierte und einem unbewußten Kompromiß entsprach. Die Konversionssymptome deutete Freud als erogene Körperzonen und -regionen, die der infantilen Sexualbefriedigung dienten. Als Äquivalent der Sexualbefriedigung beinhaltete der hysterische Anfall »projizierte und in Bewegung gesetzte Phantasien, bei denen sich die Aktion (im dramatischen Sinne) als Pantomime abspielt« (Green 1976, S. 632 f.).[235] Die Analyse des Zusammenhangs zwischen Phantasie und Symptom ergab, daß während des dramatischen Geschehens Verdichtungsmechanismen (mehrere Phantasien), multiple Identifizierungen, konträre Sexualempfindungen und Homosexualität zum Ausdruck kamen und durchlebt wurden.

Weiterhin versuchten die Untersuchungen Freuds nachzuweisen, daß in der Hysterie der Frau meist phallische oder ödipale Phantasien dominieren, welche unbewußt den omnipotenten Phallus begehren und mit einer Verleugnung des eigenen Geschlechts einhergehen. Auch dieses Begehren drücke sich symbolisch im Konversionssymptom aus, indem es sich phallisch gebärde und innerhalb der Persönlichkeitsstruktur eine Fixierung auf der phallischen Ebene hinterlasse. Freud mußte jedoch in bezug auf die Analyse der Hysterie nachträglich selbst bekennen, daß er die Bedeutung zwischen Mutter und Tochter gänzlich verkannt und unterschätzt hatte. Denn ihm zufolge war »die starke Vaterabhängigkeit des Weibes nur das Erbe einer intensiven Mutterbindung«; und wollte man diese einer Analyse unterziehen, so würde das bedeuten, »etwa bis hinter die griechische Kultur zurückzugehen, um die Spuren einer anderen Kultur wieder aufzufinden, mit deren Hilfe wir die archaische Beziehung zwischen Mutter und Tochter wieder entziffern könnten« (Irigaray 1977, S. 25).[236] Da Freud jedoch später explizit darauf verwies, daß die Phase der Mutterbindung für das Verständnis der Ätiologie der Hysterie von überaus großer Bedeutung sei, läßt sich daraus folgern, daß auch für ihn nicht nur die tiefere Ursache dieser weiblichen Neurose nach wie vor im Dunkeln lag, sondern ihm ferner der Zugang zu einer Weiblichkeit verschlossen blieb, die jenseits von einer phallisch-ödipalen Identität anzusiedeln wäre.[237]

Die entscheidende Entdeckung Freuds bezüglich der Konversionshysterie war jedoch, daß er aufzeigte, wie sich psychische Mechanismen in körperliche Aktivitäten und Symptome umsetzen können, und daß gerade diese Erkenntnis ihm zugleich einen Zugang zum Unbewußten sowie die Entdeckung der infantilen Sexualität ermöglichte. Wenn auch Freud einerseits die Vorstellung einer Dominanz der Sexualität in der Pathogenese der Hysterie wiederbelebte, so relativierte und neutralisierte er ihre Rolle andererseits, indem er ihre ätiologische Bedeutung auch für andere Neurosenformen aufzeigte. Für ihn war die Hysterie jedoch eine vornehmlich weibliche Neurose, der er die Zwangsneurose des Mannes gegenüberstellte. Als eine der Hysterie »diametral« entgegengesetzte Neurose steht bei dieser nicht der Körper als klinisches Erscheinungsbild mit einer Überbetonung der Affektivität und Hyperemotionalität im Zentrum, sondern ein besonderes Verhältnis zu materiellen Gegenständen und das Bestreben, durch Sublimation die eigene Autonomie zu bewahren, um so zugleich die Kontrolle über die Umwelt zu erlangen.[238]

Da jedoch das Erscheinungsbild der Konversionshysterie bzw. der klassischen Hysterie schon zu Lebzeiten Freuds eine Rarität geworden war und auch für seine Nachfolger die Assoziation von Hysterie und Konversion nicht mehr zwingend war, ist es bis heute nicht gelungen, sie im Gegensatz zur Zwangsneurose als anerkannt nosographische* Einheit zu fixieren. Darüber hinaus zeichnet sich in der psychoanalytischen Theoriediskussion die Auffassung ab, daß in der historischen Entwicklung der Neuroseform Hysterie offensichtlich eine psychische Problemverschiebung von der ödipalen zur oralen Phase hin stattgefunden hat. Auch in der psychoanalytischen Charakterologieforschung wurde zunehmend die ödipale Fixierung innerhalb der Rekonstruktion der Ätiologie der Hysterie in Frage gestellt. Der ursprüngliche Versuch Freuds, mit seiner Arbeit »Charakter und Analerotik« (1908) einen psychoanalytischen Beitrag zur Charakterologie zu leisten, führte schließlich zu den psychoanalytischen Darstellungen des hysterischen Charakters durch F. Wittels (1931) und W. Reich (1933). Doch in ihrem Bestreben, eine psychoanalytische Charakterologie zu entwerfen, kündigte sich gleichzeitig die Krise der Hysterieforschung wie auch ihre Auflösung an. Denn weder ließ sich ein einheitliches Persönlichkeitsbild auf der deskriptiven Ebene ermitteln – wenn auch die Beschreibungen negativer Verhaltensmerkmale überwogen –, noch stimmten die Auffassungen bezüglich der psychischen Genese des hysterischen Charakters überein. Und schließlich waren die kontroversen Auffassungen soweit gediehen, daß eine eindeutige Korrelation zwischen hysterischem Charakter und hysterischer Symptomneurose nicht mehr festgestellt werden konnte.[239]

Da durch diese disparaten Auffassungen der Begriff der Hysterie als Ausdruck für ein eigenständiges Krankheitssyndrom überhaupt versagte, wurde er für klinische und diagnostische Zwecke mehr oder weniger unbrauchbar. Das schließliche Zurücktreten der exzessiven Symptomatik der klassischen Hysterie im Gefolge des Wandels ihrer körperlichen Ausdrucksweisen wie auch die Veränderung ihrer psychogenetischen Problematik warfen nun aber nicht nur erneut die Frage nach der Existenz einer spezifisch weiblichen Pathologie auf, sondern ließen ebenso folgende propädeutische Einschätzung denkbar erscheinen: »Vorweggenommen sei jetzt schon, daß der gültige Zeitgeist im Sinne der Annäherung und Angleichung der hypochondrischen und hysterischen Phänomene wirksam ist, wodurch deren klare Scheidung, ganz im Gegensatz zum Zeitalter der ›klassischen Hysterie‹, zuweilen auf Schwierigkeiten stößt.« (Petrilowitsch 1969, S. 47)

Die Frage, welcher Wandel sich im körperlichen Erscheinungsbild der klassischen Hysterie historisch vollzogen habe, wird allgemein dahingehend beantwortet, daß sich die Hysterie heute in diskreteren Symptomen auszudrücken pflege. An die Stelle ihrer körperlichen Darstellungsformen mit ihrem typischen, demonstrativ-motorisch verlaufenden Anfallsgeschehen seien nun die »Intimformen« getreten, die sich in Angstanfällen, Organneurosen, vegetativen Störungen, Phantasielosigkeit, Depersonalisierungsneurosen äußern und als eine Art von »acting-in« auf den Körper ziehen. In der Allgemeinmedizin werden diese Symptome als funktionelle Störungen oder als »vegetative Dystonie« (anomales Verhalten der Muskeln und Gefäße) diagnostiziert und zusammengefaßt, deren psychosomatische Ursache unbekannt ist und bei Frauen gehäuft auftrete. Soziologische und medizinsoziologische Untersuchungen sprechen in diesem Zusammenhang von einem spezifischen »Hausfrauensyndrom« (Helge Pross), das heute als allgemeines »Frauensyndrom« (Irmgard Vogt) erkannt wird. Hinter diesem Syndrom verberge sich die nach wie vor konflikthafte Lebenssituation vieler Frauen, die auf Grund widersprüchlicher Rollenerwartungen in Ehe und/oder Beruf noch keine klare Rollenidentität haben entwickeln können. Der psychosomatischen Antwort auf diese gesellschaftspolitische Situation wird offenbar mit der bereitwilligen Vergabe von Psychopharmaka und diversen Schmerzmitteln begegnet. Die Hilflosigkeit mancher Mediziner wird besonders deutlich, wenn sie davon ausgehen, daß sich die Hysterie heute im Gewand der Drogensucht, der Selbstmorddrohung oder in endemischen Ausbrüchen von Gewalttätigkeit äußere. Aber auch in psychoanalytischen Kreisen geht man davon aus, daß nicht mehr die Freudsche Theorie bezüglich des Zusammenhangs von Hysterie und Konversion im Mittelpunkt des akademischen Interesses stehe, sondern die Analyse des Verhältnisses zwischen Hysterie und Depression zunehmend an Bedeutung gewinne.[240]

Auf diese Entwicklung hatte der Erste Weltkrieg entscheidenden Einfluß, der einen tiefgreifenden Bedeutungswandel hinsichtlich des moralischen Verständnisses der klassischen Hysterie herbeiführte. Denn im deutschen Heer brach infolge von Front- und Kriegserlebnissen eine Massenhysterie aus, die zahlreiche Soldaten invalide und kampfunfähig machte. Um einer weiteren Ausdehnung dieses Phänomens entgegenzuwirken, wurden die von solchen hysterischen Anfällen Betroffenen durch eine zielbewußte »Aufklärungspolitik« von seiten der Wehrmacht und einiger ziviler Institutionen der »Rentensucht« (Rentenhysterie), des Simulantentums und der willentlichen Kriegsverweigerung bezichtigt und so die Legitimation ihrer Krankheit, Opfer des Krieges zu sein, zerstört. Das Ergebnis dieser Art von »Sozialpolitik« war, daß die dramatischen Bilder der Hysterie (»Kriegszitterer«) nach dem Ersten Weltkrieg zunehmend in den Hintergrund traten. Im Zweiten Weltkrieg wurde statt dessen ein stetes Anwachsen der psychogenen Organstörungen (Magenkrankheiten) verzeichnet. Im Gefolge dieses Umwälzungsprozesses wurden die klassischen Symptome der Hysterie gesellschaftlich nicht mehr als Krankheit akzeptiert.

Man vertrat nun die Auffassung, daß die Hysterie vornehmlich in Zeiten des Wohlstands und des Friedens auftrete und durch das ungehemmte Ausleben individueller Bedürfnisse verursacht werde, während »harte«, »nivellierende« und »desillusionierende« Zeiten hysterischen und irrationalen Verhaltensweisen nicht nur entgegenwirkten, sondern darüber hinaus die rationale Orientierung des Handels an gesellschaftlichen

Notwendigkeiten erzwängen, die für ein erfolgreiches kriegerisches Handeln konstitutiv ist.[241]

Damit war in psychiatrischen Kreisen die Diagnose der Hysterie weitgehend obsolet geworden, denn die Kriegserfahrungen hatten gezeigt, daß prinzipiell jeder Mensch unter bestimmten psychischen Belastungen hysterieanfällig sein kann. Dennoch existiert in unserer Gegenwart unter den Medizinern aufgrund der definitorischen, diagnostischen und therapeutischen Resistenz und Widerspenstigkeit der Hysterie eine notorische Hysteriefeindlichkeit. Obgleich die Eliminierung des Hysteriebegriffs schon häufig gefordert wurde, bleibt bei einigen Medizinern der Wunsch nach seiner Neudefinition bestehen: »Man darf ohne Übertreibung behaupten, daß noch eine Menge Arbeit nötig ist, um das Geheimnis der Hysterie zu erhellen. Weit davon entfernt, aus unserem Dasein verschwunden zu sein, hat sich die Hysterie unserer Zeit angepaßt, so daß sie in travestierter Form nach wie vor unter uns lebt.« (Green 1976, S. 649) Oder: »Die Patienten, die als am deutlichsten hysterisch erscheinen, sind es nicht eigentlich, und jene, die am wenigsten so aussehen, sind die wahren hysterischen Persönlichkeiten!« (Hoffmann, zit. n. Mentzos 1980, S. 70) Und ein anderer Autor stellt die nach wie vor aktuelle Frage: »Was ist aus den großen hysterischen, klinischen Bildern der Jahrhundertwende geworden? Sind sie tatsächlich einfach verschwunden, oder haben sie sich nur verwandelt?« (Ebd., S. 9) Für diesen Forscherdrang scheint es denn auch nur eine einzige Antwort zu geben: »Das Wort Hysterie sollte beibehalten werden, auch wenn seine ursprüngliche Bedeutung sich so sehr gewandelt hat. Es ist schwierig, es heute zu ändern; in der Tat hat es eine so große und schöne Vergangenheit, daß es schmerzlich wäre, es aufzugeben.« (Janet, zit. n. ebd., S. 12)[242]

Anmerkungen

1 Vgl. *Green* 1976; *Veith* 1965.
2 Bereits *Möbius* (1906, S. 152) sprach von der »Flüchtigkeit der Beschwerden« als dem eigentlichen Charakteristikum der Hysterie.
3 Vgl. *Israel* 1979; *Green* 1976, S. 630 f.
4 Vgl. *Veith* 1965, S. VIII.
5 Vgl. *Devereux* 1974; *Zutt* 1972.
6 Vgl. *Sontag* 1978, S. 62 f.
7 Ebd., S. 63.
8 Vgl. *Bachelard* 1978a, S. 40 f.
9 *Bachelard* zufolge beginnt die Tradition des wissenschaftlichen Rationalismus erst im Jahre 1905 mit der *Einsteinschen* Relativitätstheorie (ebd., S. 39).
10 Zur strikten Unterscheidung von Wort und Begriff für den Bereich der Sprachwissenschaft vgl. auch *Weinrich* 1974, S. 25 ff.
11 Vgl. *Oevermann* 1973. Zur Übernahme dieses Konzepts des kulturellen Deutungsmusters im Rahmen der kulturgeschichtlichen Forschung siehe auch *Honegger* 1978, S. 25. Zum Begriff des Deutungsmusters im Rahmen einer Neubestimmung gegenwärtiger kultursoziologischer Forschung vgl. *Lipp/Tenbruck* 1979, S. 395: »Sie (die Kultursoziologie; R.S.) zielt vielmehr allgemein auf die Bedeutungsmuster, welche dem Handeln, explizit oder implizit, quer durch die Daseinsbereiche und Institutionen Halt und Sinn geben«. Zur allgemeinen Bestimmung kultureller Symbolik siehe ferner *Lipp* 1979.
12 Vgl. *Honegger* 1978, S. 25; siehe ferner *Berger/Luckmann* 1970, S. 105.
13 Zum allgemeinen Problem des Verhältnisses von Konformismus und Nonkonformismus siehe die Einleitung zu *Lipp* 1975.
14 Vgl. *Lepenies* 1977, S. 138 f.

15 Vgl. *Diepgen* 1955, S. 276.
16 Vgl. *Israel* 1979, S. 8.
17 Vgl. hierzu *Ackerknecht* 1967, S. 22–31; *Veith* 1965, S. 1–8; *Pollack* 1968, S. 19–23 und S. 70; *Meyer-Steineg/Sudhoff* 1928, S. 21–33.
18 Vgl. *von Deines/Grapow/Westendorf* 1958, S. 267–271; *Veith* 1965, S. 3–10; *Ackerknecht* 1967, S. 29.
19 Im Zusammenhang mit der Beschwörung der Gebärmutter steht im Ebers-Papyrus, daß die Gebärmutter an ihre Stelle zurückgehen und ihre Öffnung verschließen soll. Vgl. *von Deines* u.a. 1958, S. 283.
20 Vgl. *Leibbrand/Wettley* 1961, S. 55; siehe ferner *Schrenk* 1974, S. 253; *Sigerist* 1954, S. 22 ff.; *Diepgen* 1937, S. 232; *Kapferer/Fingerle* 1936, Bd. 13, S. 26 ff.; *Ackerknecht* 1967, S. 53 ff.
21 Vgl. *Roback* 1970, S. 153; *Veith* 1965, S. 10; *Kapferer/Fingerle* 1940, Bd. 24, S. 34.
22 Siehe *Kapferer/Fingerle* 1938, Bd. 18, S. 26 f. und 1940, Bd. 23, S. 35–37.
23 Vgl. *Veith* 1965, S. 10; *Diepgen* 1937, S. 230 ff.
24 Vgl. *Veith* 1965, S. 10; *Kehrer* 1974, Bd. 3, S. 1268.
25 Für *Hippokrates* ist jedoch die Epilepsie nicht heiliger als andere Krankheiten. Grundsätzlich wirken auf Krankheit und Gesundheit atmosphärische Einflüsse der Natur wie Wärme, Kälte und Winde, welche göttlichen Ursprungs sind. Entscheidend scheint hierbei jedoch zu sein, daß für die Entstehung einer Krankheit nicht die göttliche Ursache als das besondere im Vordergrund steht, sondern daß jede Krankheit ihre je spezifische Ursache neben den allgemeinen göttlichen erhält. So war *Hippokrates* der erste in der Medizingeschichte, der die Ursache der Epilepsie im Gehirn lokalisierte. Vgl. hierzu *Leibbrand* 1939, S. 33; siehe ferner *Kapferer/Fingerle* 1934, Bd. 24, S. 60 ff.; *Leibbrand/Wettley* 1961, S. 59; *Raabe 1970;* *Veith* 1965, S. 13 ff.; *Ackerknecht* 1967, S. 55; *Pollack* 1969, Bd. 2, S. 249; *Diepgen/Gruber/Schadewaldt* 1969, S. 5.
26 Vgl. *Veith* 1965, S. 10–13; *Leibbrand/Wettley* 1961, S. 59.
27 Vgl. *Sigerist* 1954, S. 25 ff.
28 Deutsche Übersetzung nach *Tourette* 1894, S. 1; siehe ferner *Fischer-Homberger* 1970, S. 97; *Diepgen* 1937, S. 133.
29 Vgl. *Platon,* Timaios, 42a–c und 91d–e. *Leibbrand* zufolge handelt es sich bei der platonischen Lehre der Seelen- und Sühnewanderung

um die Vorwegnahme der kathartischen Methode, wie sie auch *Aristoteles* und *Gorgias* kannten. *Platos* Forderung nach bewußter Überwindung animalischer und infantiler Affekte wäre gleichzusetzen mit der des modernen Psychotherapeuten unserer Tage. Der Mensch »muß beispielsweise seine femininen Komplexe als Frau durchmachen, er muß alle triebhaften tierischen Affekte erledigen, bis er in neuer Synthese gereinigt wieder zum eigentlichen Ich gelangen kann«. *Leibbrand* 1939, S. 71 und S. 80.

30 Siehe *Leibbrand* 1939, S. 80; ferner *Schumacher* 1963, S. 230 ff.
31 Vgl. *Platon,* Politeia, 449a ff.; siehe ferner *Müller-Hill* 1981, S. 22–35 und S. 184 ff.; *Irigaray* 1980, S. 199 ff.
32 Von *Celsus'* »Arzneiwissenschaften« blieben acht Handbücher der Medizin erhalten, die um 25 bis 35 n. Chr. entstanden sind. *Celsus* 1665; siehe ferner *Roback* 1970, S. 155; *Leibbrand/Wettley* 1961, S. 108.
33 Vgl. *Ackerknecht* 1967, S. 61.
34 Siehe *Diepgen* 1949, S. 112.
35 Vgl. *Veith* 1965, S. 21 ff.; *Diepgen* 1937, S. 132 und S. 251 ff.
36 Vgl. auch *Locher* 1847.
37 Vgl. *Aretäus* 1858, S. 40 u. 186 f.
38 Nach *Veith* (1965, S. 23) entstammt der »Katochus« dem griechischen Wort katoché, d.h. Epilepsie (kat-echó = festhalten). Dabei handelt es sich um einen tranceähnlichen Zustand der Katalepsie, in der der Mensch bei Bewußtsein ist, aber nicht sprechen kann. Nach *Leibbrand/Wettley* (1961, S. 116) wurde der Katochus später als selbständige Krankheit in der Nosologie der »Insania« (Wahnsinn) beschrieben. Im Unterschied zu *Veith* vertreten diese beiden Autoren die Auffassung, daß man daraus nicht den Schluß ziehen dürfe, *Aretäus* habe die männliche Hysterie beschrieben. Siehe ferner *Aretäus* 1858, S. 40.
39 Vgl. *Sigerist* 1954, S. 49–52; *Diepgen* 1949, S. 111 ff.; *Ackerknecht* 1967, S. 66.
40 Vgl. *Soranus* 1894, S. 19 ff.; siehe ferner *Diepgen* 1937, S. 144 und S. 287 ff.; *Veith* 1965, S. 25 ff.
41 Siehe *Soranus* 1894, S. 115 und 148 f.; vgl. ferner *Diepgen* 1937, S. 228, 234 und 255; *Veith* 1965, S. 29 ff.
42 Vgl. *Soranus* 1894, S. 114; siehe ferner *Friedreich* 1965, S. 49.
43 Vgl. *Ackerknecht* 1967, S. 69 ff.; siehe ferner *Sigerist* 1954, S. 52 ff.; *Roback* 1970, S. 158 f.; *Diepgen* 1949, S. 119 ff.; *Fran-

kenberg 1972, S. 75 ff.

44 *Leibbrand/Wettley* (1961, S. 118) zufolge schuf *Galen* auch neue theoretische Vorstellungen für die allgemeine Psychopathologie, »auf denen die gesamte mittelalterliche Psychologie und Psychopathologie bis über den Barock hinaus beruhte«.

45 *Leibbrand/Wettley* (1961, S. 126) zufolge haben Hebammen diesen Namen erfunden. Diese übernahmen ihn wiederum von den erkrankten Frauen, die sich selbst als hysterisch bezeichneten. Auch wird vermutet, daß die Ansicht *Platons* von der Tiernatur und der Wanderfähigkeit des Uterus aus Hebammenkreisen stammt. Vgl. auch *Diepgen* 1937, S. 133.

46 Nach *Leibbrand/Wettley* (1961, S. 127) bezieht sich die Medizin vom Mittelalter bis zum Barock auf *Galens* Hypothese der schädlichen Wirkung der »retentio seminis«. Dies sei auch die physiologisch-ärztliche Begründung, weshalb es bis zum Beginn des 18. Jahrhunderts keine Onaniefragen gegeben habe. Vgl. ferner *Veith* 1965, S. 37 f.; *Diepgen* 1937, S. 233 ff.; *Cesbron* 1909, S. 42. Die Existenz weiblichen Samens war von *Aristoteles* allerdings negiert worden. Stattdessen führte er die Idee vom körperlichen Mangel und der Minderwertigkeit der Frau in seine Lehre ein. Das hatte nach *Fischer-Homberger* (1970, S. 98) zur Folge, daß zwar die uterine Genese der Hysterie bestehen blieb, aber der Hysteriebegriff bis zum Mittelalter dennoch unklar blieb.

47 Die Satyriasis war schon *Aretäus* (1858, S. 42 f. und 187 f.) bekannt. Sie ist eine Affektion der männlichen Geschlechtsteile mit auftretenden Entzündungen, »unmäßigem« Wollusttrieb, Samenejakulationen und Konvulsionen. Sie führt zu geistiger Verwirrung und Spannung der Nerven. Als spezifisch männliche Sexualpathologie fand sie später bei der Frau ihre Entsprechung in der sogenannten Nymphomanie und »führte gleichzeitig zu einer Analogie der Uteromanie = Hysterie«. Vgl. *Leibbrand/Wettley* 1961, S. 116 und S. 127.

48 Vgl. hierzu *Augustinus* 1955, 22. Buch, S. 13 f.; siehe ferner *Diepgen* 1937, S. 316 ff.; *Ackerknecht* 1967, S. 74 ff.; *Veith* 1965, S. 43.

49 Vgl. *Leibbrand/Wettley* 1961, S. 140 und S. 160; *Diepgen* 1949, S. 156; *Augustinus* 1955, 16. und 22. Buch; *McKinney* 1937, S. 60 ff; *Fischer-Homberger* 1969, S. 119 ff.; *Kehrer* 1974, S. 1268.

50 Vgl. hierzu *Diepgen* 1949, S. 256 ff.; *Ackerknecht* 1967, S. 94; *Jung* 1934, S. 108; *Sigerist* 1954, S. 89; *Kaiser* 1969, S. 82 ff.; *Veith*

1965, S. 104.
51 Vgl. hierzu *Kaiser* 1969, S. 89; *Diepgen u.a.* 1969, S. 9.
52 Siehe ferner *Paracelsus* 1567; *Leibbrand/Wettley* 1961, S. 206 ff.
53 Vgl. ferner *Paracelsus* 1924, Bd. 8, S. 326; *Schrenk* 1974, S. 256 ff.
54 Vgl. *Paracelsus* 1567, Kap. Cura Caduci und S. Veyto Thanz; siehe ferner ders. 1924, Bd. 8, S. 261–315; *Diepgen* 1949, S. 260.
55 Vgl. *Rabelais* 1964, Bd. 1, S. 371 und 373.
56 Vgl. hierzu *Jordan* 1603, S. 5–25; *Kehrer* 1974, S. 1268. Zum Begriff der »vapours« vgl. *Veith* 1965, S. 122; *Foucault* 1973, S. 201 ff. Nach *Fischer-Homberger* (1970, S. 98 f.) kamen die schädlichen Dämpfe aus dem Unterleib. Dies erlaubte es, die Hysterie in die begriffliche Nähe der Hypochondrie zu bringen, da die »vapours« bei Mann und Frau ähnliche Symptome hervorriefen. Doch das Festhalten an der Uterustheorie und die Betonung des weiblichen Geschlechtslebens verhinderten eine vollständige Identifikation beider Erkrankungen miteinander. Stattdessen begannen nun einige Autoren aus der Hysterie eine melancholische Krankheit zu machen. Vgl. auch *Foucault* 1973, S. 289 f.
57 *Burtun* 1948, S. 57 und S. 353–365; siehe ferner *Veith* 1965, S. 124 f.
58 Vgl. *Cesbron* 1909, S. 98; *Tourette* 1894, S. 8 f.
59 Vgl. *Diepgen* 1949, S. 302 f.; *Sigerist* 1954, S. 157 ff.; *Leibbrand/Wettley* 1961, S. 272; *Ackerknecht* 1967, S. 108 f.
60 Vgl. *Sydenham* 1848, Bd. 2, S. 54 und S. 85; *Leibbrand/Wettley* 1961, S. 274 ff.; *Veith* 1965, S. 145; *Fischer-Homberger* 1970, S. 99.
61 Vgl. *Sigerist* 1954, S. 145 f; *Diepgen* 1949, S. 296; *Baglivi* 1723, Kap. 14, S. 160–172.
62 Vgl. *Boissier de Sauvages* 1763; *Cullen* 1786, S. 43.
63 Siehe *Cullen* 1796, S. 98–115; *Roback* 1970, S. 203 f.
64 Vgl. *Rush* 1809, S. 238 und S. 157; *Ackerknecht* 1967, S. 205 f. Zur Kritik an B. Rush siehe *Szasz* 1976.
65 Siehe hierzu *Saussure* 1970, S. 216–235; *Szasz* 1976, S. 210 f.; *Foucault* 1973, S. 523 ff.; *Kraeplin* 1918, S. 210 ff.; *Leibbrand/Wettley* 1961, S. 418–421.
66 Vgl. *Pinel* 1813, S. 285–287. Die Bewertung der Masturbation als ätiologisch bedeutsamer Krankheitsfaktor entstammt nach *Szasz* (1976, S. 263) der traditionellen christlichen Ethik. Die These, Masturbation führe zum Wahnsinn und schließlich zur Demenz, wur-

de von *Pinel* im Gegensatz zu seinem Schüler *Esquirol* noch nicht vertreten. *Esquirol,* der in der Masturbation eine Vorläuferin des Wahnsinns sah, schätzte ihre Folgen für die Männer weitaus gravierender ein als für die Frauen. Vgl. *Esquirol* 1968, S. 52.
67 Vgl. *Pinel* 1813, S. 287 ff.
68 Vgl. *Roback* 1970, S. 222; *Leibbrand/Wettley* 1961, S. 507; *Veith* 1965, S. 188; siehe ferner *Doucet* 1971, S. 243.
69 Vgl. *Feuchtersleben* 1845, S. 238–246.
70 Demzufolge war es nicht erst *Freud,* der den Bereich des Unbewußten entdeckte, wie oft angenommen wird, sondern die Annahme eines unbewußten Lebens unterhalb der Bewußtseinsschwelle kann bis in die indische und griechische Frühzeit zurückverfolgt werden. Die Entwicklung einer Theorie des Unbewußten läßt sich etwa von *Leibniz* über *Herbart, Schopenhauer,* v. *Hartmann* bis zu *Nietzsche* nachzeichnen. Wichtig für ein Verständnis des natürlichen und somnambulen Schlafes, der Begründung und Anwendung des wissenschaftlichen Hypnotismus und der Bedeutung der Gegenübertragung innerhalb der psychoanalytischen Arzt-Patient-Beziehung waren die Anfänge des von *Mesmer* (1734–1815) entdeckten tierischen und animalischen Magnetismus. Siehe hierzu *Vliegen* 1976, S. 687–700.
71 Vgl. hierzu *Leibbrand/Wettley* 1961, S. 507 f. Zu den wenigen Ausnahmen, die *Feuchtersleben* explizit als den Begründer der psychosomatischen Medizin auszeichnen, gehört *Roback* 1970, S. 222.
72 Vgl. *Ackerknecht* 1967, S. 178 ff.; *Diepgen* 1955, S. 155; *Leibbrand/Wettley* 1961, S. 509 ff.
73 Eine Erklärung, weshalb vaginale Untersuchungen und Abhandlungen durch den Mann nicht alltäglich waren, ergibt sich daraus, daß die Geburtshilfe und Gynäkologie für Jahrtausende in den Händen von Hebammen und heilkundigen Frauen lag. Ein weiterer Grund liegt darin, daß sich der Organspezialismus erst zu Beginn des 19. Jahrhunderts entwickelte und sich erst in dieser Zeit eine lokale Therapie verstärkt durchsetzen konnte. Siehe hierzu *Diepgen* 1955 u. 1959.
74 Daß *Virchow* mit seiner Ansicht über die Frau nicht allein stand, zeigt der Spruch des Franzosen *Achille Chéreau* (1817–1885): »propter solum mulier est, quod est« (1845); zit n. *Diepgen* 1959, S. 171 und S. 56; vgl. auch *Ackerknecht* 1967, S. 145.
75 Vgl. *Dubois* 1840, S. 38–43; *Loyer-Villermay* 1818, S. 231 und

S. 267; siehe ferner *Tourette* 1894, S. 12.
76 Vgl. *Dubois* 1840, S. 45 ff. und S. 67.
77 *Szasz* (1976, S. 253 ff.) zufolge entstand Anfang des 18. Jahrhunderts der Mythos vom Masturbationsirresein als Ursache des Wahnsinns. Als im 17. Jahrhundert allmählich das Hexenkonzept an erklärender Kraft verlor, trat der Begriff des Wahnsinns an die Stelle des Hexenbegriffs. Aber erst in der zweiten Hälfte des 18. Jahrhunderts konnte sich der Glaube an das Masturbationsirresein in ein medizinisches Dogma verwandeln und verlor erst wieder am Anfang des 20. Jahrhunderts allmählich seine Bedeutung für die Entstehung von Geisteskrankheiten und Neurosen. Vgl. ferner *Diepgen* 1959, S. 234 ff.
78 Vgl. *Morsier* 1970, S. 39–56.
79 Vgl. ferner *Fischer-Homberger* 1971, S. 38 ff.
80 Siehe *Charcot* 1894, Bd. 1, S. 32 ff. und 1895, Bd. 2, S. 5; vgl. ferner *Tourette* 1894, S. 3–8. Die größte Verantwortung für die Umdeutung der Hexe in eine Geisteskranke tragen *Szasz* (1976, S. 118 ff.) zufolge die Psychiater *Pinel, Esquirol* und *Charcot*. Selbst *Freud* behandelte die »Hexerei« als ein Problem der Psychopathologie und bekannte, daß seine »psychoanalytische Hysteriebeschreibung nur eine semantische Überarbeitung der dämonologischen« sei (ebd., S. 120). Allgemein interpretiert *Szasz* die Geisteskrankheit als das Produkt einer Beziehung zwischen Unterdrücker und Unterdrücktem, das für die Patientenbehandlung in der Psychiatrie kennzeichnend sei.
81 Vgl. *Charcot* 1894, Bd. 1, S. 98 und S. 126; 1886, S. 13; siehe ferner *Fischer-Homberger* 1975, S. 28 ff.
82 *Bernheim* und die Schule von Nancy widerlegten jedoch die Theorie *Charcots:* erstens, daß ausnehmlich Hysterische hypnotisierbar seien; zweitens, daß Hypnose und Hysterie nicht identische Zustände seien; drittens, daß *Charcot* die Bedeutung der Suggestion verkenne. Daraus folgert *Bernheim,* daß die hysterischen Stigmata sowie der hysterische Anfall Kunstprodukte *Charcots* seien, welche nicht zur Aufklärung und zum Verständnis hysterischer Manifestationen beitrügen. Vgl. *Bernheim* 1888, S. 80–89 und S. 165–169; siehe ferner *Baudouin* 1926, S. 24 ff.
83 *Charcot* 1894, S. 56 und 1895, S. 6; *Tourette* 1894, S. 20 ff.; *Leibbrand/Wettley* 1961, S. 534; *Steinhausen* 1901, S. 369–383.
84 Vgl. *Charcot* 1894, S. 106; *Tourette* 1894, S. 3–8; *Hellpach* 1906,

S. 74; siehe ferner *Hecker* 1832; *Wichmann* 1890, S. 632 ff.; *Hirschberg* 1897, S. 257–324; *Leuch* 1896; *Szegö* 1896.
85 Vgl. *Hellpach* 1906, S. 90 und S. 88.
86 Vgl. *Foucault* 1977b, S. 72; *Steyerthal* 1911, S. 8 f.
87 Siehe ferner *Lewandowsky* 1914, S. 86.
88 Vgl. *Charcot* 1894, S. 134–137; 1886, S. 12; siehe ferner *Binswanger* 1904, S. 23 ff.; *Hahn* 1906, S. 27 ff.; *Jolly* 1875, S. 506 ff.
89 Vgl. *Freud/Breuer* 1885, S. 17.
90 Vgl. *Lewandowsky* 1914, S. 683.
91 Siehe ferner *Walthards* 1909, S. 1998 f. Auch *Freud* (1909, S. 200) schloß nicht aus, daß der arc de cercle »eine solche energische Verleugnung einer für den sexuellen Verkehr geeigneten Körperstellung durch antagonistische Innervation« sein könnte.
92 Vgl. ferner *Stephanos* u.a. 1979, S. 447.
93 Vgl. *Charcot* 1895, S. 75; siehe ferner *Jolly* 1875, S. 519.
94 Vgl. *Green* 1976, S. 625. Mimikry bedeutet Nachahmung oder Imitation. Der Vorwurf der Nachahmung bezog sich bei der Hysterikerin meistens auf ihre Identifikation mit den Körpersymptomen anderer Personen. In der Charakterologieforschung warf man ihr später vor, daß sie auch auf dem intellektuellen Gebiet keine Originalität besäße. *Weininger* z.B. vertrat die Auffassung, daß die Hysterikerin zu sehr männliche und gesellschaftliche Wertungen akzeptiert, um zu einer eigenen weiblichen Identität zu finden. Vgl. hierzu *Weininger* 1980, S. 367.
95 Vgl. *Fervers* 1934, S. 670; *Green* 1976, S. 629 f.
96 Vgl. ferner *Berg* 1960, S. 149.
97 Siehe ferner *Kirchhoff* 1892, S. 477 f.
98 Vgl. *Petrilowitsch* 1969, S. 58; *Scheler* 1955; *Acken* 1951, S. 40; *Kretschmer* 1958, S. 7 f.; *Kranz* 1953, S. 224.
99 Vgl. hierzu *Tourette* 1894, S. 77 f.; *Jolly* 1875, S. 472 ff.; *Gowers* 1892, S. 358 ff.
100 Nach *Szasz* gehören die Hexe und die Hysterikerin zu jenen Typen von Sündenböcken, welche stets sozio-kulturelle und wissenschaftliche Probleme auszubaden haben. Dabei ist es falsch, die Hexe für eine fehldiagnostizierte Hysterikerin zu halten. Jedoch sei es typisch für die Psychiatrie, die Rolle des Kranken zu definieren, da sie in der Regel gegen den Willen des Betroffenen ihm die Rolle des Geisteskranken aufzwänge. Dies stehe im krassen Gegensatz zu der Rolle des Kranken innerhalb der Allgemeinmedi-

zin, da er hier seine Rolle als Kranker selbst definiere und sich freiwillig in Behandlung begebe. Vgl. *Szasz* 1972, S. 209; 1976, S. 161 f.

101 Vgl. *Forel* 1897, S. 93; *Binswanger* 1904, S. 12; 1899; *Lewandowsky* 1914, S. 652.

102 Vgl. ferner *Burgl* 1912, S. 37.

103 Siehe hierzu *Lacan* 1975, S. 151; *Zeldenrust* 1956, S. 28.

104 Vgl. *Möbius* 1893, S. 150 f.; siehe ferner 1888.

105 Vgl. *Möbius* 1977, S. 25–41.

106 Vgl. *Möbius* 1895, S. 16; *Raimann* 1904, S. 262; *Binswanger* 1904, S. 86; siehe ferner *Romberg* 1910, S. 740.

107 Siehe *Raimann* 1914, S. 1413; *Möbius* 1888, S. 67; *Nonne* 1904, S. 135.

108 Vgl. *Lewandowsky* 1914, S. 670 f.; *Stephanos* u.a. 1979, S. 445; *Nonne* 1904, S. 135.

109 Vgl. *Ziegenspeck* 1902, S. 75 f.

110 Vgl. ebd., S. 75; ferner *Sander* 1899, S. 589.

111 Vgl. *Raimann* 1903, S. 4; *Löwenfeld* 1899, S. 183; *Lewandowsky* 1914, S. 812.

112 Vgl. *Lewandowsky* 1914, S. 657; *Placzek* 1922, S. 15 f.

113 Vgl. *Lewandowsky* 1914, S. 767; *Placzek* 1922, S. 17; *Binswanger* 1904, S. 90; *Löwenfeld* 1899, S. 28.

114 Vgl. ferner *Krafft-Ebing* 1903, S. 426.

115 Vgl. *Wettley/Leibbrand* 1959, S. 10; *Raimann* 1904, S. 209.

116 Vgl. *Leibbrand* 1972, S. 570.

117 Vgl. *Bumke* 1908; *Oppenheim* 1890; *Löwenfeld* 1903, S. 442; *Binswanger* 1904, S. 45. *Wettley/Leibbrand* 1959, S. 55–65.

118 Vgl. *Wettley/Leibbrand* 1959, S. 60.

119 Vgl. *Bloch* 1908, S. 93 u. S. 483; *Adler* 1911, S. 123, 156 f. und 187; *Löwenfeld* 1899, S. 85; siehe ferner *Friedländer* 1921; *Placzek* 1922, S. 20; *Walthards* 1909, S. 1998.

120 Vgl. *Eulenburg* 1895, S. 96.

121 *Kemper* 1943, S. 25.

122 Vgl. *Moraglia* 1897, S. 20; *Rohleder* 1914a, S. 215 u. 223; *Bloch* 1908, S. 89 f.; *Adler* 1911, S. 123 u. 169; siehe ferner *Kisch* 1904; *Hirth* 1906; *Moll* 1897; *Hammond* 1891; *Kemnitz* 1923.

123 Siehe auch *Fuchs* 1899.

124 Vgl. *Rohleder* 1914a, S. 147 und 150; 1914b, S. 210 ff.; *Adler* 1911, S. 173.

125 Vgl. *Rohleder* 1914b, S. 209; *Adler* 1911, S. 120 f.; *Eulenburg* 1895, S. 16 f.; *Hönck* 1905, S. 17; siehe ferner *Holmes* 1895; *Löwenfeld* 1899, S. 123.

126 Vgl. *Němeček* 1953, S. 273; *Zeldenrust* 1956, S. 144.

127 Siehe *Stephanos* u.a. 1979, S. 444; *Raimann* 1904, S. 212 f.

128 Vgl. *Steyerthal* 1911, S. 9; *Placzek* 1922, S. 14; *Hirschberg* 1897, S. 292 f.

129 Vgl. *Kirchhoff* 1892, S. 476.

130 Vgl. hierzu *Diepgen* 1959, S. 36 ff.; *Leibbrand/Wettley* 1961, S. 52, 289, 368; *Krafft-Ebing* S. 124; siehe ferner *della Porta* 1601; *Carus* 1853; *Lavater* 1775.

131 Zum Begriff der hysterischen Reaktion, der zugleich eine Auflösung des Hysteriebegriffs implizierte, siehe *Gaupp* 1911 und 1938; *Hoche* 1916; *Beringer* 1971.

132 Siehe ferner *Kretschmer* 1921. Der Ausdruck »hysterischer Schwindler« erschien schon bei E. *Kraeplin* (1906). Dabei unterscheidet er drei Typen: 1. Den einfachen Konfabulanten (harmloser Abenteurer). 2. Den geborenen Hochstapler (Schwindler ohne Neigung und Befähigung zu ernsthafter Arbeit und zeigt hysterische Stigmata) und 3. Den Krankenhausschwindler, der die Ärzte hintergeht. Dieser letzte Typus soll nach Meinung der Ärzte am häufigsten von Frauen vertreten werden.

133 *Kossack* (1915, S. 168) reihte ebenfalls den etwas dirnenhaften Frauentyp unter die Hysterikerin ein. Seine besondere Spezialität sei jedoch die, daß er den Geschlechtsakt verabscheue, aber den Reiz des erotischen Abenteuers liebe, um den Mann in erregte Begierde zu versetzen.

134 Vgl. *Kossack* 1915, S. 171.

135 Über die Bedeutung der Mimik siehe *Jaspers* 1948, S. 226 ff. Auch *Plessner* (1950, S. 59) ist davon übrzeugt, daß das Gesicht und der Blick zum Spiegel, ja Fenster der Seele werden können.

136 Vgl. *Kossack* 1915, S. 170.

137 Siehe zur anthropologischen und soziologischen Betrachtungsweise einer Theorie des menschlichen Ausdrucks: *Plessner* 1950; *Müller-Freienfels* 1949; *Zutt* 1939.

138 Vgl. *Aronsohn* 1912, S. 1885; siehe ferner *Stransky* 1918, S. 134 u. 179.

139 Vgl. *Schneider* 1933, S. 1277. Zum Aspekt des »Willens zur Krankheit« siehe Kap. III, Abschnitt 2 dieses Buches.

140 Vgl. *Lehmann* 1943, S. 446.
141 Siehe ferner *Klages* 1910; *Krohn* 1978, S. 158 f.
142 Siehe hierzu *Stransky* 1918, S. 136; *Weddigen* 1960.
143 Vgl. hierzu *Klages* 1926, S. 146; *Schulhof* 1925.
144 Siehe hierzu den literaturhistorischen Essay von *Susan Sontag* (1978). Sie zeigt darin am Beispiel von Tbc und Krebs auf, daß sich metaphorische Sprache im medizinischen Denken solange erhält, wie die Ursache einer Krankheit noch nicht entdeckt ist. Auch hier ist die Frage, inwieweit der einzelne für seine Krankheit letztlich verantwortlich sei, aktuell. Die Metaphorisierung einer Krankheit bleibt jedoch solange bestehen, wie eine Krankheit als unheilbar und als Laune gilt.
145 Vgl. hierzu *Aronsohn* 1912, S. 1885; *Stransky* 1919, S. 2330 u. S. 2386; *Acken* 1951, S. 80 f.
146 Vgl. *Petrilowitsch* 1969, S. 73–77; *Raimann* 1922, S. 350; *Klages* 1926, S. 145.
147 Als Beispiel für eine sogenannte nützliche Hysterie könnte in diesem Kontext »Anna O.« alias *Bertha Pappenheim* angeführt werden. Diese erlitt jedoch keinen ethischen Zusammenbruch, sondern wurde zur Begründerin eines Waisenheims für jüdische Kinder und überwand ihre psychischen Konflikte gerade mit dieser sozialen Aufgabe. Es sei hierbei überhaupt darauf verwiesen, daß allgemein die männlich Vorstellung dominierte, daß Frauen unfähig zur asketischen Lebensführung seien und sich deshalb zur Sublimation nicht eigneten. Auch bei *Freud* findet man diese Auffassung wieder. Siehe ferner *Bumke* 1942, S. 208; *Stransky* 1919, S. 2388 f.; *Jung* 1971, S. 378 f.
148 Vgl. *Jung* 1971, S. 381.
149 Vgl. *Jung* 1971, S. 382 u. 400 f. Diese Auffassung korrespondiert mit vielen anderen Ansätzen zu einer Bestimmung des hysterischen Charakters. Auch dort wird davon ausgegangen, daß der Hysteriker über oberflächliche Denkeleganz, Esprit, rasches Kombinationsvermögen, viele gute Ideen verfüge, aber keine »Leitidee« sein Denken präge. Das erkläre auch, warum Anschauungen und Lehren z.B. von »hysterischen Wissenschaftlern« historisch keine Bedeutung besäßen, da sie immer nur an die unmittelbare Ausstrahlungskraft der Person gebunden blieben. Siehe hierzu die ausführliche Darstellung von *Petrilowitsch* 1969, S. 73 ff.
150 Vgl. hierzu *Goffman* 1969.

151 Nach *Szasz* (1972, S. 243) zeichnen sich die Bereiche der Psychiatrie und der Politik dadurch aus, daß das gegenseitige Betrügen dort besonders ausgeprägt ist, weil es in beiden weder um Wahrhaftigkeit noch um Fairness ginge. Gefördert würde der Betrug vor allem in Bereichen, in denen die Verhaltensspielregeln weder genau festgelegt noch genau bekannt seien. Demgemäß hätte die traditionelle Psychiatrie viel mit Betrug, aber wenig mit körperlicher Krankheit zu tun. Geisteskrankheit ist *Szasz* (1972, S. 51) zufolge schlechthin ein kulturell geschaffener Mythos.

152 Vgl. *Ruland* 1930, S. 357 f.; *Lewandowsky* 1914, S. 762 f.; *Zeldernrust* 1956, S. 11–16; *Jaspers* 1948, S. 371.

153 Vgl. *Acken* 1951, S. 40; *Giehm* 1935, S. 995 f.; *Freud* 1905b, S. 114.

154 Vgl. *Adler* 1972, S. 191 f.

155 Siehe hierzu *Krohn* 1979, S. 172 f.; *Clement* 1976; *Adler* 1972, S. 264; *Green* 1976; *Boor* 1965, S. 2190; *Major* 1973; *Lacan* 1975, S. 148; *Gilman* 1978.

156 Siehe dazu *Hahn* 1906; *Pfister* 1928.

157 Vgl. hierzu *Sinclair* 1965; *Seidenberg/Papthomopoulos* 1962; *Fiedler* 1960.

158 Ein deutscher Mediziner namens *Langermann* bemerkt hierzu: »Daß übrigens die Selbstbeherrschung selbst in psychopathischen Zuständen noch möglich ist, also eine Handhabe zur Heilung bietet, beweist die List der Irren, womit sie ihren Wahn oft lange zu verbergen im Stande sind« (zit. n. *Feuchtersleben* 1845, S. 374).

159 Vgl. *Jaspers* 1948, S. 370; *Placzek* 1922, S. 36 f.

160 Vgl. auch *Deutsch* 1922, S. 154.

161 Vgl. *Deutsch* 1922, S. 164; *Freud* 1908, S. 171–179.

162 Vgl. *Fenichel* 1974, S. 31; *Green* 1976, S. 642; *Beauvoir* 1968, S. 289.

163 Vgl. auch *Petrilowitsch* 1969, S. 84.

164 Vgl. *Simmel* 1919a, S. 58 ff.

165 Vgl. *Placzek* 1922, S. 37 f.; siehe ferner *Szasz* 1972, S. 135–164.

166 *Szasz* (1972, S. 251 f.) zufolge hielten die der klassischen Psychiatrie angehörenden Mediziner alle Geisteskranken für Schwindler und Betrüger. Er selbst relativiert die Rolle des Lügners und Geisteskranken, indem er darauf verweist, daß Menschen (besonders Kinder, Frauen und Arme) in minderbemittelten und sozial untergeordneten Positionen es sich gar nicht leisten könnten, die Wahr-

heit, d.h. ihre eigentlichen Lebensprobleme offen zu äußern. In der Psychiatrie speziell würde auf Grund der hierarchischen Verhältnisse die Lüge geradezu gefördert. Indem die Psychiater an ihrem Krankheitsbegriff festhielten, grenzten sie nicht nur die tatsächlichen Probleme aus, sondern hielten dadurch den »Mythos der Geisteskrankheit« aufrecht, der einem Betrug gleichzusetzen wäre. Siehe ferner *Eulenburg* 1913, S. 19; *Klages* 1926, S. 147; *Bumke* 1942, S. 208.

167 Die Äußerungsform der »moral insanity« tritt meist im Zusammenhang von Geisteskrankheiten auf. Sie steht insofern mit der Hysterie im Zusammenhang, als auch bei ihr die »krankhafte« Triebäußerung zu Delikten führen kann. Vgl. hierzu *Bloch* 1908, S. 727; *Dörner* 1975, S. 111.

168 Vgl. *Placzek* 1922, S. 37 f.; *Detmar* 1939, S. 398; *Pickert* 1942, S. 24.

169 Vgl. ferner *Burgl* 1912, S. VII.

170 Siehe *Steyerthal* 1911, S. 48.

171 Vgl. *Burgl* 1912, S. 139.

172 Vgl. *Burgl* 1912, S. 159–175; *Placzek* 1922, S. 47 f.; *Pickert* 1942, S. 26 f.; *Lewandowsky* 1914, S. 817; *Kraeplin* 1906; *Krafft-Ebing* 1895.

173 Vgl. *Möbius* 1977, S. 7-11; siehe ferner *Eulenburg* 1913, S. 26 f.

174 Vgl. *Placzek* 1922, S. 48 f.; *Kürbitz* 1905; *Delbrück* (1891, S. 126) verglich z.B. die krankhafte Lüge mit den Entstehungsbedingungen des hysterischen Anfalls. Er meinte, daß man bei beiden Phänomenen sowohl bewußte Täuschung als auch ausgesprochene Krankhaftigkeit vorfinden würde. Da die Übergänge fließend sind, sei eben unklar, wo die Lüge aufhöre und die Krankheit begänne.

175 Ein markantes Beispiel liefern die Besessenen von Loudun und die Ordensschwester *Jeanne des Anges* im 17. Jahrhundert. Sie beschuldigten den Priester *Urbain Grandier,* einen Pakt mit dem Teufel geschlossen zu haben und das Opfer seines diabolischen Spiels geworden zu sein. In diesem Zusammenhang trat auch bei Jeanne eine Phantom-, bzw. Scheinschwangerschaft auf, die ein seltenes, aber bekanntes Phänomen vor allem im Mittelalter war. Jedenfalls wurde *Grandier* auf Grund der Anklage und anderer Intrigen schließlich gefangen, gefoltert und nach zwei Jahren Gefangenschaft lebendig verbrannt. Vgl. hierzu *Kröning-Linhardt*

1956; siehe ferner *Sello* 1911; *Placzek* 1922, S. 38, 42 und 47; *Speier-Holstein* 1915; *Willibald* 1843; *Ewers* 1919.
176 *Beauvoir* (1968, S. 525 ff.) zufolge unterliegt die Frau sehr leicht dem Einbildungswahn, daß der Mann, dem sie sich körperlich und seelisch offenbare, sie liebe oder von ihr fasziniert sei. Das aber sei ihre »Pathologie« besonders in ihrer Beziehung zum Priester und zum Arzt. Selbst wenn die Frau »normale« Empfindungen habe, sei sie von dem Gedanken beherrscht, daß ein zartes Band zwischen ihr und ihnen bestehe. Ferner gibt es *Stekel* (1927, S. 464 f.) zufolge eine hohe Anzahl von alten Jungfrauen, welche nur bei gynäkologischen Untersuchungen durch einen ihnen sympathischen Arzt sexuelle Befriedigung fänden.
177 Vgl. hierzu *Freemann* 1973.
178 So wurde z.B. *W. Reich* und anderen bekannten amerikanischen Psychiatern vorgeworfen, daß sie ihren Patientinnen gestatteten, sich sexuell »auszuagieren«. *Ferenczi* küßte seine Patientinnen, und der namhafte Psychiater *W. Bern Wolfe* mußte Amerika verlassen, weil er ein Mädchen in seiner Behandlung sittlich »verdorben« hatte. Daß das nicht nur Gerüchte und Behauptungen sind, beweisen auch die aktuellen Interviews mit Patientinnen, welche auf der primitivsten Ebene von namhaften Psychiatern sexuell ausgebeutet werden. Kennzeichnend für männliche Therapeuten sei, daß sie traditionell und äußerst konservativ seien, ein »grandioses Selbstbewußtsein« haben, miserable Liebhaber seien, emotionelle Kälte gegenüber ihren Patientinnen zeigen, sich weigern, ihnen wirklich zu helfen, und daß sie sich oft an Patientinnen heranmachen, die ihnen bildungs- und erwerbsmäßig unterlegen seien. Vgl. hierzu *Marmor* 1970; *Roazen* 1969; *McCartney* 1966; *Chesler* 1974, Kap. 5.
179 Vgl. *Hirsch* 1919.
180 Die Psychoneurosen sollen auch heute noch in den Mittel- und Oberschichten am häufigsten verbreitet sein. Dies stünde mit dem Konformismus und dem stark traditionsgebundenen »Über-Ich« dieser Schichten in Zusammenhang. Vgl. *Bastide* 1973, S. 128; *Boor* 1965, S. 2190. Siehe ferner *Moll* 1897a, S. 61; *Burgl* 1912, S. 128/129; *Tourette* 1894, S. 38.
181 Vgl. *Schönhals* 1906, S. 5.
182 Siehe ferner *Krohn* 1978, S. 174; *Ehrenreich/English* 1976, S. 41.
183 Vgl. *Binswanger* 1904, S. 68; *Placzek* 1922, S. 30; *Raimann* 1904,

S. 200; *Lewandowsky* 1914, S. 778.
184 *Wehler* (1973, S. 54) sieht in dem zunehmenden Konservatismus des Bürgertums zugleich seine »Aristokratisierung«. Nachdem das Gesamtbürgertum seinen Frieden mit dem Bismarckschen Autoritätsstaat geschlossen hatte, näherte es sich institutionell dem Adel durch das Einnehmen höherer Verwaltungsstellen sowie durch das Erlangen des Adelsprädikats an. In diesem Zusammenhang spricht *Hintze* (1964, S. 99) von der Entstehung einer adligbürgerlichen Amtsaristokratie.
185 Siehe *Twellmann* 1976.
186 Vgl. ferner *Möbius* 1977, S. 54 f.; *Steiner* 1964, S. 48.
187 Vgl. *Lewandowsky* 1914, S. 778; *Kraeplin* 1913, S. 274; *Kretschmer* 1958, S. 41.
188 *Vondung* (1976, S. 21 u. 30) zufolge setzte sich das mittelständische Bürgertum aus dem Handwerk, handel- und gewerbebetreibendem Mittelstand und dem Bildungsbürgertum zusammen. Durch die fortschreitende Industrialisierung, das Anwachsen der industriellen Großbourgeoisie und der Industriearbeiterschaft geriet der gewerbetreibende Mittelstand in eine wirtschaftliche Krise, welche auch auf der politischen Ebene ihre Folgen hatte. Aber auch das Bildungsbürgertum war von diesem strukturellen sozialen Umschichtungsprozeß betroffen, durch den es in eine kulturelle und soziale Krise geriet. Das rapide Anwachsen der Wirtschaftsverbände und der Schicht technischer und verwaltungsmäßiger Angestellter führte zu einer Aufwertung naturwissenschaftlicher und technischer Ausbildungsbereiche bei gleichzeitiger Abwertung humanistischer Bildungszweige. Dadurch verlor das Bildungsbürgertum an sozialem Prestige.
189 Siehe ferner *Steiner* 1897, S. 22 f. und S. 50; *Schütte* 1906, S. 1763; *Hellpach* 1902/03. Der wohlhabende und gebildete Mittelstand gehörte *Vondung* (1976, S. 25 f.) zufolge zur kulturellen Elite. Ihr gehörten neben der höheren Beamtenschaft und den Universitätsprofessoren auch Adelige, Ärzte, Rechtsanwälte, Journalisten und Künstler an. Sie zeichneten sich durch eine relativ einheitliche Mentalität aus und konstituierten auch die »öffentliche Kultur«.
190 Vgl. *Bloch* 1908, S. 778 f.; *Vondung* 1976, S. 25; *Binswanger* 1904, S. 45.
191 Siehe hierzu die Erzählung von *E. Pötzl* (1968), die von einem

Ballfest mit dem einschlägigen Titel »Dionysisches Wiener Leben« berichtet. Hier traf sich das gehobene Bürgertum, um sich an dem »lebenden Bild« einer Frau zu erfreuen. Sie repräsentierte das Dionysische und Heidnische einer Kultur, dessen Existenz nur in einer geheimen Subkultur Anerkennung fand. In Trauer, daß dieser Kult der Natur und ihrer Freuden verlorengegangen war, flüsterte der Hausherr einem Besucher geheimnisvoll ins Ohr: »Sagen Sie es nicht weiter: es ist unsere Köchin, die Leni. Ein gleichwertiges Modell war leider in unseren eigenen dekadenten Kreisen nicht aufzutreiben.«

192 Vgl. hierzu *Raimann* 1904, S. 198 f.; *Tourette* 1894, S. 37; *Lewandowsky* 1914, S. 767.

193 Die Salpêtrière war sowohl ein Hospital als auch ein Gefängnis für Frauen, »welche auf gerichtliche Verfügung hin gebrandmarkt wurden«. Sie nahm vor allem Prostituierte, Leiterinnen von Bordellen, Waisenmädchen und junge Frauen auf, die verführt worden waren oder in Gefahr schwebten. Vgl. *Szasz* 1976, S. 46 f.; siehe ferner *Morsier* 1970, S. 50 f.

194 Vgl. *Scheler* 1955; *Achinger* 1967; *Seidler* 1977, S. 95; siehe ferner *Aub* 1911, S. 60 f.; *Boldt* 1907.

195 *Hellpach* (1904, S. 474 ff. u. S. 486 ff.) war der Überzeugung, daß eine besondere »Lenksamkeit« die Hysterie begünstigen würde. Frauen seien aber von Natur aus zur apperzeptiven Lenksamkeit veranlagt. Eine Krisis dieser Lenksamkeit führe zu einer Hysterisierung der Frau. Da die Frau besonders stark Beeinflussungen ausgesetzt sei, könne sie sich von ihrer »Lenksamkeit« kaum emanzipieren. Von daher würde sie immer der natürliche »locus minoris resistentiae« innerhalb der Gesellschaft bleiben, d.h. immer ein System labilen Gleichgewichts darstellen. Neben den Frauen sei auch das Proletariat im Unterschied zum männlichen Teil der Bourgeoisie beeinflußbar und »lenkbar«.

196 Vgl. *Krohn* 1979, S. 174; *Szasz* 1972, S. 94; *Pankow* 1976, S. 235 f.; *Boor* 1965, S. 2190; siehe ferner *Kogerer* 1932.

197 Vgl. *Duden* 1977, S. 125–140. In diesem Zusammenhang spricht auch *van den Berg* (1960, S. 146 ff.) davon, daß am Ende des 19. Jahrhunderts der Mann der »Besitzer« und die Frau die »Nicht-Besitzende« war. Im Hinblick auf den Mann erschien die Frau als reine Negation. Dies veranlaßte die damals bekannte Schriftstellerin *Laura Marlholm* (1896, S. 4) zu der Aussage, daß die Identität

oder das Bewußtsein der Frau einer »Kapsel über eine Leere« entspreche. Diese Äußerung bezog sich auf die verdrängte Sexualität der Frau, welche einen wesentlichen Bestandteil ihrer Nicht-Identität oder ihren »Mangel an Sein« darstelle.
198 Siehe ferner zum Übergang von der traditionalen zur modernen Familie *Shorter* 1977; *Artiès* 1975; *Mitterauer/Sieder* 1977; *Weber-Kellermann* 1974.
199 Vgl. *Duden* 1977, S. 133. Der Zeitpunkt der Funktionsverarmung des Haushalts, zu dem sich der Wandel von einer Produktionswirtschaft hin zu einer Konsumwirtschaft vollzog, wird bei *Freudenthal* (1934, S. 154 u. 39 ff.) etwa auf 1850 festgelegt. Sie unterscheidet dabei sowohl vermögende und unvermögende als auch städtische und ländliche Haushalte. Die letzteren vollzogen natürlich wesentlich langsamer den Anpassungsprozeß hin zu einer reinen Konsumwirtschaft. Siehe ferner *Weber-Kellermann* 1974, S. 106.
200 Vgl. *Claessens* 1979, S. 141 ff.; *Krohn* 1979, S. 179.
201 Vgl. *Claessens* 1979, S. 140 f.; *Krohn* 1979, S. 177; *Freudenthal* 1934, S. 155. Eine signifikante Veränderung in der rechtlichen Stellung der Ehefrau zeichnete sich in der restaurativen Phase nach der gescheiterten bürgerlichen Revolution von 1848 ab. Weil das Bürgertum politisch an Bedeutung verloren hatte, stand es gelähmt zwischen einem erstarkenden Proletariat und einem autoritären Machtstaat, mit dem es seinen Frieden schließen mußte. Diese politische Ohnmacht wurde innerhalb der Familie vom Ehemann durch einen patriarchalischen Machtzuwachs kompensiert. Im Familienrecht der damaligen Privatrechtsordnung spiegelt sich diese Entwicklung als sukzessive Verschlechterung der Rechtsstellung der Ehefrau wider. Vgl. hierzu *Gerhard* 1978, S. 172.
202 Diese Entwicklung betrifft vorwiegend die Frau des mittleren und gehobenen Bürgertums. Für die proletarische Frau wie für die proletarische Ehe verlief dieser Prozeß andersartig. Wichtig ist aber auch, daß mit der Entstehung einer kapitalistischen Ökonomie die »Universalität der geschlechtsspezifischen Arbeitsteilung« unmittelbar verknüpft war. Vgl. hierzu *Held* 1978; siehe ferner zur Entwicklung einer kontrastierenden Geschlechtsauffassung von Mann und Frau, welche den Mann als Träger der Kulturarbeit definierte und die Frau als das rein biologische Geschlechtswesen bestimmte, *Hausen* 1976. Die geschlechtsspezifische Zuweisung von

Mann und Frau wurde theoretisch systematisch durchgeführt von *Weininger* 1905.
203 Siehe ferner das Buch über die viktorianische Moral von *Pearsall* o.J.
204 *Krohn* (1979, S. 178) zufolge verkörperten die viktorianische und die puritanische Frau verschiedene Typen von Weiblichkeit. Während in der vorviktorianischen Zeit die Frau als Verführerin des Mannes und als Abbild des Teufels und Mysteriösen dargestellt wurde, galt im 19. Jahrhundert nun der Mann als derjenige, der die Tugend und Reinheit der Frau gefährdete. Siehe ferner *Dohm* 1976, S. 149; *Němeček* 1953.
205 Im Hinblick auf diesen zivilisatorischen Prozeß stellt *Elias* (1976, S. 247 ff.) fest, daß im Laufe des 19. Jahrhunderts die Sexualität im normativen Sinne ihren einzigen Ort im Ehebett der Kleinfamilie erhält. Indem sie moralisch aus der Öffentlichkeit verbannt und »hinter die Kulissen« verlegt wurde, entstand allmählich eine sexuelle »Überflutung« des Bewußtseins, welche bei beiden Geschlechtern Scham- und Peinlichkeits- wie Schuldgefühle hervorrief. Überdies wurden Mädchen im Unterschied zu Knaben gänzlich in sexueller Unwissenheit gehalten. Siehe auch zu diesem Thema *Ussel* 1977. *Foucault* (1977b, S. 174 ff.) zufolge hatte die »Politik des Sexes« den Sinn, einen Zugriff auf das Leben des Körpers und auf das der Gattung zu ermöglichen. Nach dem Prinzip von Lust und Macht habe sie einerseits zur vermehrten Diskursivität des Sexes geführt, d.h. diesbezüglich humanwissenschaftliche Disziplinen konstituiert, und andererseits habe sie ein Prinzip der Regulierung und Disziplinierung hervorgebracht, das eine neue Form von Bevölkerungspolitik darstellte.
206 Sexualität als Metapher des Todes betrifft *Marcus* (1979, S. 12 u. 45) zufolge vor allem politisch-medizinische Kampagnen, welche sich gegen alle Formen abweichender Sexualpraktiken wandten. In der Weise, wie das Bewußtsein hier vor allem des Mannes von der Erlangung einer wünschenswerten Normalität (monogame Ehe, Fortpflanzung) beherrscht war, nahm sie auch einen existenziellen Charakter an. Diese Kampagnen richteten sich auch gegen den ausgeprägten Homosexualitätskult der englischen Oberschichten. Die gleichgeschlechtliche Fixierung kam vor allem dadurch zustande, daß im 19. Jahrhundert das System der Public Schools und Internate nur von Knaben und Männern besucht

wurde. Eine platonische Hinneigung zum gleichen Geschlecht hat *Theweleit* (1978) ebenfalls bei den preußischen Freikorps und Kadettenschulen feststellen können.
207 *Theweleit* (1977, S. 323 ff.) zufolge ist die Feindschaft des Arbeiters gegenüber der Maschine identisch mit der Feindschaft zwischen dem »bürgerlichen Ich« und der Produktivkraft seines Unbewußten. Die Angst des bürgerlichen Menschen, Arbeiter werden zu müssen, resultiere aus der Angst, mit seinem Unbewußten in Berührung zu kommen. Dabei stellt Theweleit eine allgemeine »Negativisierung des Maschinellen« in der bürgerlichen Umgangssprache fest. Mechanik symbolisiere z.B. Tod, Apathie und Verkuppeln; Maschine bedeute Fließen, Abwesenheit des Bewußten, Produktion und Erguß. All das wird negativ belegt, als unsittlich und unseriös empfunden. Diese Einstellung führt Theweleit auf die wachsende Opposition von Mensch und Maschine zurück, welche das Prinzip der Anti-Produktion in die Produktionssphäre einführe. Maschinen werden auch da konstruiert, wo im eigentlichen Sinne nicht produziert wird (Beispiel: »Gynäkologenstuhl«). – Möglicherweise erklärt dies auch die landläufige Auffassung von Schwangerschaft und Stillzeit. Beide wurden männlicherseits nie als eine wirkliche Produktivkraft der Frau anerkannt, trotz des Mutterkultes. Die Mutter repräsentiert lediglich das Unbewußte, Fließende, Irrationale und das Anti-Produktive des bürgerlichen Mannes. Dies würde auch mit der Auffassung übereinstimmen, derzufolge die Mutterschaft einer »Asexualisierung« anheimgefallen ist, die ungefähr mit dem Marienkult ihren Anfang nahm. Vermutlich richtet sich diese »Enterotisierung« symbolisch gegen die biologische Fähigkeit der Frau, Leben zu erzeugen. Vgl. hierzu auch *Irigaray* 1980, S. 25.
208 Zur »Ehe als Beruf« und über die »Geldehe« siehe *Bebel* 1977, S. 134 ff.
209 Vgl. *Kössler* 1979. Siehe ferner zur Funktion und Rolle der Mode um die Jahrhundertwende *Mayreder* 1938; *Spiegel* 1900.
210 Vgl. *Ehrenreich/English* 1976, S. 16 f. *Hermann* (1977, S. 65) führt die Hysterie der jungen Frauen auf ihre repressive Erziehung zurück.
211 Vgl. *Simmel* 1919c, S. 257.
212 Auch *Foucault* (1977a, S. 184) weist auf den Zusamenhang zwischen weiblicher Sexualität, Krankheit und Identität hin: »Ihr seid

nichts als euer Geschlecht, hat man ihnen seit Jahrhunderten gesagt. Und dieser Sex, fügen die Ärzte hinzu, ist anfällig, fast immer krank und stets Erzeuger von Krankheit. Ihr seid die Krankheit des Mannes. Und diese sehr alte Bewegung kommt im 18. Jahrhundert plötzlich auf Hochtouren und führt zur Pathologisierung der Frau, der Körper der Frau wird medizinischer Gegenstand par excellence.«

213 *Szasz* (1972, S. 38 f.) zufolge waren die Patientinnen *Charcots* teilweise Analphabeten. *Charcot,* der die Rolle eines »aristokratischen Autokraten« anstrebte, hatte eine »zutiefst entmenschlichte Einstellung« zu seinen Patientinnen. Andererseits galten die Hysterikerinnen »als brauchbare Objekte für seriöse Studien«, weil sie etwas zu erkennen gaben. Siehe ferner *Morsier* 1970, S. 40 und S. 50 ff.

214 Siehe ferner *Jendrassick* 1888; *Löwenfeld* 1894; 1922; *Tatzel/Menzenschwand* 1898.

215 Vgl. *Lessing* 1907, S. 36 ff.; siehe ferner *Hellpach* 1903. Das Argument, daß Frauen besonders dazu neigen, »sich unter die Herrschaft einseitiger autoritativer Impressionen zu stellen«, beruht auf der männlichen Vorstellung, daß die Frau von Natur aus eine ungespaltene, geschlossene Identität habe. *Simmel* (1919c, S. 259 u. 264 ff.) z.B. führt das darauf zurück, daß die Frau nicht in die männliche Arbeitsteilung integriert und von daher auch in ihrer Identität angreifbarer und verletzbarer als der Mann sei. Der Mann dagegen sei in seiner Identität hochgradig differenziert, »vom subjektiven Leben gelöst« und neige daher eher zur Treulosigkeit und Pietätlosigkeit, indem er in seiner Überheblichkeit die Frau nur als »Sache« benutze. Die Auffassung der wesensmäßigen Geschlossenheit bzw. der »in sich ruhenden Frau« wurde z.B. auch von *Andreas-Salomé* (1899) vertreten. Diese Auffassung bezüglich einer vordifferentiellen Einheit des weiblichen Wesens steht allerdings im eklatanten Widerspruch zur Spaltung des Frauenbildes in einen fragilen und einen dämonischen Pol, wie sie für die Jahrhundertwende bereits charakteristisch war, und kann deshalb allenfalls als ein nostalgischer Rückgriff auf das nun normativ gewendete Frauenbild einer vorindustriellen Epoche interpretiert werden.

216 Siehe ferner *Bindseil* 1979.

217 Vgl. *Hinterhäuser* 1977, S. 142 f.

218 Vgl. *Hinterhäuser* 1977, S. 141.
219 Vgl. *Thomalla* 1972, S. 25 ff.
220 Vgl. *Winau* 1977, S. 164.
221 Vgl. *Thomalla* 1972, S. 33–40.
222 Die »weiße« wie auch die »rote Frau« gehört zum Urtyp des weiblichen Geschlechts. In der schöngeistigen Literatur der Jahrhundertwende entstammt sie dem alten aristokratischen Geschlecht und begegnet uns in der Gestalt der »weißen« Gräfin, Fürstin, Mutter, Schwester und der »weißen Krankenschwester«. *Thomalla* (1972, S. 46 ff.) zufolge stellt die »weiße Frau« keinen besonderen Eigentyp dar, sondern gehört in die Reihe der fragilen Wesen. Die Farbe Weiß dient in diesem Zusammenhang als »Stilmittel« und »Schlüsselwort« des Fin de siècle mit symbolischer Aussagekraft. Durch ihre häufige Verwendung unterstreicht sie das Ambiente der fragilen Frau und erscheint als ihr charakteristischstes Attribut. Mit dieser Farbe soll vor allem die Immaterialität, Keuschheit, Unschuld, Lebensferne, Dekadenz und die Todesverfallenheit der zerbrechlichen Frau symbolisch dargestellt und ausgedrückt werden. In den »Männerphantasien« wird sie uns als Gegenpol zur kastrierenden »roten Frau« vorgestellt. Vgl. hierzu *Theweleit* 1977, S. 121 f.; *Schwarz* 1929, S. 23 ff.
223 Vgl. *Thomalla* 1972, S. 75–84. Unter dem Einfluß der Werke des *Marquis de Sade* und in enger Anlehnung an die von ihm konzipierte Figur der »Justine« wird die »femme fragile« von *Thomalla* (ebd., S. 85 ff.) auch als das »Opfer dekadenter Grausamkeit« beschrieben.
224 Vgl. *Praz* 1963, S. 167–250. *Praz*, der die »femme fatale« erkannt, benannt und psychologisch gedeutet hat, bezieht sich vorwiegend auf englische, französische und italienische Literatur und Kunst.
225 Vgl. ebd. S. 96 ff., 169 u. 242. Der Typ des Vamp kommt *Praz* (ebd. S. 191–201) zufolge in England zur höchsten Vollendung. Er steht dort unter dem Einfluß des *Marquis de Sade* und *William Blake,* einem Mystiker der Aufklärung. Beide gehören ihm zufolge zu den größten Anregern der Moderne. Siehe ferner *Blanchot* 1974.
226 Vgl. hierzu *Peters* 1972, S. 7–10.
227 Vgl. *Praz* 1963, S. 248. In der Phantasie der Poeten erscheint der Vamp-Typ auch in der Gestalt der Krankenschwester. Willenlos

und ihr ausgeliefert wird der Mann das Opfer ihrer sadistischen Handlungen. Das Bild einer solchen »Medusenschönheit« vor Augen, siniert ein italienischer Dichter über die Rätselhaftigkeit der Frau: »Wer kann uns deine schauerliche Hysterie deuten,/armes Weib, Frucht dieses verseuchten Jahrhunderts?/Man sagt, dein Kuß verwirre den Willen/und verursache schleichenden Knochenfraß« (*Gilkin* 1897, zit. n. *Praz* 1963, S. 249).

228 Hier lassen sich auch die möglichen Gemeinsamkeiten zwischen »femme fatale« und »femme fragile« aufzeigen: beide bleiben in ihrer Identität unerkannt; da sie im Leben nichts zu erwarten haben und irdisches Glück nicht erreichen, fürchten sie weder körperliches Leiden noch den Tod; beide scheitern sie an den Zumutungen der an sie gestellten sozialen Anforderungen, die sie zu Außenseitern der Gesellschaft machen: »Ihre Lebensphilosophie war eine des Todes, ihre Lebenskunst eine des Sterbens«. *Mayer* 1975, S. 89; siehe ferner die Interpretationen zu Lulu und Salome, die hier nicht weiter ausgeführt werden können: ebd., S. 127–137; *Fritz* 1977; *Glaser* 1974; *Bovenschen* 1979.

229 Auch *Schwarz* (1929, S. 24) stellte in der Analyse der Werke *E.v. Keyserlings* fest, daß ein- und dieselbe Frauengestalt sowohl das aktive als auch das passive Prinzip vertreten kann. Zu den oben erwähnten Frauentypen siehe *Mayer* 1975, S. 87–94. Zur Kritik und Analyse surrealistischer Phantasie und Mythologie siehe *Gauthier* 1980; *Steinwachs* 1971.

230 In der feministischen Tradition einer Freudkritik stehen folgende zentrale Arbeiten: *Beauvoir* 1968; *Friedan* 1970; *Millet* 1974; *Chasseguet-Smirgel* 1974; *Gurgel* 1976; *Mitchell* 1976; *Hagemann-White* 1977; *Irigaray* 1976; 1980; *Schlesier* 1981.

231 Zur Bedeutung eines radikalisierten feministischen Rückgriffs auf die Hysterie, auf die noch nicht durch den psychoanalysierten Diskurs kodierte Hysterie vgl. *Clément* 1976; *Irigaray* 1977, S. 20–26, 47 und 106 ff.; 1980, S. 239 ff.

232 Vgl. *Laplanche/Pontalis* 1972, S. 181; *Bram* 1973; *Mannoni* 1971, S. 33 ff.

233 Vgl. *Freud/Breuer* 1895, S. 20 ff.; *Freeman* 1973, S. 202; *Laplanche/Pontalis* 1972, S. 247.

234 Vgl. ferner *Freud* 1893, S. 10.

235 Vgl. ferner *Freud* 1909; 1905a, S. 57 f.; 1895, S. 70 und 110; 1894, S. 57 ff.

236 Vgl. ferner *Freud* 1931, S. 170 f.
237 *Green* (1976, S. 630) z.B. fragt sich, ob man sich mit der Gegenüberstellung von phallischer Fixierung (Hysterie) einerseits und analer Störung (Zwangsneurose) andererseits zufrieden geben soll, und »ob eine Neubewertung der Hysterie nicht eine Revision der psychoanalytischen Systematisierung *Freuds* nach sich ziehen müßte.« *Freuds* (1932, S. 428) Kritik an *Breuers* Hysterieforschung lautete einmal: »In diesem Moment hatte er (*Breuer*) den Schlüssel in der Hand, der den Weg zu den Müttern geöffnet hätte, aber er ließ ihn fallen. Er hatte bei all seinen großen Geistesgaben nichts Faustisches an sich. In konventionellem Entsetzen ergriff er die Flucht und überließ die Kranke einem Kollegen.« Es stellt sich nun die Frage, ob denn Freud mit dem Schlüssel der wissenschaftlichen Analyse (Psychoanalyse) den »Weg zu den Müttern« gefunden hat – und ob der Weg der Wissenschaft überhaupt zum Ziel führen kann. Auch bei einigen männlichen Autoren kündigen sich Zweifel und Unsicherheit an, so z.B. *Schrenk* 1974, S. 261.
238 Vgl. *Freud* 1894, S. 389 ff.; 1895, S. 206 f.; *Laplanche/Pontalis* 1972, S. 645 ff.; *Mentzos* 1980, S. 88 ff.
239 Vgl. *Mentzos* 1980, S. 45 ff. u. 69; *Kraiker* 1972, S. 9 ff.; *Green* 1976, S. 640 ff.
240 Vgl. *Petrilowitsch* 1969, S. 48; *Kranz* 1953, S. 224; *Boor* 1965, S. 2190; *Green* 1976, S. 648.
241 Vgl. *Beringer* 1971; *Petrilowitsch* 1969, S. 44; *Kranz* 1953; *Rittershaus* 1919; *Pickert* 1942, S. 6 ff.; *Rehder* 1935, S. 159 ff.; *Hoche* 1916, S. 331 ff.; *Stern* 1918; *Hellpach* 1919; *Gaupp* 1915.
242 Siehe ferner *Harlfinger* 1974; *Petrilowitsch* 1969, S. 38 ff.

Glossar

Amnesie: Erinnerungsverlust
amyotrophische Lateralsklerose: spezifische Degeneration des oberen Teils des Rückenmarks mit allmählich fortschreitenden spastisch-atrophischen Muskellähmungen
Anästhesie: Unempfindlichkeit (z.B. der Haut)
Anaestesia sexualis: fehlender Geschlechtstrieb
Anamorphose: Umgestaltung, Verwandlung; Abbildung, die (bewußt) verzerrt hergestellt ist
Anorexie: Appetitmangel; Herabsetzung des Nahrungsaufnahmetriebs
Aphonie: Stimmlosigkeit
Arthropathie: Gelenkleiden
Ätiologie: Lehre von den Ursachen der Krankheiten
Chorea rhythmica: rhythmische Bewegung des hysterischen Anfalls, wobei Bewegungen des Schmiedens, Schwimmens, Tanzens usw. nachgeahmt werden
Clavus: Kopfschmerz an punktförmig umschriebener Stelle
Dysmenorrhoe: Schmerzhafte Monatsblutung
Dyspareunie: Abweichung der physiologischen Vorgänge während des Geschlechtsverkehrs; mangelhafte oder fehlende Wollustempfindung der Frau während des Koitus
Exophtalmus: Vordrängung des Augapfels
Gravidität: Schwangerschaft
Heredität: Erblichkeit, Vererbung
Hyperästhesie: Überempfindlichkeit in Gefühls- oder Sinnesnerven, gesteigerte Berührungsempfindlichkeit
Hyperalgesie: übermäßiges Schmerzgefühl
hysterogene Zonen: Körperstellen, durch deren Berührung hysterische Zustände ausgelöst werden können

Katalepsie: Starrsucht, ein Zustand starrer Gliedmaßen; kommt vor bei Schizophrenie, Epilepsie, Hysterie und in der Hypnose
klonisch: schüttelnd, krampfhaft zuckend
Konversion: Umsetzung psychischer Erregung/Spannung in körperliche Symptome
Laktation: 1) Absonderung der Milch in den weiblichen Brustdrüsen; 2) Ernährung des Kindes durch Säugen
Lykanthropie: Wahnvorstellung, in einen Werwolf verwandelt zu sein
Matrix: Gebärmutter, Urmutter, Urschoß; das Empfangende, noch Ungestaltete, das die Form aufnimmt
Misogynie: Weiberhaß, Weiberscheu
Multiple Sklerose: eine der häufigsten, jedoch ätiologisch unbekanntesten Nervenkrankheiten
Mutismus: psychogene Stummheit
Nosographie: Krankheitsbeschreibung
Nosologie: Krankheitslehre
Ovarium: Eierstock, weibliche Keimdrüse
Palpation: Untersuchung durch Betastung
Paroxysmus: Anfall, höchste Steigerung der Krankheitserscheinungen
Prolaps: Vorfall; Heraustreten von inneren Organen
Sklera: Lederhaut des Auges, »das Weiße« im Auge
Somnambulismus: ein durch Hypnose hervorgerufener künstlicher Schlaf, in dem der Hypnotisierte all an ihn herangebrachten Suggestionen (Halluzinationen, Handlungen) aufnimmt
Spasmus: Spannungszustand der Muskulatur; auch Krampf
Stigmatisation: Erscheinen der Wundmerkmale Christi mit sichtbaren Blutungen der Haut
Syndrom: Krankheitsbild, Symptomkomplex
Tarantismus: Tanzwut im 14. Jahrhundert
Tonus: Spannung z.B. der Muskulatur
Tremor: Zittern einzelner Muskeln oder ganzer Körperpartien
Vaginismus: Scheidenkrampf
Zyklothyme: nach E. Kretschmer ein Menschentyp, der durch »Mitschwingen mit der Außenwelt«, durch Aufgeschlossenheit und Geselligkeit (dabei stimmungsschwankend zwischen Heiterkeit und Traurigkeit) gekennzeichnet ist

Literaturverzeichnis

Achinger, H., Die Sozialgesetzgebung und ihre Wirkung auf die Welt des Arztes im 19. Jahrhundert, in: W. Artelt/W. Rüegg (Hrsg.), Der Arzt und der Kranke in der der Gesellschaft des 19. Jahrhunderts, Stuttgart 1967, S. 157–165.

Acken, B. van, »Hysterie?« Die hysterischen Reaktionen, Paderborn 1951.

Ackerknecht, E., Kurze Geschichte der Medizin, Stuttgart 1967.

Adler, A., Über den nervösen Charakter, Frankfurt/M. 1972.

Adler, O., Die mangelhafte Geschlechtsempfindung des Weibes, Berlin 1911.

Andreas-Salomé, L., Die in sich ruhende Frau (1899), in: Zur Psychologie der Frau, hrsg. u. eingl. v. G. Brinker-Gabler, Frankfurt/M. 1978, S. 285–311.

Aretäus von Kappadozien, Die auf uns gekommenen Schriften des Kappadociers Areteus, übers. aus dem Griech. von A. Mann, Halle 1858.

Aries, Ph., Geschichte der Kindheit, München–Wien 1975.

Aronsohn, O., Die Hysterie als Kulturprodukt, in: Berliner Klinische Wochenschrift 49 (1912), S. 1885–1887.

Aub, H., Hysterie des Mannes, München 1911.

Augustinus, A., Vom Gottesstaat, hrsg. v. K. Hoenn, 2 Bde., Zürich 1955.

Bachelard, G., Die Bildung des wissenschaftlichen Geistes. Beitrag zu einer Psychoanalyse der objektiven Erkenntnis. Frankfurt/M. 1978a.
– Die Philosophie des Nein, Wiesbaden 1978b.

Baglivi, G., The Cure of the Diseases of the Mind, in: ders., The Practice of Physick, reduc'd to the ancient Way of Observations,

Containing a just Parallel between the Wisdom of the Ancients and the Hypothesis's of Modern Physicians, London 1723, S. 160–172.

Bastide, A., Soziologie der Geisteskrankheiten, Köln 1973.

Baudouin, Ch., Das Wesen der Suggestion, Dresden 1926.

Beauvoir, S. de, Das andere Geschlecht. Sitte und Sexus der Frau, Reinbek 1968.

Bebel, A., Die Frau und der Sozialismus, Frankfurt/M. 1977.

Berg, J.H. van den, Metabletica. Über die Wandlung des Menschen, Göttingen 1960.

Berger, P.L./Luckmann, T., Die gesellschaftliche Konstruktion der Wirklichkeit, Frankfurt/M. 1970.

Beringer, K., Über hysterische Reaktionen bei Fliegerangriffen, in: Katastrophenreaktionen, hrsg. v. Ch. Zwingmann, Frankfurt/M. 1971, S. 18–25.

Bernheim, H., Die Suggestion und ihre Heilwirkung, Leipzig–Wien 1888.

Bindseil, I., Über Zwangsneurose und Hysterie, in: Aufmerksamkeiten. Klaus Heinrich zum 50. Geburtstag, Frankfurt/M. 1979, S. 54–59.

Binswanger, O., Ärztliches Obergutachten über einen mit Simulation verbundenen Fall von Hysterie, in: Monatsschrift für Psychiatrie und Neurologie, hrsg. v. Th. Ziehen, Bd. 6 (1899), S. 336–352.

– Zur Pathogenese der Hysterie, in: Archiv für Psychiatrie und Nervenkrankheiten 34 (1901), S. 332–337.

– Die Hysterie, Wien 1904.

– Versuch einer Hysterieanalyse, in: Jahrbuch analytischer Forschung 1 (1909), S. 174–356.

Blanchot, M., Sade, in: Wollüstige Phantasie, hrsg. v. H.A. Glaser, München 1974, S. 25–61.

Blei, F., Lehrbuch der Liebe, München 1923.

Bloch, I., Das Sexualleben unserer Zeit in seinen Beziehungen zur modernen Kultur, Berlin 1908.

Blüher, H., Die Rolle der Erotik in der männlichen Gesellschaft. Eine Theorie der menschlichen Staatsbildung nach Wesen und Wert, Bd. 2: Familie und Männerbund, Jena 1921.

Bodamer, J., Zur Phänomenologie des geschichtlichen Geistes in der Psychiatrie, in: Der Nervenarzt 19 (1948), S. 299–310.

Boldt, K., Die Bedeutung der Hysterie für die Armee, in: Monats-

schrift für Psychiatrie und Neurologie 22 (1907), S. 25–34.
Bovenschen, S., Die imaginierte Weiblichkeit, Frankfurt/M. 1977.
Boissier de Sauvages, F., Nosologia methodica sistens morborum classes, Amsterdam 1763.
Boor, C. de, Erscheinungswandel im klinischen Bild der Hysterie, in: Deutsches Ärzteblatt 62 (1965), S. 2189–2190.
Bram, F.M., Das Geschenk der Anna O., in: Psyche 27 (1973), S. 449-459.
Brunner, O., Das »ganze Haus« und die alteuropäische »Ökonomik«, in: ders., Neue Wege der Verfassungs- und Sozialgeschichte, Göttingen 1968, S. 103–127.
Bumke, O., Landläufige Irrtümer in der Beurteilung Geisteskranker, Wiesbaden 1908.
– Lehrbuch der Geisteskrankheiten, 5. Aufl. München 1942.
Burgl, G., Die Hysterie und die strafrechtliche Verantwortlichkeit der Hysterischen, Stuttgart 1912.
Burton, R., The Anatomy of Melancholy, hrsg. v. F. Dell u. P. Jordan-Smith, New York 1948.

Carus, C.G., Symbolik der menschlichen Gestalt, Leipzig 1853.
Celsus, A.C., De Medicina, hrsg. v. J.A. van der Linden, Leiden 1665.
Cesbron, H., Histoire critique de l'hystérie, Paris 1909.
Charcot, J.-M., Poliklinische Vorträge, übers. v. S. Freud, 2 Bde., Leipzig–Wien 1894–1895.
– Neue Vorlesungen über die Krankheiten des Nervensystems, insbesondere über Hysterie, übers. v. S. Freud, Leipzig–Wien 1886.
Chasseguet-Smirgel, J. (Hrsg.), Psychoanalyse der weiblichen Sexualität, Frankfurt/M. 1974.
Chesler, Ph., Frauen – das verrückte Geschlecht? Reinbek 1974.
Claessens, D. u. K., Kapitalismus als Kultur, Frankfurt/M. 1979.
Clément, C., Hexe und Hysterikerin, in: Alternative 19 (1976), Heft 108/109, S. 148–154.
Cullen, W., Kurzer Inbegriff der medizinischen Nosologie: oder systematische Einteilung der Krankheiten von Cullen, Linné, Sauvages, Vogel und Sagar. Nach der 3. Aufl. Leipzig 1786, Bd. 2.
– Of the Hysteria or the Hysterie Disease, in: ders., First Lines of the Practice of Physic, with notes by J. Rotheram, Edinburgh 1796, S. 98–115.

Cuvillier, A., Kurzer Abriß der soziologischen Denkweise, Stuttgart 1960.

Deines, H.v./Grapow, H./Westendorf, W., Grundriß der Medizin der Alten Ägypter, Bd. 4, 1. Teilbd., Berlin 1958.

Delbrück, A., Die pathologische Lüge und die psychisch abnormen Schwindler. Eine Untersuchung über den allmählichen Übergang eines normalen psychologischen Vorgangs in ein pathologisches Symptom, Stuttgart 1891.

Della Porta, G.B., De humana physiognomia, libri IV, 1601.

Detmar, B., Die natürliche Behandlung und Heilung der Nervenkrankheiten, Stuttgart 1939.

Deutsch, H., Die pathologische Lüge, in: Internationale Zeitschrift für Psychoanalyse 8 (1922), S. 153–167.

Devereux, G., Normal und Pathologisch. Aufsätze zur allgemeinen Ethnopsychiatrie, Frankfurt/M. 1974.

Diepgen, P., Die Frauenheilkunde der Alten Welt, München 1937.
- Geschichte der Medizin, Bd. 1, Berlin 1949.
- Geschichte der Medizin, Bd. II, 1. u. 2. Halbbd., Berlin 1955–1959.

Diepgen, P./Gruber, G./Schadewaldt, H., Der Krankheitsbegriff, seine Geschichte und Problematik, in: Handbuch der Allgemeinen Pathologie, Bd. 1, Berlin 1969, S. 1–50.

Dörner, K., Bürger und Irre. Zur Sozialgeschichte und Wissenschaftssoziologie der Psychiatrie, Frankfurt/M. 1975.

Dohm, H., Die Eigenschaften der Frau (1876), in: Zur Psychologie der Frau, hrsg. u. eingel. v. G. Brinker-Gabler, Frankfurt/M. 1978, S. 27–44.
- Die Antifeministinnen, Frankfurt/M. 1976.

Doucet, F., Forschungsobjekt Seele. Eine Geschichte der Psychologie, München 1971.

Dubois, F.E., Über das Wesen und die gründliche Heilung der Hypochondrie und Hysterie. Eine von der Königlich medizinischen Gesellschaft zu Bordeaux gekrönte Preisschrift, hrsg. v. Dr. K.W. Ideler, Berlin 1840.

Duden, B., Das schöne Eigentum. Zur Herausbildung des bürgerlichen Frauenbildes an der Wende vom 18. zum 19. Jahrhundert, in: Kursbuch 47 (1977), S. 125–140.

Ehrenreich, B./English, D., Zur Krankheit gezwungen, München 1976.
Elias, N., Über den Prozeß der Zivilisation, 2 Bd., Frankfurt/M. 1967.
Ellis, H., Das Geschlechtsgefühl, Würzburg 1903.
– Geschlechtstrieb und Schamgefühl, Würzburg 1907.
Engelen, P., Eine neue Theorie der Hysterie, in: Medizinische Wochenschrift 72 (1925), S. 95–96.
Esquirol, J.E.D., Von den Geisteskrankheiten, hrsg. v. E.H. Ackerknecht, Bern 1968.
Eulenburg, A., Sexuale Neuropathie, genitale Neurosen und Neuropsychosen der Männer und Frauen, Leipzig 1895.
– Hysterie und »Hysterisch«, Berlin 1913.
Ewers, A.H. (Hrsg.), Soeur Jeanne, Memoiren einer Besessenen, Stuttgart 1919.

Fenichel, O., Hysterien und Zwangsneurosen, Darmstadt 1974.
Fervers, C., Das Hysterieproblem in der Praxis, in: Medizinische Klinik 30 (1934), S. 670–671.
– Nur nervös, Stuttgart–Leipzig 1937.
Feuchtersleben, E.v., Lehrbuch der ärztlichen Seelenheilkunde, Wien 1845.
Fiedler, L., Love and Death in the American Novel, New York 1960.
Fischer-Homberger, E., Hysterie und Misogynie – ein Aspekt der Hysterieforschung, in: Gesnerus 26 (1969), S. 117–127.
– Hypochondrie, Bern–Stuttgart–Wien 1970.
– Charcot und die Aetiologie der Neurosen, in: Gesnerus 28 (1971), S. 35–46.
– Die traumatische Neurose. Vom somatischen zum sozialen Leiden, Bern–Stuttgart–Wien 1975.
Forel, A., Der Unterschied zwischen Suggestibilität und Hysterie. Was ist Hysterie? In: Zeitschrift für Hypnotismus 5 (1897), S. 89–94.
Foucault, M., Wahnsinn und Gesellschaft, Frankfurt/M. 1973.
– Abriß der am Collège de France unter dem Titel »Historie der Denksysteme« abgehaltenen Lehrveranstaltungen (1970–1974), in: A. Kremer-Marietti, Michel Foucault – Der Archäologe des Wissens, Frankfurt/M.–Berlin–Wien 1976, Anhang, S. 193–233.
– Dispositive der Macht. Über Sexualität, Wissen und Wahrheit, Berlin 1977a.

- Sexualität und Wahrheit, Bd. 1: Der Wille zum Wissen, Frankfurt/M. 1977b.

Frankenberg, S., Geschichte der Heilkunst und der Heilschwärmerei, Wiesbaden 1972 (= Reprint der Ausgabe Leipzig 1848).

Freeman, L., Die Geschichte der Anna O. Der Fall, der S. Freud zur Psychoanalyse führte, München 1973.

Freud, S., Ein Fall von hypnotischer Heilung, nebst Bemerkungen über die Entstehung hysterischer Symptome durch den Gegenwillen (1892–93), in: ders., Gesammelte Werke, Bd. 1, Frankfurt/M. 1952, S. 1–17.

- Die Abwehr-Neuropsychosen (1894), in: ders., Gesammelte Werke, Bd. 1, Frankfurt/M. 1952, S. 57–74.
- Studien über Hysterie (1895), Frankfurt/M. 1970.
- Drei Abhandlungen zur Sexualtheorie (1905a), Frankfurt/M. 1961.
- Bruchstücke einer Hysterie-Analyse (1905b), in: ders. Studienausgabe, Bd. 6, Frankfurt/M. 1971, S. 83–186.
- Der Dichter und das Phantasieren (1908), in: ders., Studienausgabe, Bd. 10, Frankfurt/M. 1969, S. 171–179.
- Allgemeines über den hysterischen Anfall (1909), in: ders., Studienausgabe, Bd. 6, Frankfurt/M., 1071, S. 199–203.
- Zur Geschichte der psychoanalytischen Bewegung (1914), in: ders., Selbstdarstellung. Schriften zur Geschichte der Psychoanalyse, Frankfurt/M. 1971.
- Allgemeine Neurosenlehre (1917), in: ders., Studienausgabe, Bd. 1, Frankfurt/M. 1969, S. 245–445.
- Hemmung, Symptom und Angst (1926), in: ders., Studienausgabe, Bd. 6, Frankfurt/M. 1971, S. 227–308.
- Über die weibliche Sexualität (1931), in: ders., Drei Abhandlungen zur Sexualtheorie, Frankfurt/M. 1961, S. 169–186.
- Brief an Stefan Zweig (2.6.1932), in: ders., Briefe 1873–1939. Ausgewählt und hg. v. E.n.L. Freud, Frankfurt/M. 1934, S. 428.

Freudenthal, M., Gestaltwandel der städtisch bürgerlichen und proletarischen Hauswirtschaft, Frankfurt/M. 1934.

Friedan, B., Der Weiblichkeitswahn oder Die Selbstbefreiung der Frau, Hamburg 1970.

Friedländer, K.F., Die Impotenz des Weibes, Leipzig 1921.

Friedreich, J.B., Versuch einer Literärgeschichte der Pathologie und Therapie der psychischen Krankheiten, Amsterdam 1965 (= Reprint der Ausgabe Würzburg 1830).

Fritz, H., Die Dämonisierung des Erotischen in der Literatur des Fin de Siècle. Zu Literatur und Kunst der Jahrhundertwende. Hrsg. v. R. Bauer, E. Heftrich, H. Koopmann u.a., Frankfurt/M. 1977, S. 442–464.

Fuchs, A. Therapie der anomalen vita sexualis. Mit spezieller Berücksichtigung der Suggestivtherapie, Stuttgart 1899.

Gaupp, R., Über den Begriff Hysterie, in: Zeitschrift für die gesamte Neurologie und Psychiatrie 5 (1911), S. 457–466.
- Hysterie und Kriegsdienst, in: Münchener Medizinische Wochenschrift 11 (1915), S. 361–363.
- Wandlungen des Hysteriebegriffs, in: Monatsschrift für Psychiatrie und Neurologie 99 (1938), S. 233–268.

Gauthier, X., »Surrealismus und Sexualität, Inszenierung der Weiblichkeit«, Berlin 1980.

Gerhard, U., Verhältnisse und Verhinderungen. Frauenarbeit, Familie und Rechte der Frauen im 19. Jahrhundert, Frankfurt/M. 1978.

Giem, G., Zur hysterischen Reaktion, in: Deutsche Medizinische Wochenschrift 61 (1935), S. 995–997.

Gilman, Ch.P., Die gelbe Tapete, München 1978.

Glaser, H.A., Arthur Schnitzler und Frank Wedekind – Der doppelköpfige Sexus, in: ders., (Hrsg.), Wollüstige Phantasie, München 1974, S. 148–184.

Goffman, E., Wir alle spielen Theater, München 1969.

Gowers, W.R., Handbuch der Nervenkrankheiten, Bd. 3, Bonn 1892.

Green, A., Die Hysterie, in: Psychologie des 20. Jahrhunderts, Bd. 2: Freud und seine Folgen, Zürich 1976, S. 623–651.

Griesinger, W., Die Pathologie und Therapie der psychischen Krankheiten, Stuttgart 1845; 3. Aufl. Braunschweig 1871.

Gurgel, E., Sexualität und Identität der Frau. Zur Kritik der psychoanalytischen Auffassung von der weiblichen Sexualentwicklung, Giessen 1976.

Hagemann-White, C., Frauenbewegung und Psychoanalyse, Frankfurt/M. 1977.

Hahn, G., Die Probleme der Hysterie und die Offenbarungen der Heiligen Therese, Leipzig 1906.

Hammond, W.A., Sexuelle Impotenz beim männlichen und weibli-

chen Geschlecht, Berlin 1891.
Harlfinger, H., Einwände und Bedenken gegen die Diagnose »Hysterie«, in: Praxis der Psychotherapie 19 (1974), S. 187–192.
Hausen, K., Die Polarisierung der »Geschlechtscharaktere«, in: W. Conze (Hrsg.), Sozialgeschichte der Familie in der Neuzeit Europas. Neue Forschungen. Industrielle Welt, Bd. 21, Stuttgart 1976, S. 367–393.
Hecker, J.F.C., Die Tanzwuth, eine Volkskrankheit im Mittelalter, Berlin 1832.
Held, Th., Soziologie der ehelichen Machtverhältnisse, Darmstadt–Neuwied 1978.
Hellpach, W., Soziale Ursachen und Wirkungen der Nervosität, in: Politisch-Anthropologische Revue 1 (1902/03), S. 126–134.
– Analytische Untersuchungen zur Psychologie der Hysterie, in: Zentralblatt für Nervenheilkunde und Psychiatrie 24 (1903), S. 737–765.
– Grundlinien einer Psychologie der Hysterie, Leipzig 1904.
– Die geistigen Epidemien. Die Gesellschaft, hrsg. v. M. Buber, Frankfurt/M. 1906.
– Die Physiognomie der Hysterischen (1917), in: Universitas litterarum. Gesammelte Aufsätze von Willy Hellpach, hrsg. v. G. Hess u. W. Witte, Stuttgart 1948, S. 236–241.
– Die Kriegsneurasthenie, in: Zeitschrift für die gesamte Neurologie und Psychiatrie 45 (1919), S. 177–229.
Hermann, C., Sprachdiebinnen, München 1977.
Hinterhäuser, H., Fin de Siècle. Gestalten und Mythen, München 1977.
Hintze, O., Der Beamtenstand (1911), in: ders., Soziologie und Geschichte, hrsg. v. G. Oestreich, Göttingen 1964.
Hirsch, M., Frauenheilkunde und Bevölkerungspolitik, in: Monatszeitschrift für Geburtshilfe und Gynäkologie 49:3 (1919), S. 200–207.
Hirschberg, L., Über epidemisches Auftreten motorischer Neurosen und die sanitätspolizeilichen Mittel zu dessen Verhütung, in: Wiener Klinik 10 (1897), S. 257–324.
Hirth, G., Wege zur Liebe, München 1906.
Hoche, A.E., Über Hysterie, in: Archiv für Psychiatrie und Nervenkrankheiten 56 (1916), S. 331–335.
Holmes, J.R., Die wahre Moral oder Theorie und Praxis des Neo-

Malthusianismus, Leipzig 1895.
Hönck, E., Über Neurasthenia hysterica und die Hysterie der Frau, Halle a. S. 1905.
Hoffmann, S.O., Charakter und Neurose. Ansätze zu einer psychoanalytischen Charakterologie, Frankfurt/M. 1979.
Honegger, C., Die Hexen der Neuzeit. Studien zur Sozialgeschichte eines kulturellen Deutungsmusters. Frankfurt/M. 1978.

Irigaray, L., Waren, Körper, Sprache. Der verrückte Diskurs der Frauen, Berlin 1976.
– Unbewußtes, Frauen, Psychoanalyse, Berlin 1977.
– Speculum. Spiegel der anderen Frau, Frankfurt/M. 1980.
Israel, L., L'hystérique, le sexe et le médecin, Paris–New York–Barcelona–Mailand 1979.

Janet, P., Etat mental des hystériques, Paris 1893.
– Der Geisteszustand der Hysterischen, übers. v. M. Kahane, Leipzig–Wien 1894.
Jaspers, K., Allgemeine Psychopathologie, 5. Aufl. Berlin–Heidelberg 1948.
Jendrassick, E., Einiges über Suggestion, in: Neurologisches Zentralblatt 7 (1888), S. 281–283.
Jolly, F., Hysterie, in: Handbuch der Krankheiten des Nervensystems II, hrsg. v. A. Eulenberg, H. Nothnagel, J. Bauer, H. v. Ziemssen u. F. Jolly, Leipzig 1875, S. 451 ff.
Jordan, E., A brief discourse of a disease called suffocation of the mother, London 1603.
Jung, C.G., Wirklichkeit der Seele. Anwendungen und Fortschritte der neueren Psychologie, Zürich 1934.
– Psychologische Typen, Olten-Freiburg i. Br. 1971.

Kaiser, E., Paracelsus in Selbstzeugnissen und Bilddokumenten, Reinbek 1969.
Kapferer, R./Fingerle, A. (Hrsg.), Die Werke des Hippokrates, Stuttgart–Leipzig 1934–1940.
Kehrer, H.E., Hysterie, in: Historisches Wörterbuch der Philosophie, Bd. 3, Basel–Stuttgart 1974, Sp. 1267–1272.
Kemnitz, M., Erotische Wiedergeburt, München 1923.
Kemper, W., Die Störungen der Liebesfähigkeit des Weibes, Leipzig

1943; Nachdruck der 2. Aufl. Darmstadt 1967.
Kirchhoff, Th., Lehrbuch der Psychiatrie, Leipzig 1892.
Kisch, H., Das Geschlechtsleben des Weibes, Bern–Wien 1904.
Klages, L., Probleme der Graphologie, Leipzig 1910.
– Die Grundlage der Charakterkunde, Leipzig 1926.
Kogerer, H., Zur Kenntnis der symptomlosen Hysterie. in: Jahrbuch für Psychiatrie 48 (1932), S. 299–302.
Kössler, G., Mädchenkindheiten im 19. Jahrhundert, Gießen 1979.
Kossak, M., Die Vita sexualis der Hysterischen, in: Zeitschrift für Sexualwissenschaft 2:5 (1915), S. 162–171.
Kraeplin, E., Über hysterische Schwindler, in: Zeitschrift für Psychiatrie 63 (1906), S. 902–904.
– Über Hysterie, in: Zeitschrift für die gesamte Neurologie und Psychiatrie 18 (1913), S. 261–279.
– Hundert Jahre Psychiatrie. Ein Beitrag zur Geschichte menschlicher Gesittung, Berlin 1918.
Krafft-Ebing, R.v., Über Neurosen und Psychosen durch sexuelle Abstinenz, in: Jahrbuch für Psychiatrie 8 (1888), S. 1–6.
– Meineid, Hysterismus. Behauptete Amnesie und Unzurechnungsfähigkeit, in: Jahrbücher für Psychiatrie und Neurologie 13 (1895), S. 208–215.
– Lehrbuch der Psychiatrie, Stuttgart 1903.
Kraiker, Ch., Hysterie, in: Hysterie, Leistungsstörungen, Legasthenie, hrsg. v. Psychologischen Institut der Universität München, München 1972, S. 3–35.
Kranz, H., Die Entwicklung des Hysteriebegriffs, in: Fortschritt der Neurologie, Psychiatrie und ihrer Grenzgebiete, Bd. 21 (1953), S. 223–238.
Kretschmer, E., Körperbau und Charakter, Berlin 1921.
– Hysterie, Reflex und Instinkt, Stuttgart 1958.
Kröning-Linhardt, C., Die Besessenen von Loudun. Eine Studie zur Psychopathologie des 17. Jahrhunderts, München 1956.
Krohn, A., Hysteria: The elusive neurosis, New York 1979.
Kürbitz, W., Vergewaltigung im hysterischen Anfall? In: Zeitschrift für Medizinalbeamte 20 (1905), S. 663–670.

Lacan, J., Schriften I, hrsg. v. N. Haas, Frankfurt/M. 1975.
Laplanche, J./Pontalis, J.-B., Das Vokabular der Psychoanalyse, 2 Bde., Frankfurt/M. 1973.

Lavater, J.C., Physiognomische Fragmente zur Beförderung der Menschenkenntnis und Menschenliebe, Leipzig 1775.

Lehmann, G., Die Deutsche Philosophie der Gegenwart, Stuttgart 1943.

Leibbrand, W., Der göttliche Stab des Äskulap, Salzburg-Leipzig 1939.

Leibbrand, W./Wettley, A., Der Wahnsinn. Geschichte der abendländischen Psychopathologie, Freiburg-München 1961.

Leibbrand, A. u. W., Formen des Eros. Kultur- und Geistesgeschichte der Liebe, Bd. II, Freiburg-München 1972.

Lepenies, W., Melancholie und Gesellschaft, Frankfurt/M. 1972.

– Probleme einer historischen Anthropologie, in: R. Rürup (Hrsg.), Historische Sozialwissenschaft, Göttingen 1977, S. 126–159.

– Probleme einer historischen Wissenschaftsforschung, in: C. Burrichter (Hrsg.), Grundlegung der historischen Wissenschaftsforschung, Stuttgart-Basel 1980.

Lessing, Th., Über Hypnose und Suggestion, Göttingen 1907.

Leuch, G., Eine sogenannte Choreaepidemie in der Schule, in: Korrespondenzblatt 15 (1896), S. 465–476.

Lewandowsky, M., Die Hysterie, in: ders. (Hrsg.), Handbuch der Neurologie, Bd. V, Berlin 1914.

Liébeault, A.A., Du sommeil et des états analogues, Paris-Nancy 1866.

Lipp, W. (Hrsg.), Konformismus und Nonkonformismus, Darmstadt-Neuwied 1975.

– Kulturtypen, kulturelle Symbole, Handlungswelt. Zur Plurivalenz von Kultur, in: Kölner Zeitschrift für Soziologie und Sozialpsychologie 31 (1979), S. 450–484.

Lipp, W./Tenbruck, F.H., Zum Neubeginn der Kultursoziologie, in: Kölner Zeitschrift für Soziologie und Sozialpsychologie 31 (1979), S. 395–398.

Locher, H., Aretäus von Kappadozien, Zürich 1847.

Löwenfeld, L., Hysterie und Suggestion, in: Münchner Medizinische Wochenschrift 7–8 (1894), S. 117–119 u. S. 146–148.

– Sexualleben und Nervenleiden, Wiesbaden 1899.

– Prinzipielle Bemerkungen zur Hysterieforschung, in: Zentralblatt für Nervenheilkunde und Psychiatrie 24 (1903), S. 441–447.

– Hypnotismus und Medizin. Grundrisse der Lehre von der Hypnose und der Suggestion mit besonderer Berücksichtigung der ärztlichen Praxis, München 1922.

Loyer-Villermay, J.-B., Hystérie, in: Dictionnaire des sciences médicales, Bd. 23, Paris 1819, S. 226–272.

Major, R., The Revolution of Hysteria, in: Hysteria-To-Day. 28. Internationaler Kongreß für Psychoanalyse, Paris 1973, S. 385–392.

Mannoni O., Sigmund Freud in Selbstzeugnissen und Dokumenten, Reinbek 1971.

Mantegazza, P., Die Physiologie des Weibes, Jena 1889.

Marcus, St., Umkehrung der Moral. Sexualität und Pornographie im viktorianischen England, Frankfurt/M. 1979.

Marlholm, J., Das Buch der Frauen, Paris-Leipzig-München 1896.

Marmor, J., The Seductive Therapist, in: Psychiatry Digest 31:10 (1970), S. 10–16.

Mayer, H., Außenseiter, Frankfurt/M. 1975.

Mayreder, R., Schnürleib und zu kleine Stiefel – Jugenderinnerungen (vor 1938), in: Zur Psychologie der Frau, hrsg. u. eingel. v. G. Brinker-Gabler, Frankfurt/M. 1978, S. 223–224.

McCartney, J.L., Over Transference, in: Journal of Sex Research 2 (1966), S. 227–237.

McKinney, L., Early Medieval Medicine; with Special Reference to France and Chartres, Baltimore 1937.

Mentzos, S., Hysterie, München 1980.

Meyer-Steineg, Th./Sudhoff, K., Geschichte der Medizin im Überblick, Jena 1928.

Millet, K., Sexus und Herrschaft, München 1974.

Mitchell, J., Psychoanalyse und Feminismus, Frankfurt/M. 1976.

Mitterauer, M./Sieder, R., Vom Patriarchat zur Partnerschaft. Zum Strukturwandel der Familie, München 1977.

Möbius, P.J., Über den Begriff der Hysterie, in: Zentralblatt für Nervenheilkunde, Psychiatrie und gerichtliche Psychopathologie 11 (1888), S. 66–71.

– Abriß der Lehre von den Nervenkrankheiten, Leipzig 1893.

– Über die gegenwärtige Auffassung der Hysterie, in: Monatsschrift für Geburtshilfe und Gynäkologie 1 (1895), S. 12–21.

– Über den physiologischen Schwachsinn des Weibes, München 1977 (= Faksimiledruck der 8. veränd. Aufl. Halle 1905).

Moll, A., Das nervöse Weib, Berlin 1897a.

- Untersuchungen über die Libido sexualis, Berlin 1897b.
Moraglia, B.G., Die Onanie beim normalen Weibe und bei der Prostituierten, Berlin 1897.
Moreck, C., Das weibliche Schönheitsideal im Wandel der Zeiten, München 1925.
Morsier, G. de, Jean Martin Charcot, in: K. Kolle (Hrsg.), Große Nervenärzte, Stuttgart 1970, Bd. 1, S. 39–56.
Müller-Freienfels, R., Soziologie des Lachens und Lächelns, in: Gegenwartsprobleme der Soziologie. Alfred Vierkandt zum 80. Geburtstag, hrsg. v. G. Eisermann, Potsdam 1949, S. 157–170.
Müller-Hill, B., Die Philosophen und das Lebendige, Frankfurt/M. 1981.

Němeček, O., Die Wertschätzung der Jungfräulichkeit. Zur Philosophie der Jungfräulichkeit, Wein 1953.
Nietzsche, F., Werke in drei Bänden, hrsg, v. K. Schlechta, München 1954–1956.
Nonne, Über die Hysterie, in: Neurologisches Centralblatt 23 (1904), S. 134–139.

Oevermann, U., Zur Analyse der Struktur von sozialen Deutungsmustern, Ms. Frankfurt/M. 1973.
Oppenheim, H., Tatsächliches und Hypothetisches über das Wesen der Hysterie, in: Berliner klinische Wochenschrift 25 (1890), S. 553–556.

Pankow, G., Das Körperbild in der hysterischen Psychose, in: Zeitschrift für klinische Psychologie und Psychotherapie 24:3 (1976), S. 232–250.
Paracelsus (= Theophrast von Hohenheim), Schreyben/ von den krankheyten/so die vernunfft berauben/ als da sein S. Veyto Thanz/Hinfallen der Siechtage/Melancholia und Unsinnigkeit/ sampt ihrn wahrhafften cuen, Basel 1567.
- Sämtliche Werke, hrsg. v. K. Sudhoff u. W. Matthießen, Abt. 1: Die medizinischen, naturwissenschaftlichen und naturphilosophischen Schriften, Bd. 8 u. 9, München 1924–1925.
Pearsall, R., Sex im viktorianischen Zeitalter, Konstanz–Zürich o.J.
Peters, H.A., Zwischen Engel und Schlange, in: Halbe Unschuld. Weiblichkeit um 1900. Europäische Graphik aus der Zeit des Ju-

gendstils, Köln 1972.
Petrilowitsch, N., Zur Auflösung des Hysterie-Begriffs, in: Charakterstudien, Basel 1969, S. 39–90.
Pfister, O., Religiosität und Hysterie, Leipzig/Wien/Zürich 1928.
Pickert, A., Die Hysterie und ihre Bedeutung für die Polizei, Lübeck 1942.
Pinel, Ph., Nosographie philosophique ou la méthode de l'analyse appliquée à la médicine, Paris 1813.
Placzek, S., Das Geschlechtsleben der Hysterischen, Bonn 1922.
Platon, Sämtliche Werke, Bd. 3 u. Bd. 5, Hamburg 1958 u. 1959.
Plessner, H., Lachen und Weinen, München 1950.
Pötzl, E., Dionysisches, in: Ein wilder Garten ist dein Leib. Die Frau um die Jahrhundertwende. Auswahl und Nachwort v. O. Basil, Wien–Hannover 1968, S. 35–37.
Pollack, K., Wissen und Weisheit der alten Ärzte. Die Heilkunde der frühen Hochkulturen, 2 Bde., Düsseldorf–Wien 1968–1969.
Praz, M., Liebe, Tod und Teufel. Die schwarze Romantik, München 1963.

Raabe, F., Die Kombination hysterischer und epileptischer Anfälle. Berlin–Heidelberg–New York 1970.
Rabelais, F., Gargantua und Pantagruel, hrsg. v. L. Schrader, München 1964.
Raimann, E., Zur Frage der causalen Beziehung zwischen Frauenleiden und Geistesstörungen, in: Beiträge zur Geburtshilfe und Gynäkologie (1903), S. 1–29.
– Die hysterischen Geistesstörungen: Eine klinische Studie, Leipzig-Wien 1904.
– Zur Hysteriefrage, in: Wiener Klinische Wochenschrift 27 (1914), S. 1412–1419.
– Die hysterische Frau, in: Wiener Medizinische Wochenschrift 72 (1922), S. 169–172, 262–266, 350–354 u. 402–405.
Rehder, H., Zur Kernfrage der Hysterieforschung, in: Deutsche Zeitschrift für Nervenheilkunde 135 (1935), S. 158–169.
Reich, W., Die Entdeckung des Orgons. Die Funktion des Orgasmus, Köln–Berlin 1969.
– Charakteranalyse (1933), Berlin 1970.
Rittershaus, E., Zur Frage der Kriegshysterie, in: Zentralblatt für gesamte Neurologie und Psychiatrie 50 (1919), S. 87–97.

Roazen, P., Brother Animal, New York 1969.
Roback, A.A., Weltgeschichte der Psychologie und Psychiatrie, Olten–Freiburg i. Br. 1970.
Rohleder, H., Die Dyspareunie des Weibes, in: Archiv für Frauenkrankheit und Eugenik 2 (1914a), S. 141–153.
– Monographien über die Zeugung beim Menschen, Bd. 4: Die libidinösen Funktionsstörungen der Zeugung beim Weibe, Leipzig 1914b; 2. Aufl. Leipzig 1925.
Romberg, E., Über Wesen und Behandlung der Hysterie, in: Deutsche Medizinische Wochenschrift 36 (1910), S. 737–742.
Ruland, L., Handbuch der praktischen Seelsorge, 2 Bde., München 1930–1931.

Sander, M., Chirurgische Eingriffe bei Hysterischen, in: Deutsche Medizinische Wochenschrift 36 (1899), S. 588–594.
Saussure, R. de, Philippe Pinel, in: K. Kolle (Hrsg.), Große Nervenärzte, Bd. 1, Stuttgart 1970, S. 216–235.
Scheler, M., Die Psychologie der sogenannten Rentenhysterie und der rechte Kampf gegen das Übel, in: ders., Vom Umsturz der Werte, Abhandlungen und Aufsätze, 4. Aufl. Bern 1955 (= Gesammelte Werke Bd. 3), S. 293–309.
Schlesier, R., Konstruktionen der Weiblichkeit bei Sigmund Freud, Frankfurt/M. 1981.
Schneider, K., Die Neurasthenie und Hysteriefrage, in: Deutsche Medizinische Wochenschrift 33 (1933), S. 1275–1278.
Schönhals, P., Über die Ursache der Neurasthenie und Hysterie bei Arbeitern, Berlin 1906.
Schrenk, M., Über Hysterie und Hysterieforscher, in: Praxis der Psychotherapie 19 (1974), S. 250–262.
Schütte, P., Eine neue Form hysterischer Zustände bei Schulkindern, in: Münchener Medizinische Wochenschrift 36 (1906), S. 1763–1764.
Schulhof, F., Sind Sensitive und Medien Hysteriker? Pfullingen 1925.
Schumacher, J., Antike Medizin, Berlin 1963.
Schwarz, H., Die Frauengestalten in den Werken Eduard von Keyserlings, Diss. Zürich 1929.
Seidenberg, R./Papthomopoulos, E., Daughters Who Tend Their Fathers – A Literary Survey, in: The Psychoanalytic Study of Society 2 (1962), S. 135–160.

Seidler, E., Der politische Standort des Arztes im Zweiten Kaiserreich, in: G. Mann/R. Winau (Hrsg.), Medizin, Naturwissenschaft, Technik und das zweite Kaiserreich, Göttingen 1977, S. 87–101.

Sello, E., Die Irrtümer der Strafjustiz und ihre Ursache, Bd. 1, Berlin 1911.

Shorter, E., Die Geburt der modernen Familie, Reinbek 1977.

Sigerist, H.E., Große Ärzte. Eine Geschichte der Heilkunde in Lebensbildern, München 1954.

Simmel, G., Das Relative und das Absolute im Geschlechter-Problem, in: ders., Philosophische Kultur, Gesammelte Essais von Georg Simmel, 2. verm. Aufl. Leipzig 1919a, S. 58–94.

- Die Koketterie, ebd. b, S. 95–115.
- Weibliche Kultur, ebd. c, S. 254–295.

Sinclair, A., The Better Half, New York 1965.

Sontag, S., Krankheit als Metapher, München-Wien 1978.

Soranus von Ephesus, Die Gynäkologie, übers. v. H. Lüneburg u. J.Ch. Huber, München 1894.

Speier-Holstein, V., Schwangerschaftswahn – Scheidungswahn und verwandte Wahnideen beim weiblichen Geschlecht, in: Archiv für Frauenkunde und Eugenik 2 (1915), S. 1–25.

Spiegel, E., Abrüsten (1900), in: Zur Psychologie der Frau, hrsg. u. eingel. v. G. Brinker-Gabler, Frankfurt/M. 1978, S. 225–228.

Starobinski, J., Psychoanalyse und Literatur, Frankfurt/M. 1973.

Steiner, A., »Das nervöse Zeitalter«. Der Begriff der Nervosität bei Laien und Ärzten in Deutschland und Österreich um 1900, Zürich 1964.

Steiner, F., Beiträge zur Kenntnis der hysterischen Affectionen bei Kindern, in: Jahrbuch für Kinderheilkunde 44 (1897), S. 187–221.

Steinhausen, Über die physiologische Grundlage der hysterischen Ovarie, in: Deutsche Zeitschrift für Nervenheilkunde 19 (1901), S. 369–383.

Steinwachs, G., Mythologie des Surrealismus oder die Rückverwandlung von Kultur in Natur, Neuwied-Berlin 1971.

Stekel, W., Die Geschlechtskälte der Frau, Wien-Berlin 1927.

Stephanos, S./Biebl, W./Plaum, F.G., Der Begriff der Konversion, in: T.v. Uexküll (Hrsg.), Lehrbuch der Psychosomatischen Medizin, München-Wien-Baltimore 1979, S. 441–452.

Stern, H., Die hysterischen Bewegungsstörungen als Massenerscheinungen im Krieg, ihre Entstehung und Prognose, in: Zeitschrift für Neurologie 39 (1918), S. 246-281.

Steyerthal, A., Hysterie und kein Ende! Halle a.A. 1911.

Stransky, E., Hysterie und Hysteriefähigkeit, in: Psychiatrisch-Neurologische Wochenschrift 20 (1918), S. 131-137 u. 175-179.

– Hysterie als Anlagedefekt und Hysteriefähigkeit, in: Wiener Medizinische Wochenschrift 69 (1919), S. 2386-2391.

Sydenham Th., Epistolary Dissertation, in: The Works of Thomas Sydenham, M.D., transl. and with a »Life oft the Author« by R.C. Lathan, Bd. 2, London 1848.

Szasz, Th.S., Geisteskrankheit – Ein moderner Mythos? Grundzüge einer Theorie des persönlichen Verhaltens, Olten-Freiburg i.Br. 1972.

– Die Fabrikation des Wahnsinns, Frankfurt/M. 1976.

Szegö, K., Über die Imitationskrankheiten der Kinder, in: Jahrbuch für Kinderheilkunde 41 (1896), S. 133-145.

Tarde, G., Les Lois de l'imitation, Paris 1907.

Tatzel/Menzenschwand, Hysterie und Suggestion, in: Zeitschrift für Hypnotismus, Suggestionstherapie, Suggestionslehre und verwandte psychologische Forschungen 7 (1898), S. 257-262.

Theweleit, K., Männerphantasien, 2 Bde., Frankfurt/M. 1977-1978.

Thomalla, A., Die »femme fragile«, Düsseldorf 1972.

Tourette, G., de la, Die Hysterie. Nach den Lehren der Salpêtrière, Leipzig-Wien 1894.

Twellmann, M., Die deutsche Frauenbewegung. Ihre Anfänge und erste Entwicklung 1843-1889, Kronberg 1976.

Ussel, J. van, Sexualunterdrückung. Geschichte der Sexualfeindschaft, Gießen 1977.

Veith, I., Hysteria: The history of a Disease, Chicago 1965.

Vierkandt, A., Gesellschaftslehre, 2. völlig umgearb. Aufl. Stuttgart 1928.

Vliegen, J., Von Mesmer bis Breuer, in: Psychologie des 20. Jahrhunderts, Bd. 1: Die europäische Tradition, Zürich 1976, S. 687-700.

Vondung, K., Zur Lage der Gebildeten in der wilhelminischen Zeit, in: Das wilhelminische Bildungsbürgertum. Zur Sozialgeschichte seiner Ideen, Göttingen 1976, S. 20-33.

Walthards, M., Die psychogene Ätiologie und die Psychotherapie des Vaginismus, in: Münchner Medizinische Wochenschrift 39 (1909), S. 1998-2000.

Weber-Kellermann, I., Die deutsche Familie. Versuch einer Sozialgeschichte, Frankfurt/M. 1974.
Weddigen, E., Hysterie als Ausdruck der Lebensverarmung, in: Hestia. Beiträge zur Würdigung und Weitergabe des Werkes von L. Klages, hrsg. v. W. Schuerer, Bonn 1960, S. 34–38.
Wehler, H.-U., Das Deutsche Kaiserreich 1871–1918, Göttingen 1973.
Weininger, O., Geschlecht und Charakter (1905), München 1980.
Weinrich, H., Linguistik der Lüge, Heidelberg 1974.
Wettley, A./Leibbrand, W., Von der »Psychopathia sexualis« zur Sexualwissenschaft, Stuttgart 1959.
Whytt, R., Beobachtungen über die Natur, Ursachen und Heilung der Krankheiten, die man gemeiniglich nerven-hypochondrische und hysterische Zufälle nennt. Mit Anmerkungen über die Sympathie der Nerven, aus d. Engl. nach der 2. Aufl. Leipzig 1766.
Wichmann, R., Eine sogenannte Veitstanzepidemie in Wildbad, in: Deutsche Medizinische Wochenschrift 16 (1890), S. 632–636.
Willibald, A., Urbain Grandier oder die Besessenen von Loudun, Berlin 1843.
Willis, Th., De morbis convulsivis, in: ders., Opera omnia, 2 Bde., Lyon 1681.
– An Essay of the Pathology of the Brain and Nervous Stock in which Convulsive Diseases are treated of, transl. S. Pordage, London 1684.
Winau, R., Arzt und Krankheit in dichterischen Werken um die Jahrhundertwende, in: G. Mann/R. Winau (Hrsg.), Medizin, Naturwissenschaft, Technik und das Zweite Kaiserreich. Vorträge eines Kongresses vom 6. bis 11. Sept. 1973 in Bad Nauheim, Göttingen 1977, S. 152–171.
Wittels, F., Der hysterische Charakter, in: Psychoanalytische Bewegung 3 (1931), S. 138–165.

Zeldenrust, E.L., Über das Wesen der Hysterie, Basel 1956.
Ziegenspeck, R., Frauenleiden und Hysterie, in: Ärztliche Rundschau 12 (1902), S. 73–76.
Zutt, J., Über das Lachen, das Weinen und das Gähnen, in: Allgemeine Zeitschrift für Psychiatrie 110 (1939), S. 224–231.
– (Hrsg.), Ergriffenheit und Besessenheit. Ein interdisziplinäres Gespräch über transkulturell-anthropologische und -psychiatrische Fragen, Bern-München 1972.

Personenregister

Achinger, H. 170
Acken, B.v. 162, 165 f.
Ackerknecht, E. 19, 156–160
Adler, A. 98 f., 166
Adler, O. 60, 77, 163 f.
Altenberg, P. 141
Andreas-Salomé, L. 174
Anges, J. des 167
Anna, O. 111, 148, 165
Aretäus von Kappadozien 24–27, 44, 157
Ariès, Ph. 171
Aristoteles 157 f.
Aronsohn, O. 164 f.
Aub, H. 81, 170
Augustinus, A. 30, 158

Bachelard, G. 9 f., 155
Baglivi, G. 40, 159
Bahnsen, J. 92
Bastide, A. 168
Baudouin, Ch. 161
Beauvoir, S. de 99, 105, 166, 168, 176
Bebel, A. 173
Berg, J.H. van den 125, 162, 170
Berger, P.L. 155
Beringer, K. 164, 176
Bernheim, H. 147, 161
Bindseil, I. 174

Binswanger, O. 54, 63, 74, 162 f., 168 f.
Blake, W. 175
Blanchot, M. 175
Blei, F. 125
Bloch, I. 80, 99, 163, 167, 169
Blüher, H. 126
Bodamer, J. 47
Boissier de Sauvages, F. 41, 159
Boldt, K. 170
Boor, C.de 166, 168, 170, 177
Bovenschen, S. 176
Bram, F.M. 176
Breuer, J. 54, 11, 147–149, 162, 176 f.
Brunner, O. 121
Bumke, O. 74, 163, 165, 167
Burgl, G. 86, 109, 163, 168
Burton, R. 36 f., 159

Carus, C.G. 82 f., 164
Celsus, A.C. 23 f., 157
Cesbron, H. 158 f.
Charcot, J.-M. 50–53, 55–61, 65, 68, 71, 73 f., 118, 132, 134–136, 161 f., 174
Chasseguet-Smirgel, J. 176
Chéreau, A. 160
Chesler, Ph. 168
Claessens, D. und K. 171

Clément, C. 176
Cullen, W. 41 f., 159
Cuvillier, A. 135

Deines, H.v. 156
Delbrück, A. 102, 167
Detmar, B. 167
Deutsch, H. 166
Devereux, G. 155
Diepgen, P. 25, 156–161, 164
Dörner, K. 167
Dohm, H. 127 f., 172
Doucet, F. 160
Dubois, F.E. 49 f., 160 f.
Duden, B. 170 f.

Ehrenreich, B. 63, 168, 173
Einstein 155
Elias, N. 13, 172
Ellis, H. 77
Engelen, P. 71
English, D. 63, 168, 173
Esquirol, J.E.D. 160 f.
Eulenberg, A. 77, 108, 163 f., 167
Ewers, A.H. 168

Fenickel, O. 166
Ferenczi, S. 168
Fervers, C. 80, 117, 162
Feuchtersleben, E.v. 44–46, 160, 166
Fiedler, L. 166
Fingerle, A. 20, 156
Fischer-Homberger, E. 156, 158 f., 161
Flaubert, G. 143
Fontane, Th. 143
Forel, A. 163
Foucault, M. 12, 13 f., 76, 102 f., 114, 132, 159, 162, 172–174

Frankenberg, S. 157 f.
Freeman, L. 168, 176
Freud, S. 15, 51, 54, 57, 59 f., 61, 66, 112, 124, 136–138, 145–152, 160–162, 165 f., 176 f.
Freudenthal, M. 171
Friedan, B. 176
Friedländer, K.F. 163
Friedreich, J.B. 157
Fritz, H. 176
Fuchs, A. 163

Galen von Pergamon 28–30, 158
Gaupp, R. 164, 177
Gauthier, X. 176
Gerhard, U. 171
Giem, G. 166
Gilkin, Ch.P. 166, 176
Glaser, H.A. 176
Goffman, E. 165
Gorgias 157
Gowers, W.R. 162
Grandier, U. 167
Grapow, H. 156
Green, A. 149, 153 f., 155, 162, 166, 177
Griesinger, W. 46–48
Gruber, G. 156
Gurgel, E. 176

Hagemann-White, C. 176
Hahn, G. 60, 162, 166
Hammond, W.A. 163
Harlfinger, H. 177
Hartman, E.v. 160
Hausen, K. 171
Hecker, J.F.C. 162
Held, Th. 171
Hellpach, W. 55 f., 58, 63 83–85, 87–89, 161 f., 169 f., 174, 176

Herbart, J.F. 92, 160
Hermann, C. 173
Hinterhäuser, H. 174 f.
Hintze, O. 169
Hippokrates 19–22, 156
Hirsch, M. 168
Hirschberg, L. 162, 164
Hirth, G. 163
Hoche, A.E. 164, 177
Hönck, E. 164
Hoffmann, S.O. 154
Hofmannsthal, H.v. 141
Holmes, J.R. 165
Honegger, C. 11 f., 155

Ibsen, H. 143
Ignatius von Loyola 56
Irigaray, L. 150, 157, 173, 176
Israel, L. 155 f.

Janet, P. 54, 66 f., 68, 90, 124, 154
Jaspers, K. 83, 91, 93 f., 100, 164, 166
Jendrassick, E. 174
Jolly, F. 74, 162
Jordan, E. 35–37, 159
Jung, C.G. 94–97, 158, 165

Kaiser, E. 158 f.
Kant, I. 45
Kapferer, R. 20, 156
Kehrer, H.E. 156, 158 f.
Kemnitz, M. 163
Kemper, W. 163
Keyserling, E.v. 176
Kirchhoff, Th. 162, 164
Kisch, H. 77, 163
Klages, L. 92 f., 100 f., 104, 165, 167
Kössler, G. 173

Kogerer, H. 170
Kossak, M. 81, 164
Kraeplin, E. 159, 164, 167, 169
Krafft-Ebing, R.v. 75, 77, 86, 107, 163 f., 167
Kraiker, Ch. 177
Kranz, H. 162, 177
Kretschmer, E. 84–86, 162, 164, 169
Kröning-Linhardt, C. 167 f.
Krohn, A. 7, 115 f., 165, 168, 170–172
Kürbitz, W. 167

Lacan, J. 163, 166
Langermann 166
Laplanche, J. 176 f.
Lavater, J.C. 82, 164
Lehmann, G. 165
Leibbrand, W. 156–161, 163 f.
Leibnitz, G.W.v. 160
Lepenies, W. 12–14, 155
Lepois, Ch. 37
Lessing, Th. 134, 174
Leuch, G. 162
Lewandowsky, M. 64, 162 f., 166 f., 169 f.
Liébault, A.A. 133
Lipp, W. 155
Locher, H. 157
Löwenfeld, L. 74, 77, 163 f., 174
Loyer-Villermay, J.-B. 49, 160 f.
Luckmann, T. 155

Major, R. 166
Mann, Th. 141
Mannoni, O. 176
Mantegazza, P. 77
Marcus, St. 123, 172
Marlholm, L. 170 f.
Marmor, J. 168

Mayer, H. 123, 141, 176
Mayreder, R. 173
McCartney, J.L. 168
Mckinney, L. 158
Mentzos, S. 154, 177
Menzenschwand 174
Mesmer, F.A. 160
Meyer-Steineg, Th. 156
Millet, K. 176
Mitchell, J. 176
Mitterauer, M. 171
Möbius, P.J. 54, 68–70, 110, 155, 163, 167, 169
Moll, A. 77, 163, 168
Montesquieu 50
Moraglia, B.G. 77, 163
Moreck, C. 139
Morel, B.-A. 74
Morsier, G.de 161, 170, 174
Müller-Hill, B. 157
Müller-Freienfels, R. 164

Němeček, O. 164, 172
Nietzsche, F. 128 f., 160
Nonne 67, 72, 163
Novalis 45

Oevermann, U. 155
Oppenheim, H. 74, 163

Pankow, J. 170
Papthomopoulos, E. 166
Paracelsus 31–34, 159
Pearsall, R. 172
Peters, H.A. 175
Petrilowitsch, N. 83, 152, 162, 165 f., 177
Pfister, O. 166
Pickert, A. 167, 177
Pinel, Ph. 42–44, 46, 159–161
Placzek, S. 79, 107, 163 f., 166–168
Plato 22 f., 156–158
Plessner, H. 164
Pötzl, E. 169 f.
Pollack, K. 156
Pontalis, J.-B. 176 f.
Porta, J.B. della 82, 164
Praz, M. 175 f.

Raabe, F. 156
Rabelais, F. 34 f., 159
Raimann, E. 67 f., 71 f., 74, 80, 163–165, 168–170
Rehder, H. 177
Reich, W. 60, 151, 168
Richer, P. 55
Rilke, R.M. 141
Rittershaus, E. 177
Roazen, P. 168
Roback, A.A. 157, 159 f.
Rohleder, H. 77 f., 163 f.
Romberg, E. 163
Ruland, L. 166
Rush, B. 42, 159

Sade, Marquis de 175
Sander, M. 163
Saussure, R.de 159
Schadewaldt, H. 156
Scheler, M. 162, 170
Schlegel, F. 45
Schlesier, R. 176
Schneider, K. 164
Schönhals, P. 168
Schopenhauer, A. 92, 160
Schrenk, M. 156, 159, 177
Schütte, P. 169
Schulhof, F. 165
Schumacher, J. 157
Schwarz, H. 175 f.
Seidenberg, R. 166

Seidler, E. 170
Sello, E. 168
Shorter, E. 171
Sieder, R. 171
Sigerist, H.E. 156–159
Simmel, G. 99, 126 f., 166, 173 f.
Sinclair, A. 166
Sontag, S. 9, 155, 165
Soranus von Ephesus 27 f., 157
Speier-Holstein, V. 168
Spiegel, E. 173
Starobinski, J. 133 f.
Steiner, A. 15, 65
Steiner, F. 169
Steinhausen 161
Steinwachs, G. 176
Stekel, W. 168
Stephanos, S. 162–164
Stern, H. 177
Steyerthal, A. 57 f., 66, 162, 164
Stransky, E. 107, 164 f.
Strümpell, A. 74
Sudhohoff, K. 156
Sydenham, Th. 38–40, 65, 159
Szasz, Th.S. 159, 161–163, 166 f., 170, 174
Szegö, K. 162

Tarde, G. 134 f.
Tatzel 174
Tenbruck, F.H. 155
Therese, Hl. 101
Theweleit, K. 124, 173, 175
Tolstoi, L. 143

Thomalla, A. 140, 175
Tourette, G. de la 156, 159, 161 f., 168, 170
Twellmann, M. 169

Ussel, J. van 172

Veith, I. 25, 30, 155–160
Vierkandt, A. 135 f.
Virchow, R. 14, 48, 160
Vliegen, J. 160
Vondung, K. 169

Walthards, M. 162 f.
Weber-Kellermann, I. 171
Weddigen, E. 165
Wedekind, F. 143
Wehler, H.-U. 169
Weininger, O. 61 f., 162, 172
Weinrich, H. 155
Westendorf, W. 156
Wettley, A. 156–161, 163 f.
Whytt, R. 40
Wichmann, R. 162
Wilde, O. 143
Willibald, A. 168
Willis, Th. 37 ff., 57 f.
Winau, R. 175
Wittels, F. 151
Wolfe, W.B. 168

Zeldenrust, E.L. 163 f., 166
Ziegenspeck, R. 163
Zutt, J. 155, 164

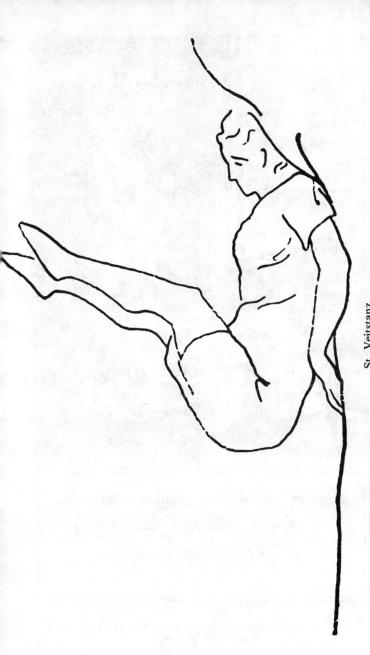

St. Veitstanz
(aus: J.-M. Charcot/P. Richer, Les démoniaques dans l'art, Paris 1887)

Heilung einer besessenen Frau durch Katherina von Sienna
(aus: Charcot/Richer 1887)

›Arc de Cercle‹
(aus: Charcot/Richer 1887)

Phase tonischer Immobilität (Tetanismus)
(aus: P. Richer, Etudes cliniques sur la grande hystérie ou hystéro-épilepsie, Paris 1881)

Verschiedene Stadien der ›Grande Hystérie‹
(aus: Charcot/Richer 1887)

1. Epileptisches Stadium

2. Stadium des ›Clownisme‹

3. Stadium des ›Clownisme‹

4. Endstadium

Hysterische Anästhesie
(aus: P. Régnard, Les maladies épidémiques de l'esprit – Sorcellerie, magnétisme, morphinisme, délire des grandeurs, Paris 1887)

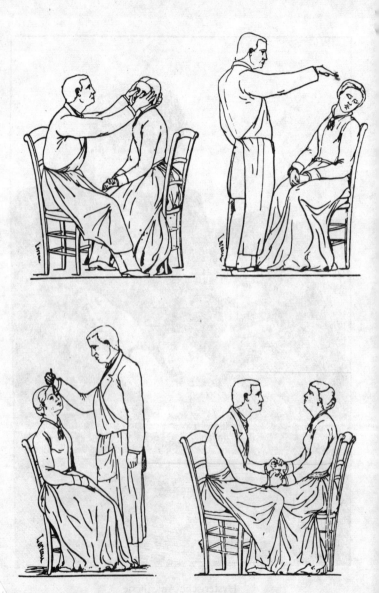

Techniken der Hypnose
(aus: D.-M. Bourneville/P. Régnard, Iconographie photographique de la Salpêtrière, Bd. 3. Paris 1879/80)